Edition KWV

Die „Edition KWV" beinhaltet hochwertige Werke aus dem Bereich der Wirtschaftswissenschaften. Alle Werke in der Reihe erschienen ursprünglich im Kölner Wissenschaftsverlag, dessen Programm Springer Gabler 2018 übernommen hat.

Weitere Bände in der Reihe http://www.springer.com/series/16033

Arbeit und Zukunft e. V.
(Hrsg.)

Dialoge verändern

Partizipative Arbeitsgestaltung –
Voraussetzungen, Methoden und
Erfahrungen für eine zukunftsfähige
Arbeitsforschung

Springer Gabler

Hrsg.
Arbeit und Zukunft e. V.
Hamburg, Deutschland

Bis 2018 erschien der Titel im Kölner Wissenschaftsverlag, Köln
Forschungsprojekt unterstützt durch das Bundesministerium für Bildung und Forschung

Edition KWV
ISBN 978-3-658-24717-1   ISBN 978-3-658-24718-8   (eBook)
https://doi.org/10.1007/978-3-658-24718-8

Die Deutsche Nationalbibliothek verzeichnet diese Publikation in der Deutschen Nationalbibliografie; detaillierte bibliografische Daten sind im Internet über http://dnb.d-nb.de abrufbar.

Springer Gabler ist ein Imprint der eingetragenen Gesellschaft Springer Fachmedien Wiesbaden GmbH und ist ein Teil von Springer Nature
Die Anschrift der Gesellschaft ist: Abraham-Lincoln-Str. 46, 65189 Wiesbaden, Germany

Arbeit und Zukunft e.V. (Hrsg.)

Dialoge verändern

Partizipative Arbeitsgestaltung – Voraussetzungen, Methoden und Erfahrungen für eine zukunftsfähige Arbeitsforschung

Das diesem Buch zugrunde liegende Vorhaben wurde mit Mitteln des Bundesministeriums für Bildung und Forschung beim Projektträger Arbeitsgestaltung und Dienstleistungen in der DLR unter dem Förderkennzeichen 01HN0150 gefördert.

Die Verantwortung für den Inhalt dieser Veröffentlichung liegt bei den Autorinnen und Autoren.

GEFÖRDERT VOM

Für Lara (*2002), die unsere Arbeit bereichert hat.

Danke

Wir danken allen Damen und Herren aus den beteiligten Betrieben und Organisationen, aus dem Bundesministerium für Bildung und Forschung und vom Projektträger Arbeitsgestaltung und Dienstleistungen sowie unseren Projektpartnern im In- und Ausland, die an dem PIZA-Forschungs- und Beratungsprojekt aktiv mitgewirkt haben.

Sie haben durch ihre offenen Dialoge und durch die Umsetzung von Erkenntnissen wesentlich zum Erfolg des Vorhabens und zur Verbesserung von Arbeitsbedingungen beigetragen.

Und wir danken Marianne Resch und Heiner Dunckel für eine richtungsweisende Supervisions-Session sowie Ulrike und Wolfgang Reuter vom Holzappel, die für das kreative Ambiente und das seelische Wohl gesorgt haben.

Das PIZA-Projekt war aus der Sicht der beteiligten Personen und deren Angehörigen geprägt von einer wundervollen Mischung aus Emotionalität und Rationalität, Kreativität und wissenschaftlicher wie beratender Arbeit. Wir haben uns wohl gefühlt und Lust an der gemeinsamen Arbeit gehabt. Deshalb danken wir auch uns.

Autorinnen und Autoren

Alexander Frevel	Gesamtverantwortung; Kapitel 1, 2.1, 5, 7, 11
Brigitta Geißler-Gruber	Kapitel 4, 6
Heinrich Geißler	Kapitel 3, 4, 5, 6, 7.1, 8, 10
Lukas Hegemann	Kapitel 9
Paul Jüttner	Kapitel 9
Bianca Lißner	Kapitel 9
Volker Röske	Kapitel 2, 7.2 und 9
Jürgen Tempel	Kapitel 4.2 und 6.1
Kerstin Thönnessen	Kapitel 2.2
Sylvia Christmann	Textbearbeitung

Eine vollständige Aufstellung aller Beteiligten findet sich am Ende des Buches.

Inhaltsverzeichnis

Inhaltsverzeichnis 9

A **Quo vadis Arbeitsforschung?**
Stand der Arbeitsforschung, Herausforderungen und Trends 11
1. Auftrag und Lösungsansatz 11
2. Jenseits des Elfenbeinturms – Trends und Herausforderungen der
Arbeitsforschung 14
2.1 Arbeit (neu) gestalten – Forschung und Praxis im Dialog 17
2.1.1 Verallgemeinerbarkeit versus Einzigartigkeit – Zum Verhältnis von
Forschung und Praxis 18
2.1.2 Arbeit gestalten – Probleme lösen – Wissen erzeugen 22
2.1.3 Entwicklung von Forschungsfragen durch alle Akteure 24
2.1.4 Forschungskompetenz und -ergebnisse sichtbar machen 27
2.2 Stand der Arbeitsgestaltung in der Arbeitswissenschaft und
-forschung 29
2.2.1 Bilanzierung der Arbeitsgestaltung und ihrer Rahmenbedingungen
zum Ende des 20. Jahrhunderts 29
2.2.2 Partizipation und Gestaltung in der Praxis der Arbeitsforschung 36

B **Grenzüberschreitungen – neue Sichtweisen und neue Hand-**
lungsweisen 40
3. Geht Forschung auch anders? – Die Wissenschaftsdebatte zur
Transdisziplinarität und andere neue Paradigmen 40
3.1 Transdisziplinarität – die Erzeugung „sozial robusten Wissens" 41
3.2 Transdisziplinäre Praxis 42
3.3 Das Besondere, das Mündliche, das Lokale 44
4. Gehen Interventionen auch anders? – Die theoretischen Grundlagen
des PIZA-Projekts 46
4.1 Was ist Gesundheit? – Ein Gesundheitsmodell und die Krankheitswissenschaften 46
4.2 Das Konzept der Arbeitsfähigkeit, der demographische Wandel
und das Verständnis der Arbeitsbewältigungsfähigkeit 53
5. Handlungsmöglichkeiten: Was ist, wenn ...? 60
5.1 Kompetenz zur Selbstbeobachtung – eine Voraussetzung für
Veränderung 61
5.2 Überblick zu den empirischen Arbeiten im PIZA-Projekt 63

C **Den Dialog verändern – Dialogische Methoden** 65
6. Dialoge – an Individuen orientiert und auch in Organisationen und
im System wirksam 65
6.1 Der Arbeitsbewältigungs-Index (ABI) 70

6.1.1	Arbeit mit dem Arbeitsbewältigungs-Index	70
6.1.2	Die Arbeit mit dem ABI im Betrieb	75
6.1.3	Spontane Veränderungen der Arbeitsbewältigungs-Konstellation in der ambulanten Pflege (2003 – 2005)	82
6.2	Impulse zur Selbstbeobachtung von Individuen und Organisationen: Der IMPULS-Test	86
7.	Beteiligung und Befähigung in der Organisationsentwicklung	91
7.1	Das Hourglass^{TM}-Modell: beim Individuum beginnen, aber nicht dabei stehen bleiben	91
7.2	Kommunikation in virtuellen Unternehmen	100
8.	Am System orientiert und auch individuell wirksam: Großgruppen-Konferenzen – eine dialogische Methode für Partizipation und Empowerment	119
9.	Mach Dir ein Bild von der Arbeitsforschung	127
9.1	Bilder der Wissenschaft	128
9.2	Im Informationsdschungel des Internets	130
9.3	Der „Atlas der Arbeitsforschung" – Arbeitsforschung im öffentlichen Dialog	139
D	**Dialoge verändern die Wirklichkeit – Aufgaben der angewandten Arbeitsforschung in der Arbeitsgestaltung**	**150**
10.	Das „Unteilbare": Arbeitsfähigkeit verbessern bzw. erhalten	150
10.1	Die Bedeutung der Organisation: Verändern erleichtern durch abgestimmtes Wissen und Handeln	151
10.2	Gute Wissenschaft und gute Beratung: Ein Widerspruch?	153
10.2.1	Überlegungen zur transdisziplinären Beratung	154
10.2.2	Die Beziehungen der Beratung zur Forschung und zur Praxis im PIZA-Projekt	155
10.2.3	Unterschiedliche Produkte von Forschung und Beratung	159
10.2.4	Erste Schlussfolgerungen für zu verändernde Organisationsformen der angewandten Arbeitsforschung	160
11.	Zur Zukunft der Arbeitsforschung. Partizipation und Empowerment im 21. Jahrhundert – ein Zukunftsmärchen	163
	Literaturverzeichnis	168
	Projektpartner	176
	Verzeichnis der Autorinnen und Autoren; Arbeit und Zukunft e.V.	179

A   Quo vadis Arbeitsforschung?
Stand der Arbeitsforschung, Herausforderungen und Trends

1.   Auftrag und Lösungsansatz

Der beschleunigte Wandel weltweiter Märkte, weitreichende technische Veränderungen und Umstrukturierungen in Betrieben und Verwaltungen stellen die (deutsche) Arbeitsforschung wegen der gravierenden Auswirkungen auf Qualifikationen und soziale Beziehungen vor die Herausforderung, selbst eine Wandlung zu vollziehen.
„Die Zukunft der Arbeit innovativ mitgestalten" (BMBF 2000) lautet deshalb eine wesentliche Anforderung an die Arbeitsforschung. Sie soll durch ihre Ergebnisse und Erkenntnisse in der Bearbeitung ihres Gegenstandsbereiches „Arbeit" dazu beitragen, dass die anstehenden Veränderungsprozesse gesellschaftlich und individuell angemessen bewältigt werden können. Und sie soll mit ihren Ergebnissen Unternehmen und die in ihnen beschäftigten Personen unterstützen, um auch zukünftig erfolgreich am Markt bestehen zu können.

Der Weg dahin ist sicher nicht einfach. Eine häufig genannte Anforderung seitens der betrieblichen Praxis lautet, die Forschung solle die Betriebe „nicht als bloße (Forschungs-)Objekte betrachten, sondern als Subjekte wahrnehmen, die auch im Austausch stehen möchten"[1]. Neben einer kurzfristigen Nützlichkeit der Forschungsergebnisse sind dafür allerdings auch langfristige – die Wellen betrieblicher Reorganisationen überdauernde – strategische Orientierungen und Ausrichtungen erforderlich.

Im Jahr 2000 hat das Bundesministerium für Bildung und Forschung mit einem zweistufigen Wettbewerbsverfahren begonnen (BMBF 2000) und letztlich neun Forschungsvorhaben gefördert, um Ansätze einer zukunftsfähigen Arbeitsforschung zu entwickeln. Eine Gesamtübersicht bietet die vom Projektverbund herausgegebene Broschüre „Zukunftsfähige Arbeitsforschung. Arbeit neu denken, erforschen, gestalten" (Verbund 2005).

Die vorliegende Veröffentlichung ist das Ergebnis eines dieser Projekte.
Das Vorhaben firmierte unter dem Namen PIZA – eine Abkürzung des Titels „Partizipative und interaktive Interdisziplinariät für eine zukunftsfähige Arbeitsforschung".

---

[1]   Exemplarische Aussage eines Managers; Zitat aus dem Video „Forschung trifft Praxis",
s. www.piza.org.

© Springer Fachmedien Wiesbaden GmbH, ein Teil von Springer Nature 2006
Arbeit und Zukunft e. V. (Hrsg.), *Dialoge verändern*, Edition KWV,
https://doi.org/10.1007/978-3-658-24718-8_1

Ziel des Vorhabens war es, unter Nutzung der Ressourcen und Stärken der Arbeitsforschung neue Organisations- und Arbeitsformen für Forschungs- und Gestaltungsprozesse zu entwickeln und zu erproben. Denn die häufig geäußerte Kritik an ihrer Praxisferne hat ihren wahren Kern darin, dass sie die Wahrnehmung der Arbeitsforschung durch ihre Kunden widergibt. Die Kundenperspektive der Arbeitsforschung deutlicher in den gesamten Forschungs- und Gestaltungsprozess einzubringen, war eines unserer Hauptanliegen.

Der Titel drückt aus, wie wir uns Arbeitsforschung vorstellen.

- *Partizipation* ist Weg und Ziel zugleich, denn ohne eine unmittelbare Beteiligung von Arbeitenden, Kunden und Interessenten an der Arbeitsforschung wird diese ihre praktische Dienstleistungsfunktion nicht erfüllen können. Deshalb ist Arbeitsforschung und Arbeit gestaltende Beratung offen für
  - Beschäftigte in Betrieben, z. B. dadurch, dass die Arbeitsforschung zur Verbesserung der Arbeitsbedingungen beiträgt,
  - Unternehmen, deren Inhaber und/oder deren Management, denen die Arbeitsforschung eine praxisgerechte Unterstützung bei der Arbeitsgestaltung und bei einer zukunftsfähigen Ausrichtung ihrer Betriebe bietet,
  - Menschen, die beruflich an der Gestaltung von Arbeit interessiert sind, z. B. Wissenschaftlerinnen und Arbeitsforscher, Sicherheitsfachkräfte, Betriebs- und Personalräte, Betriebsärzte, Technische Aufsichtsdienste der Berufsgenossenschaften, Gesundheitsförderung der Krankenkassen sowie intermediäre Instanzen wie z. B. Fach- und Berufsverbände, die wesentliche Ansprechpartner insbesondere für kleine und mittlere Unternehmen sind.

- *Interaktiv* heißt, dass die Beteiligten als Subjekte in den Forschungsprozess einbezogen werden sollen. Deshalb sind alle wesentlichen Personen/Institutionen einschließlich die so genannten Praktiker, also Beschäftigte in den Betrieben und Organisationen, in den Forschungs- und Entwicklungsprozess aktiv einzubinden; die Forschung kann von ihren Fragestellungen und bisherigen Lösungsansätzen lernen.

- *Interdisziplinär* bedeutet, dass Arbeitsforschung von dem Austausch mit anderen Wissenschaften lebt. Deshalb arbeiten wir mit Menschen aus verschiedenen Disziplinen der Arbeitsforschung zusammen, u. a. aus den Bereichen Arbeitsmedizin, Arbeitspsychologie, Arbeitsrecht, Arbeitssoziologie, Arbeitsingenieurwesen und Gesundheitsförderung, aber auch Architektur, Informatik, Betriebswirtschaft usw. Die Erprobung neuer Zugangs- und Bewältigungsweisen hat in einer Multi-, Inter- und Transdisziplinarität der wissenschaftlichen Untersuchungen und der praktischen Gestaltungsprozesse ein wesentliches Merkmal.

- *Visualisierung* schließlich ist wichtig, um die Fragestellungen und Ergebnisse der Arbeitsforschung für die Beteiligten sichtbar zu machen. Dies geschieht in Kooperation mit Personen, die Forschungszusammenhänge z. B. mit Video und Ton verständlich machen.

Aufbau des Buches
Beschrieben werden Methoden und Vorgehensweisen aus der Arbeit erforschenden und beratenden Praxis in Betrieben und Organisationen und mit den dort arbeitenden Menschen.

Teil A erläutert in Kapitel 1 einführend die Anforderungen an die Arbeitsforschung in Bezug auf die Gestaltung zukunftsfähiger Betriebe und Organisationen. Kapitel 2 zeigt die Entwicklung sowie den Stand der Arbeitsforschung und verweist auf einige bekannte Trends und Herausforderungen.

In Teil B werden neue Sichtweisen für eine zukunftsfähige Arbeitsforschung geprüft. Die Fragen lauten, ob Forschung (Kapitel 3) und Interventionen (Kapitel 4) auch anders als üblich durchgeführt werden können. Dafür werden die methodologischen Grundlagen (Inter- und Transdisziplinarität), die theoretischen Grundlagen (Salutogenese und Arbeitsbewältigungsfähigkeit) und die praktischen Grundlagen (Selbstbeobachtungskompetenz sowie Dialoge im Forschungs- und Gestaltungsprozess; Kapitel 5) vorgestellt.

In Teil C wird die Anwendung verschiedener dialogischer Methoden und deren Wirksamkeit im betrieblichen und überbetrieblichen Veränderungsprozess verdeutlicht. Geschildert werden Beispiele auf vier Gestaltungsebenen:
Individuum: Arbeitsbewältigungsfähigkeit und Impulse zur Erhöhung der Selbstbeobachtungskompetenz (Kapitel 6),
Betrieb: Organisationsentwicklung und Kommunikation (Kapitel 7),

(Teil-)*System*: Zukunftsforum als Methode der Beteiligung und Befähigung (Kapitel 8),

Gesellschaft und „Community": Sichtbarmachen von Forschungsergebnissen und Gestaltungslösungen durch den Online-Atlas der Arbeitsforschung (Kapitel 9).

Teil D schließlich formuliert in den Kapiteln 10 und 11 einige Quintessenzen und weitere Diskussionsmöglichkeiten. Aus Sicht der Autorinnen und Autoren sollte sich Arbeitsforschung im Teilbereich der anwendungsorientierten Projekte verändern, um näher bei den Belangen von Beschäftigten und Betrieben sein und um praxisgerechte Gestaltungslösungen verantwortlich mitentwickeln zu können. Dafür sind unseres Erachtens dialogische Methoden von Beteiligung an und Befähigung für Innovationen und Arbeitsgestaltungsprozesse eine Erfolg versprechende Basis.

2.   Jenseits des „Elfenbeinturms" – Trends und Herausforderungen der Arbeitsforschung

Die menschengerechte Gestaltung von Arbeit und Technik hat eine lange Tradition und reicht bis in die Anfänge des Industriezeitalters zurück. Es war kein Geringerer als der Physiker und Physiologe Hermann von Helmholtz (1821 -1894), der mit seinen wissenschaftlichen Arbeiten die ingenieurwissenschaftliche Tradition von der Erhaltung der Arbeitskraft begründete. Von nun an sollten – diesem ingenieurswissenschaftlichen Paradigma folgend – die Arbeit und der menschliche Arbeitskörper im Mittelpunkt (arbeits-)physiologischer, (arbeits-)psychologischer, (arbeits-)soziologischer, (arbeits-)pädagogischer und ingenieurwissenschaftlicher Forschungen stehen. Auch wenn sich die Arbeitsforschung als eigene sozialwissenschaftliche Disziplin im Sinne einer Weberschen „Wirklichkeitswissenschaft" längst noch nicht herauskristallisiert hatte, so war doch eine auf den „Motor Mensch" bezogene Gestaltung der Arbeitsbedingungen gegen den grenzenlosen Verschleiß menschlicher Arbeitskraft eine erste Erkenntnis aus den Erfahrungen des wirtschaftsliberalen Kapitalismus zum Ende des 19. Jahrhunderts, längst bevor Taylorismus oder Fordismus zu Beginn des 20. Jahrhunderts in dem „Faktor Mensch" endgültig ihre Zielgruppe und ihr Gestaltungsfeld gefunden hatten.

In der Folgezeit widmeten sich die sich nun ausdifferenzierenden Disziplinen der Arbeitsforschung dem Gestaltungsparadigma „Verschleißabwehr" nicht nur in zahlreichen Projekten der Grundlagenforschung, sondern auch in einer Vielzahl entsprechen-

14

der betrieblicher Gestaltungsprojekte[2]. Dabei ist in den letzten Jahrzehnten die Gestaltung der betrieblichen Praxis in der Arbeitsforschung immer mehr in den Vordergrund getreten und auch in zahlreichen Untersuchungen[3] dokumentiert worden. Doch zunehmend wurde auch der Einfluss der Arbeitsforschung auf die betriebliche Praxis danach hinterfragt, ob und wie sich der Transfer der Forschungsergebnisse in die betrieblichen Arbeitsabläufe gestaltet. So konnten z. B. Horst Kern und Michael Schumann schon 1984 in ihrer umfassenden Studie über neue Produktionskonzepte in den industriellen Kernbereichen feststellen: Das verfügbare arbeitstechnische „Rationalisierungswissen (könne) nie uno actu eingeführt werden" und weise „starke Ungleichzeitigkeiten" auf (Kern/Schumann 1984, S. 51). Wenn dies der Fall wäre und die Arbeitsforschung tatsächlich das empirische „Rationalisierungswissen" des industriellen Wandels darstellen würde, dann wäre es um die Praxistauglichkeit der Arbeitsforschung nicht so schlecht bestellt. Denn immerhin würde „eine Auswahl" der vorgeschlagenen Möglichkeiten und so zumindest das genutzt, „was zu den schon vorhandenen Arbeitsgängen passt" (ebenda). Letztlich ist der Einfluss der Arbeitsforschung auf die Gestaltung der betrieblichen Praxis also nur minimal und begrenzt, wenn praktisch vieles an Erforschtem verborgen bleibt. Dies bestätigt letztlich auch eine umfangreiche Evaluationsuntersuchung (Landau/Luczak et al., 2001) der vom Bundesministerium für Bildung und Forschung geförderten Arbeitsforschungsprojekte (siehe Kapitel 2.2).

Die Autoren der Studie zur „Identifizierung und Bilanzierung erfolgreicher Veränderungen in der Arbeitsgestaltung und Unternehmensorganisation" kommen zu dem ernüchternden Ergebnis: „Die Analyse des Transferprozesses zur Arbeitsgestaltung, Arbeits- und Unternehmensorganisation zeigt auf, dass es vereinzelt gelungene Ansätze für einen erfolgreichen Transfer von umsetzbaren Gestaltungslösungen ... gibt. (…) Allerdings bleibt dieser Transfer in der Regel auf die geförderten bzw. auftragserteilenden Unternehmen beschränkt" (Landau/Luczak et al., Teil 3, S. 1). Diese eher schmale Bilanz ist jedoch kein spezifisches Problem der Arbeitsforschung, sondern kann fast als eine verallgemeinerbare Zustandsbeschreibung der Wissensproduktion in unserer Gesellschaft (vgl. Stichweh 1999) angesehen werden. Insofern hat die oft wiederholte Forderung nach einer erweiterten Praxis- bzw. Anwendungsnähe der Arbeitsforschung ihre forschungspraktische Aktualität und Relevanz nicht verloren.

---

[2] Ausführlich dargestellt von dem Soziologen Anson Rabinbach (2001) in seiner grundlegenden und zu wenig beachteten Geschichte der Arbeitswissenschaft.
[3] An dieser Stelle nur zwei unterschiedliche Untersuchungen als Beispiele für zeitlich verschiedene Epochen des industriellen Wandels: Georges Friedmann: Der Mensch in der mechanisierten Produktion, Köln, 1952; Peter Brödner/Wolfgang Kötter (Hg.): Frischer Wind in der Fabrik, Berlin, 1999.

Wenn also der Transfer der Forschungsergebnisse der Arbeitsforschung in den meisten Fällen als unzulänglich angesehen wird bzw. dort, wo Ergebnisse der Arbeitsforschung Eingang in die Praxis gefunden haben, die Transferzeiten in den meisten Fällen zu lang sind, könnte es auch daran liegen, dass „Organisationen unter hohem Veränderungsdruck" wie die Unternehmen in einem weltweiten Wettbewerb in ein „Entscheidungsparadox" geraten, da in diesen Unternehmen „immer Fragen zur Entscheidung (an)stehen, die letztlich nicht entschieden werden können" (S. Kühl, 2002, S. 245 ff.).

Auf die Arbeitsforschung übertragen heißt dies: Es liegen zwar innovative Ergebnisse der Arbeitsforschung vor, jedoch sind die Betriebe und Verwaltungen durch dieses Entscheidungsparadoxon gleichsam blockiert. Die durch die betriebliche Praxis bestimmten Grenzen der Wissensverarbeitung auf Unternehmensebene relativieren die Erwartungen an eine innovative Arbeitsforschung. Sie geben jedoch auch Hinweise, wie eine Lösung oder zumindest eine Verbesserung des Transferproblems aussehen könnte: Die Kommunikation als kollektive Fähigkeit zwischen Arbeitsforschung und ihrem Anwendungsgebiet, den Arbeitsprozessen in Betrieben und Verwaltungen, wird zum Prüfstein der Transferfähigkeit der Arbeitsforschung. Jenseits des „Elfenbeinturmes" der Wissenschaft wird die Arbeitsforschung auf dem Weg zum Ziel mit der Frage konfrontiert, wie das Wissen der Arbeitsforschung für alle Beteiligten transparenter wird, damit die Chancen für Innovationen sich verbessern.

Nun muss die Arbeitsforschung sich allerdings fragen lassen, ob sie in der Vergangenheit ihre Kunden in den Arbeitsprozessen von Betrieben und Verwaltungen meist nicht nur als Objekte wahrgenommen und behandelt hat, anstatt als in den Forschungsprozess einzubeziehende Subjekte. Ein bewusst die Objekte der Arbeitsforschung als Subjekte berücksichtigender Dialog zwischen der Arbeitsforschung und der Praxis in den Betrieben, den intermediären Einrichtungen des Arbeits- und Gesundheitsschutzes als auch den Sozialpartnern scheint noch nicht richtig in Gang zu gekommen zu sein und bleibt das zentrale Kommunikationsproblem der Arbeitsforschung. Jenseits des Elfenbeinturmes der Wissenschaft wird ein Dialog zwischen der Arbeitsforschung und ihren Kunden aber nur dann entstehen, wenn die Beteiligten der Forschung und der Praxis voneinander wissen, also Informationen und Fragestellungen von und über den jeweiligen Anderen haben. Eine so entstehende Praxistauglichkeit der Forschung verlangt nach einer deutlicheren und konsequenteren Kundenorientierung, wie wir sie eingangs für unser PIZA-Projekt programmatisch beschrieben haben.

Informationen sind für eine Kundenorientierung allein nicht hinreichend. Notwendig wird der Aufbau einer Kommunikationsstruktur, um nicht nur zu den Informationen zu gelangen, sondern auch um Informationen – und damit in unserem Fall die Arbeitsforschung – dialog- und verarbeitungsfähig zu machen. Nur so werden letztlich die Ergebnisse der Arbeitsforschung für die Praxis nicht nur sichtbar, sondern es können auch „die Themen authentisch vermittelt werden", wie Landau et al. (2001, S. 9) in ihrer Evaluationsstudie richtig schlussfolgern. Gemeinsame Fragestellungen von Forschung und Praxis können den „Elfenbeinturm" nur aufschließen, wenn dieser Dialog über die Informationen der Arbeitsforschung tatsächlich stattgefunden hat.

2.1 Arbeit (neu) gestalten – Forschung und Praxis im Dialog

Trotz aller betriebswirtschaftlichen Kennziffern, trotz umfangreicher Regelwerke zum Arbeitsschutz, trotz vieler Normen zur Produktqualität und trotz guter Modelle zur Qualitätssicherung – der Mensch entspricht mehrheitlich nicht dem Normmaß eines Mittelwertes, schon gar nicht dem Normwert eines Mittelmaßes. Die Gattung ist vielfältig (die Wissenschaft nennt diese Erkenntnis ‚Diversity'); er oder sie verändert sich im Laufe des Lebens physisch, biopsychisch, sozial usw.

Und die Menschen sind mit ihren je spezifischen Einzigartigkeiten auch Produzenten von gesellschaftlichem Mehrwert. In den 90-er Jahren machte ein Bonmot die Runde: ‚In den Ergebnissen der sozialwissenschaftlichen Arbeitsforschung wie auch in vielen Managementkonzepten steht der Mensch im Mittelpunkt – und da steht er immer im Weg'. Mit anderen Worten: Viele wissenschaftliche Konzepte und Lehrbücher der Managementliteratur versuchen, die betrieblichen Gestaltungsbereiche Technik, Organisation und Qualifikation so miteinander zu verknüpfen, dass kollektive Wirtschaftlichkeit und individuelle Gesundheit sich positiv ergänzende Resultate finden. Sie haben häufig nicht beachtet, dass soziales Handeln nicht programmierbar ist.

So müssen denn Wege gefunden werden, die Menschen als Ausgangspunkt und Ziel von Veränderungen zu gewinnen. Es müssen Möglichkeiten gefunden werden, sie zu Gestaltern ihrer Arbeits- und Lebensbedingungen zu befähigen. Es müssen Methoden gefunden werden, sie und ihn vom Mittelpunkt der Betrachtungsweise ins Zentrum von Veränderung zu rücken.

2.1.1 Verallgemeinerbarkeit versus Einzigartigkeit – Zum Verhältnis von Forschung und Praxis

Die doppelte Herausforderung an die Arbeitsforschung ist deutlich: Sie soll

- einerseits wissenschaftlich gesicherte und tragfähige Ergebnisse und Erkenntnisse liefern, also mit einem ausgeprägten Grad an wissenschaftlicher Objektivität „gesellschaftlich robustes Wissen produzieren" (Nowotny 1999),

- und andererseits möglichst schnell und zielgerichtet Beiträge zur Verbesserung von Arbeit und Technik erbringen, die in den Unternehmen verwendet werden können, um die (internationale) Wettbewerbsfähigkeit zu stärken, um menschengerechte Arbeitsbedingungen zu unterstützen, um beherrschbare Technik zu haben usw.

Die Anforderung des Bundesministeriums für Bildung und Forschung lautet: Die Betriebe – und mit ihnen die Arbeitsforschung – müssen „in einer komplexen Umwelt unter hoher Unsicherheit schnell, offen und gleichzeitig stabil agieren." (BMBF 2000) Dabei gilt es, für die betriebspraktische Gestaltung bei Vorhandenem und neu Entwickeltem aufzusetzen. Die von den an der Initiative „Zukunftsfähige Arbeitsforschung" beteiligten Instituten gemeinsam herausgegebene Broschüre[4] formuliert die Grundlagen:

- Arbeit neu denken – Theorien, Modelle und Maßstäbe für die Interpretation von (aktueller und künftiger) Arbeit.

- Arbeit neu erforschen – (neue) Methoden und Vorgehensweisen, um Anforderungen an die Gestaltung von Arbeit angesichts des dynamischen Wandels entsprechen zu können, um Interventionen zielgerichtet zu realisieren und um die Wirkungen von Veränderungen zu evaluieren.

- Arbeit neu gestalten.

Für die Anwendung der Forschungsergebnisse in Form von Arbeitsgestaltung sind darin zwei wesentliche Eckpfeiler formuliert.

(1) Praxisgerechte Gestaltung von Arbeit

Zu entwickeln sind praktische bzw. praxistaugliche Lösungen von Arbeitsgestaltung. Das reicht von der Gestaltung der Arbeitsmittel über die Arbeitsumgebung und Aspekte der Arbeitsorganisation bis zu Aspekten von Qualifikation und Kompetenz,

---

[4] Verbund „Zukunftsfähige Arbeitsforschung" (Hg.): Zukunftsfähige Arbeitsforschung. Arbeit neu denken, erforschen, gestalten, Dresden 2005.

Gesundheit, Unternehmenskultur oder gesetzlichen / tariflichen Rahmenbedingungen usw.

„Praxis" unterliegt dabei einem weiten Begriffsverständnis, denn Arbeit wird sowohl im Betrieb als auch in überbetrieblichen Zusammenhängen geleistet, gestaltet, reguliert, beeinflusst.

Arbeitsforschung hat deshalb in ihren Gestaltungen und Gestaltungsentwürfen einen breiten Bezugsrahmen, der alle professionellen Akteure der Arbeit umfasst. Dazu zählen neben Betrieben und Erwerbstätigen die Tarifparteien, gesetzgebende, normierende und kontrollierende Instanzen, Institutionen des Gesundheitssystems, Kammern und Verbände, Einrichtungen der Aus- und Weiterbildung, Beratung usw., mit anderen Worten: eine Vielfalt von intermediären Instanzen.

(2) Vermittlung

Forschung hat die Aufgabe, ihre Ergebnisse und Erkenntnisse in die Praxis zu vermitteln und ihnen dort zur Wirkung zu verhelfen. Dies geschieht einerseits im üblichen Sinn als Verbreitung und Vermittlung von (neuem) Wissen an Adressaten der Forschung.

Wachsende Bedeutung erfährt der Aufbau von Beziehungen zwischen Akteuren der Forschung und der Praxis, gegebenenfalls auch zwischen unterschiedlichen Adressaten, also z. B. zwischen Betrieben und Intermediären.

Forschung, praxisorientierte Arbeitsforschung zumal, erfordert die Aufnahme von Anforderungen und Problemen der Praxis. Forschungs- und Gestaltungsfragen – und auch Rückmeldungen zu Forschungsprozessen und -ergebnissen – sind aus der Praxis an die Forschung zu vermitteln.

Eine zukunftsfähige Arbeitsforschung muss sich darüber hinaus mit erwarteten Veränderungen beschäftigen, um neben den aktuellen auch längerfristige Frühhinweise auf Gestaltungsanforderungen zu formulieren.

Eine weitere Form der Vermittlungsleistung ist die Mitwirkung im öffentlichen (gesellschaftlichen und politischen) Dialog. Arbeit darf nicht nur verkürzt als Kostenfaktor wahrgenommen werden, sondern hat vielfältige Dimensionen individueller und gesellschaftlicher Ressourcen und Herausforderungen, die wahrgenommen und in Aushandelungsprozessen in Gestaltung übertragen werden müssen. Ein öffentlicher Dialog über den sozialen Sinn und Gehalt von Wirtschaft und Arbeit ist zu führen.

Last but not least hat die Vermittlung von Forschungsergebnissen auch in der (nationalen wie internationalen) eigenen Profession bzw. in/mit anderen Disziplinen zu erfolgen.

Damit offenbart sich das Dilemma erneut, nur diesmal komplexer.

Jeder Betrieb, jedes Unternehmen, ist ein „Ort, an dem Zukunft immer wieder neu geschaffen wird" (Volkholz 2004). Individuen und Gruppen schaffen im funktionalen Kontext eine spezifische „Einzigartigkeit", die für Unternehmen eine beständige Herausforderung darstellt: „im ... Urteil des Kunden anders als jeder Wettbewerber und ähnlich den besten Unternehmen zu sein" (ebenda). Die Andersartigkeit macht ein Unternehmen strategiefähig, denn sie ermöglicht Effektivität, während die Ähnlichkeiten mit den Besten eine permanente Anforderung zur Effizienz darstellt.

Einzigartigkeit ist gekoppelt mit Wandlungsfähigkeit, also der Fähigkeit, Veränderungen und (Zukunfts-)Erwartungen mit den Potenzialen abzugleichen. Dies erfordert eine hohe Selbstfähigkeit zur proaktiven Anpassung, also die individuelle und organisatorische Veränderungskompetenz, die geprägt ist durch lernende Strategien. Zukunftsfähig sind solche Unternehmen, die den Widerspruch von Strategie und Struktur beherrschen und die Komplexität auf (vom Individuum) leistbare Aufgaben reduzieren können.

In der (sozial-)wissenschaftlichen Forschung gibt es eine grundlegende Orientierung an allgemeingültigen Regeln (Theorien) im Sinne der Gemeinsamkeit verschiedener Strukturen. Heterogene Vielfalt wird in Strukturmuster geordnet. Das führt häufig dazu, dass die Gleichwertigkeit von Leistungen unterschiedlicher Strukturen konzeptionell nicht erfasst/erfassbar ist.

Ein weiterer Aspekt kommt hinzu. Organisatorische Einheiten haben andere Intentionen und Entwicklungsgeschwindigkeiten als gesellschaftliche oder forschende. Die unmittelbare Verwertungsorientierung der Unternehmen/Organisationen lässt sich nur mittelbar vereinen mit der Aufgabenstellung der Verallgemeinerung durch die Forschung.

Erforderlich sind deshalb einerseits neue Wege im Zugang und im Umgang mit dem, was vormals „empirisches Feld" oder „Forschungsobjekt" genannt wurde. Organisationen wollen und müssen als Subjekte, also auch als Forschungssubjekte ernst genommen werden. Es geht um ihre Arbeit, um ihr Unternehmen, um ihre Erfahrungen.

Deshalb sind neue Zugänge zu erproben, sind Formen der Forschungsarbeit im und mit statt über und für Forschungs- und Gestaltungsfelder erforderlich, sind neue Modi der Wissenserzeugung für die Arbeitspraxis in Forschung und Organisationen zu entwerfen.

Zu entwickeln sind also Theorien des Erfolgs von Andersartigkeit.

Zu analysieren sind die Voraussetzungen sowie die fördernden oder hemmenden Faktoren von Zukunftsfähigkeit.

Zu realisieren sind Methoden zur ressourcenorientierten Stärkung von Individuen und Organisationen, zur Verbesserung der Selbstbefähigung und zur Evaluation.

Zu beschreiben sind erfolgreiche Vorgehensweisen zur Arbeitsgestaltung, deren Ergebnisse Rückwirkungen haben auf den Forschungs- und Beratungsprozess.

Für alle Beteiligten gelten dabei die neuen/alten Herausforderungen:

- Fachsprachen und disziplinäre Grenzen behindern Synergien und Verstehensmöglichkeiten innerhalb der Wissenschaften und zwischen Wissenschaft und Praxis. Es gilt, Verständigung und Verständnis herzustellen.
- Verschiedene Interessenlagen äußern sich als unterschiedliche Erwartungen der Beteiligten aus Forschung und Praxis. Es gilt, Verständigung und Vertrauen zu generieren.
- Mögliche Rollenkonflikte sind deutlich zu machen, z. B. Wissenschaftlerinnen und Wissenschaftler als Forscher, Beobachter und Akteure.
- Geschlechtsspezifisches Rollenhandeln und Rollenverständnis sind zu beachten.
- Grad und Güte der Partizipation der Beteiligten stehen im Verhältnis zur Arbeitsfähigkeit (sprich: Ergebnisfähigkeit) der Gruppe / des Betriebes.
- Die lokale Gültigkeit von Gestaltungsmaßnahmen muss folglich ausgeweitet werden für die Übertragbarkeit von Methoden und Vorgehensweisen sowie für die Vermittelbarkeit von Forschungsergebnissen.

Und dabei kommen neben den forschenden Personen und Instituten auch weitere vermittelnde und das betriebliche Umfeld mitgestaltende Instanzen in den Blick: Institutionen des Arbeitsschutzes, Berufsgenossenschaften, Krankenkassen, Kammern und Verbände, Berufsorganisationen, Tarifparteien usw. Und häufig nehmen (Unternehmens-, Organisations-, Gesundheits-) Beraterinnen und Berater Aufgaben der - gegenseitigen - Vermittlung zwischen Forschung und betrieblichen Organisationen auf. Es gibt zwischen „Wissenschaft" und „Praxis" intermediäre Zonen, „mit echten Zwischengängern", die letztlich für den Erfolg von Gestaltungslösungen mit entscheidend sind.

In diesem Buch finden sich Beispiele aus der Arbeitsgestaltung mit Individuen, in Betrieben und Organisationen sowie im System. Dargestellt werden Ergebnisse der Arbeitsgestaltung mit den Anforderungen, Probleme bzw. Herausforderungen zu lösen und praktisches wie forschungsrelevantes Wissen zu erzeugen.

2.1.2 Arbeit gestalten – Probleme lösen – Wissen erzeugen

„Arbeit neu gestalten" ist Herausforderung und Alltag in jedem Betrieb und zugleich wesentliche Herausforderung für die Arbeitsforschung. Arbeitsgestaltung bedarf Zielsetzungen: die Zukunftsfähigkeit der Betriebe erhalten und fördern. Dafür sind Qualitätsanforderungen an zukunftsfähige Arbeit und Arbeitsforschung zu beschreiben. Arbeitsgestaltung bedarf Ziel führender Vorgehensweisen und angemessener Methoden, die wissenschaftlich gesichert und alltagstauglich sind. Und Arbeitsgestaltung bedarf instruktiver Beispiele, wie Forschung in der Praxis wirksam werden kann. Die wichtigen Bedingungen für eine zukunftsfähige(re) Arbeitsforschung aus unserer Sicht werden beispielhaft aufgezeigt:

- Wahrnehmung des Individuums und Partizipation,
- Kundenorientierung und betriebliche Wirksamkeit,
- Befähigung von Einzelnen, Betrieben und (intermediären) Organisationen,
- Sichtbarkeit von Forschungserfolgen,
- gelingende (auch internationale) Kooperation und Vernetzung,
- Interdisziplinarität und Transdisziplinarität.

Arbeitsforschung praktisch – Arbeitsgestaltung mit Individuen

Wenn Betriebe erfolgreich eine Zukunft haben wollen, dann müssen sie die Menschen mit ihren Stärken und Schwächen als ein Potenzial entdecken, das es zu erhalten und zu fördern gilt. Nur dann können sie ein Gleichgewicht zwischen dem Unternehmensinteresse an guter Produktivität und Qualität der Arbeit und dem Wunsch der Beschäftigten nach guter Arbeits- und Lebensqualität und Wohlbefinden herstellen. Auf der Basis des finnischen Konzeptes der „Arbeitsbewältigungsfähigkeit" wird in den Kapiteln 2.2 und 3.1 am Beispiel von Untersuchungen in der Ambulanten Pflege gezeigt, wie Gestaltungsprozesse bei Unternehmensführungen und Beschäftigten angeregt und unterstützt werden können, um dieses Potenzial zu erkennen, zu bewahren und zu fördern.

Arbeitsgestaltung in und mit Betrieben und Organisationen

Die Managementliteratur produziert am laufenden Band Konzepte zur Steigerung des Unternehmenserfolgs. Dabei rückt der „Mensch als Erfolgsfaktor" zwar zunehmend in den Fokus, doch die Unternehmensrealität zeigt, dass hier nicht selten an den tatsächlichen Problemen und Chancen betrieblicher Optimierung vorbeigezielt wird. Es gibt eben nicht *den* Menschen, *die* Technologie, *die* Organisation oder *den* Kunden – und somit gibt es auch keine Patentrezepte. Jedes Unternehmen ist einzigartig. Trotz zahlreicher positiver Erfahrungen sind am Menschen ausgerichtete neue Arbeitsformen noch immer nicht zum echten Arbeitsgestaltungsparadigma bei betrieblichen Veränderungsprozessen geworden. Forderungen nach „Verschlankung" der Organisation führen immer noch zur umfassenden und durchgreifenden Ökonomisierung der Arbeitsorganisation.

Ausgangspunkt für einen Gestaltungsprozess nach dem Sanduhr-Prinzip (Hourglass™ Model) ist das Individuum. Eine menschengerechte Gestaltung von Arbeit geht nur gemeinsam mit den betreffenden Personen als „Expertinnen und Experten in eigener Sache". Damit diese ihre individuellen Vorstellungen, ihr Wissen und ihre Emotionalität einbringen können, müssen im Betrieb die Voraussetzungen dafür vorhanden sein. Für zukunftsfähige Unternehmen ist es darüber hinaus wichtig, den Wirkungszusammenhang zwischen beruflichen Kompetenzentwicklungen und Unternehmensentwicklungen aufzudecken. In Kapitel 7.1 werden der Ansatz des Modells und die Arbeitsgestaltung durch betrieblichen Dialog am Beispiel eines Unternehmens des Orthopädie- und Rehatechnik-Gewerbes mit angeschlossenem Sanitätshaus aufgezeigt.

Als weiteres Beispiel wird in Kapitel 7.2 die Kommunikationsanalyse in einem Unternehmen des Öffentlichen Personen-Nahverkehrs vorgestellt, das mit seinem Konzept des „Virtuellen Betriebshofes" neue Formen der Arbeitsorganisation realisiert.

Arbeitsgestaltung im System

In den bisherigen Aussagen wurden die Handlungsräume für Arbeitsgestaltung auf der individuellen Ebene und auf der Ebene Betrieb/Organisation angesprochen. Eine Verknüpfung dieser Schwerpunkte mit dem Handlungsraum „System" ermöglicht es, auf den verschiedenen Ebenen Problemfelder und theoretische Konzeptionen zu spezifizieren sowie methodische Verfahren zu vermitteln. Denn während angewandte Forschung Ergebnisse erzielt, die zwar unmittelbar umgesetzt werden können, aber nicht ohne Weiteres übertragbar sind, gibt es viele Bedingungen, die eine von Forschenden stets angestrebte und sicher auch erstrebenswerte Verallgemeinerbarkeit der Ergebnisse einschränken. Das Herausgreifen bestimmter Elemente und Wechselwirkungen aus einem System und das Vernachlässigen anderer Faktoren und Beziehungen ist stets von den Forschenden abhängig, also subjektiv, und dem jeweiligen Untersuchungszusammenhang angepasst.

Jedes System besteht aus Komponenten, die zueinander in Beziehung stehen. Meist bedeuten diese Relationen ein wechselseitiges Beeinflussen – aus der Beziehung wird ein Zusammenhang. Das System selbst ist wiederum Teil eines Ensembles von Systemen und bestimmt mit ihnen die Eigenschaften eines übergeordneten Systems. Daraus leiten wir ab, dass eine zukunftsfähige Arbeitsforschung sich auch in das Gesamt-System begeben muss, da die heutigen Fragestellungen und Problembereiche in vielen Systemen ein wechselseitiges Verständnis und Kooperation erfordern. So umfasst z. B. das System „Ambulante Pflege" alle diesbezüglichen Personen, Organisationen und Einrichtungen: Ambulante Dienste mit Beschäftigten und Führungskräften, Klienten und deren Angehörige, niedergelassene Ärzte, Pflegeversicherung, Krankenkassen und Sozialhilfeträger, Politik, Verbände, Aus- und Fortbildungsstätten, Beratungsstellen, stationäre und rehabilitative Einrichtungen und deren Sozialstationen oder Überleitungsbüros, Berufsgenossenschaften und Gewerkschaften.

Beispiele für die Arbeitsgestaltung in Systemen zeigen Möglichkeiten auf, für den Austausch von Sichtweisen und zur Grundlegung von Kooperation „das ganze System in einen Raum" zu holen. Um ein systemisches Herangehen zu ermöglichen, hat PIZA angelehnt an die Zukunftskonferenz nach Weisbord und Janoff (2001) das Instrument des branchen- oder themenbezogenen ZukunftsFORUMs als Kommunikationsraum für Zielvereinbarungen im System entwickelt und in der ambulanten Pflege, im Handwerk und in der Region erprobt. Dies wird in Kapitel 8 ausführlich dargestellt.

2.1.3   Entwicklung von Forschungsfragen durch alle Akteure

Forschungs- und Vermittlungsinstanzen haben im Vergleich zur betrieblichen Praxis üblicherweise einen größeren Überblick über Forschungsergebnisse und laufende Forschungsprojekte. Forschungsfragen können gleichwohl alle Agierenden entwickeln, wenn Forschung als „kooperativer Prozess gegenseitiger Beeinflussung und gemeinsamen Lernens praktiziert und institutionell gestaltet wird" (Fricke 2003). Bei gleichberechtigter Zusammenarbeit entsteht dann auch kein zusätzliches Transfer- und Umsetzungsproblem.

Wahrnehmungsbilder und erfahrungsgeprägte Stereotype können Veränderungen von Organisationen verhindern oder behindern. Als ein Beispiel sei hier die nicht selten anzutreffende Wahrnehmung der Berufsgenossenschaften genannt. So führte die neutrale Herangehensweise an das System der Ambulanten Pflege im PIZA-Projekt selbstverständlich auch zu einer Einbindung der zuständigen Berufsgenossenschaft (BG), die jedoch von den Pflegediensten und vom Reha-Gewerbe eher als Kontrolleure wahrgenommen und daher bisher nicht eingeladen oder kontaktiert wurden. Erst der „neutrale" Boden des FORUMs ermöglichte der BG die Formulierung und Vorstellung ihrer kostenlosen Beratungs- und Qualifizierungsangebote, die dann im weiteren Verlauf interessiert von den ambulanten Diensten und deren Organisationen aufgenommen wurden.

Wie die PIZA-Beispiele zeigen, können Forschungsfragen im Feld schrittweise und kooperativ entwickelt werden.

Beispiel A
Das FORUM ist als verkürzte Form der Zukunftskonferenz (nach Weisbord) die Reaktion von forschenden Beratern auf die engen Zeitbudgets von kleinen und mittleren Unternehmen. Im Rahmen des FORUMs im System der ambulanten Pflege wurde die mangelnde Beteiligung der niedergelassenen Ärzte im Kooperationsgefüge als Problem benannt. In Gesprächen mit Präventionsdienstleistern und einem Landesministerium wurden Forschungsfragen formuliert und gemeinsam mit den Akteuren ein Förderantrag zur Durchführung von aktivierenden Dialogen mit den niedergelassenen Ärzten gestellt.

Beispiel B
Eine nicht unübliche Vorgehensweise bei Forschungsprojekten ist, dass vom Team der Wissenschaft Fragestellungen und Hypothesen zum Thema formuliert werden, die dann durch empirische Untersuchungen in Betrieben oder Organisationen auf Stimmigkeit / Gültigkeit untersucht werden.
PIZA hat in einem Verkehrs-Unternehmen die für Forschung eher unübliche Form eines voraussetzungslosen, nicht von einem konkreten Forschungsinteresse geprägten Herangehens erprobt.
Hier wurden im Betrieb offene Fragen gestellt und in der Folge Angebote zur vertieften Analyse formuliert, die dann in Abstimmung mit Unternehmensleitung und Be-

triebsrat bearbeitet wurden. Die Analyse der innerbetrieblichen Kommunikation konnte im Nebeneffekt auch Forschungsfragen beantworten.

Weitere Beispiele für kooperative Arbeit in Forschungsprojekten betreffen die Generierung von Forschungsfragen durch vermittelnde Instanzen. Deren (Mit-) Wirkungsmöglichkeiten werden häufig unterschätzt und garnicht oder nur am Rande genutzt.

Wer sind solche Intermediäre, die als Katalysatoren zwischen Forschung und Praxis wirksam werden können?

- Selbstständige (häufig wissenschaftlich ausgebildete) Personen, die primär von Beratung leben,
- Arbeitsforscher in Unternehmen,
- externe Präventivdienste (z. B. Arbeitsmediziner, Sicherheitsfachkräfte oder Arbeitspsychologen),
- Experten in Institutionen (Berufsgenossenschaften, Gewerbeaufsicht, Kassen, Gewerkschaften und Unternehmerverbände, Fachverbände usw.),
- mögliche neue Intermediäre, z. B. Banken, die an Personal- und Organisationsentwicklung in kreditfinanzierten Unternehmen interessiert sind, um Insolvenzen oder Konkurse zu verhindern oder zu vermindern.

Welche Dienstleistungen können diese Intermediäre bieten?

- Transfer, Erkenntnisvermittlung und Moderation im Feld,
- Be- und Verarbeitung von Praxisanforderungen,
- Neukombination von vorhandenen Forschungsergebnissen,
- Adaptionen (evtl. auch mit wissenschaftlichen Abstrichen) von Forschungsergebnissen; nicht zu verwechseln mit Übersetzung, Umsetzung oder Transfer,
- Verstehen verstehen (lernen),
- Generierung neuer Forschungsfragen,
- „Popularisierung" von Forschung im umfassenden Sinn.

Wie könnten die Kooperationen zwischen den verschiedenen Akteuren aussehen?

- Intermediäre brauchen Forschung, z. B. für die Optimierung und Aktualisierung wissenschaftlich fundierter Beratungsangebote,
- Forschung bekommt neue Fragestellungen durch Intermediäre,
- Forschung braucht Intermediäre für die Optimierung der Kundenbeziehungen,
- Intermediäre multiplizieren Forschung(sergebnisse).

Die win-win-Chancen für alle Beteiligten liegen dabei im Aufbau von stabilen, eher regionalen Kooperationsnetzen von Agierenden in der Forschung, den Intermediären und den Praxisfeldern.

2.1.4 Forschungskompetenz und -ergebnisse sichtbar machen

Für die menschengerechte Gestaltung von Arbeit und Technik gibt es eine Vielzahl guter und übertragbarer Methoden, Vorgehensweisen und Ergebnisse aus der Arbeitsforschung und aus betrieblichen Gestaltungsprojekten.

Betriebliche und überbetriebliche Akteure wollen aktuell darüber informiert sein und in anwendbarer, verständlicher Form Anregungen aus dem breiten Spektrum betrieblicher Gestaltungsmöglichkeiten erhalten. Sie wollen außerdem, dass ihre individuellen oder betrieblichen Probleme und Fragen beantwortet werden oder Eingang in die Forschung finden.
Überbetriebliche gesellschaftliche Akteure wie z. B. Berufsgenossenschaften, Gewerkschaften und Arbeitgeberverbände wollen Gelegenheit haben, ihre Projekte öffentlichkeitswirksam an ihre Zielgruppe zu kommunizieren.
All dies sollte kostenlos und leicht zugänglich sein, z. B. über das Internet.

Für den Dialog von Forschung und Praxis ist es zusätzlich zu den gebräuchlichen Formen der Öffentlichkeitsarbeit durch Printmedien, Kongressen usw. wichtig, die Fragestellungen und Ergebnisse der Arbeitsforschung sichtbar (und im Weiteren übertragbar) zu machen. D. h. zum Beispiel, Forschungszusammenhänge mit Video und Ton verständlich zu machen, Wissen in Datenbanken zu strukturieren, Internetportale und -foren einzurichten. Für eine sinnvolle Visualisierung müssen Informationen selektiert, strukturiert und verdichtet werden. Im Zeitalter der Wissensgesellschaft, der Informationsflut und Medienvielfalt gilt es, visuelle Ordnungssysteme zu schaffen, die den menschlichen Fähigkeiten von Wissensaufnahme, -speicherung und -verwertung entsprechen.

Thematische Zusammenhänge visualisieren – Atlas der Arbeitsforschung und Arbeitsgestaltung
Klassische Internet-Datenbanken haben das Problem, dass sie häufig „virtuelle Bleiwüsten" darstellen. Sie bieten kaum Hinweise auf thematische Zusammenhänge, visualisieren selten Inhalte und sind in der Orientierung über die Inhalte (z. B. bezüglich Verständlichkeit, Übertragbarkeit und Praxistauglichkeit) nicht interaktiv.

Die PIZA-Internet-Plattform (s. Kapitel 9) „Atlas der Arbeitsforschung" füllt diese Leerstelle, indem Informationen sowohl textlich als auch visuell angeboten werden. Die Karten als die visuellen Elemente werden auf die individuellen Fragen der Nutzer hin maßgeschneidert und durch deren Rückmeldungen mitgestaltet. Das Kartenwerk sammelt außerdem aktiv nicht nur Projekteinträge (Wissen), sondern auch (bisher) unbeantwortete Anliegen aus der Praxis (Nicht-Wissen als Forschungsimpuls und Frühhinweissystem). Der Atlas ist also kein nur in eine Richtung funktionierendes, textbasiertes Informationsmedium, sondern ein informationsgestütztes, dialogisch arbeitendes *Aktions*medium.

Das System bietet Ergebnisse aus Forschung und Praxis an. Landkarten zu diesen Ergebnissen zeigen, wo Referenzbeispiele in der eigenen Region sind. Sie bieten außerdem durch „Leuchttürme der Arbeitsgestaltung und -forschung" Hinweise auf Modelle, die aus Sicht der Nutzer des Atlas besonders aussagekräftig und praktikabel sind und geben so eine durch die Praxis mitgestaltete Orientierung im breiten Angebot.

Über Aspekte von Arbeitsgestaltung wird informiert, indem passgenau angebotene Themenkarten Anschlussthemen aufzeigen. Sie informieren z. B. über die mit Arbeitszeitmodellen zusammenhängende Diskussion zu altersgerechter Arbeitsgestaltung oder den speziellen Problemen von Schichtarbeit und erweitern so den Blick auf betriebliche Handlungsfelder. Regelmäßige Nutzer können die Projekte danach beurteilen, in welchen Themenzusammenhängen sich diese verorten.

Zu allen Projekteinträgen können Rückmeldungen durch die Nutzer gegeben werden. Das Nicht-Finden von auf den eigenen Betrieb passenden Einträgen kann als Frage in das System eingegeben werden und so einen neuen Impuls in die Forschung bringen. Die Nutzenden geben so einerseits einen potenziellen Frühhinweis auf neue Entwicklungen und ermöglichen sich andererseits eine passgenaue Auskunft auf ihr betriebliches oder individuelles Anliegen.

2.2 Stand der Arbeitsgestaltung in der Arbeitswissenschaft und -forschung

2.2.1 Bilanzierung der Arbeitsgestaltung und ihrer Rahmenbedingungen zu Beginn des 21. Jahrhunderts

Im Rahmenkonzept „Innovative Arbeitsgestaltung – Zukunft der Arbeit" des Bundesministeriums für Bildung und Forschung wurden von 1998 bis 2001 Projekte zur Identifizierung und Bilanzierung erfolgreicher Veränderungen in der Arbeitsgestaltung und Unternehmensorganisation gefördert. Das Fazit des Projektes „Bilanzierung Arbeitsgestaltung" war, dass eine innovative Arbeitsgestaltung noch nicht in wünschenswertem Umfang in der betrieblichen Praxis umgesetzt ist. Innerhalb dieses Forschungs- und Evaluierungsvorhabens wurden Trends der Arbeitsgestaltung detailliert analysiert. Im Baustein „Trendreports" wurden die Forschungsergebnisse zusammengefasst und im „Diffusionsreport" wurde die Verbreitung innovativer Lösungen der Arbeitsgestaltung aufgezeigt. Beide Reports stellen die bisher wohl umfassendste Einschätzung der Arbeitsgestaltung dar. Im Folgenden werden einige der Ergebnisse aufgegriffen.

Seit den 80er Jahren erlebten alle Branchen eine Reorganisationswelle ohne Beispiel. Diese stellte die Kunden der Produkte und Dienstleistungen in den Mittelpunkt und daran orientiert sollten auf betrieblicher Ebene die Arbeitsprozesse organisiert werden. So wurden Arbeitsabläufe vorrangig nach Kundengruppen segmentiert und organisiert, Entscheidungen räumlich dezentralisiert und daraus ableitbare, „überflüssige" Hierarchien abgebaut. Die Arbeitssysteme hingegen wurden nur in geringem Umfang ganzheitlich gestaltet – und damit fanden Gestaltungen statt, ohne die Potenziale der Beschäftigten für die Unternehmen nutzbar zu machen (Latniak et al. 2002). Kennzeichen dafür waren beispielsweise die oft im Pilotstadium stecken gebliebenen Gruppenarbeitsansätze (deren teilautonome Variante z. B. in der Industrie nur zu 18 % genutzt wird), das sichtbare Abflachen der Diffusionskurven nach den Jahren der Euphorie im Anschluss an die weltweite Studie des Massachusetts Institute of Technology (Womack 1991) und die Tatsache, dass zwischenzeitlich öffentliche Verwaltungen Vorreiter in der Nutzung innovativer Teamstrukturen waren (Wengel 2002).

Innovationsanspruch und Arbeitsgestaltungspraxis fielen deutlich auseinander, wenn die Einschätzungen der Beschäftigten herangezogen wurden. Sie beurteilten die organisatorische Modernität ihrer Arbeitsbedingungen (Ganzheitlichkeit der Arbeitsvollzüge, Verantwortung oder vorhandene Entscheidungsspielräume) deutlich negativer, als man aus den Angaben der Unternehmensleitungen über den Einsatz innovativer Organisationskonzepte ableiten könnte. So sprachen z. B. 70 % der Betriebe von einer Aufgabenintegration von vor- und nachgelagerten Aufgaben in der Werkstatt, aber nur 20 % der Beschäftigten. Diese Diskrepanz ist in doppelter Hinsicht problematisch: Die Betriebe sehen keinen Anlass, mehr zu tun, sind doch aus ihrer Sicht zumindest einzelne Schritte umgesetzt; die Beschäftigten dagegen dürften aus der von ihnen wahrgenommenen Arbeitssituation kaum Motivation erfahren, zumal die Ansprüche an die Lebens- und Arbeitsqualität weiter wachsen (a.a.O.).

Der internationale Vergleich zeigte, dass Deutschland in Bezug auf Innovationen der Arbeitsforschung nicht als Vorreiter bezeichnet werden darf. Dies gilt nicht nur für die oben dargestellte Gruppenarbeit (Deutschland 15 %, z. B. knapp vor Portugal mit 13 %), sondern auch für die Anwendung partizipativer Ansätze der Arbeitsgestaltung wie Qualitätszirkel und ergebnis- bzw. zielorientierte Mitarbeitergespräche. So führten in Deutschland nur 18 % der Betriebe institutionalisierte Mitarbeitergespräche, die Chancen zur Planung der persönlichen Weiterentwicklung und Präzisierung der betrieblichen Erwartungen an den Mitarbeiter bieten. Im europäischen Vergleich war man in diesem Fall das Schlusslicht (a.a.O.). In diesem Zusammenhang wies Dreher darauf hin, dass Befunde aus Fallstudien die Notwendigkeit zeigen, Know-how zur Arbeits- und Prozessgestaltung in den Betrieben vorzuhalten und gemeinsame Lernprozesse zu organisieren. Dies sei unbedingt erforderlich, da insgesamt die bewusste und professionelle Gestaltung von Arbeit rückläufig sei. Sie werde zunehmend von „Amateuren" wie Gruppensprechern oder akademischen Berufsanfängern als Segmentleitern durchgeführt oder wird den Arbeitnehmern als Mikro-Unternehmern selbst überlassen (Dreher 2001).

Was nun die Gestaltung von Beschäftigungsverhältnissen betrifft, so zeigte die Analyse des Arbeitsmarktes, dass die Turnover-Raten (Zugänge an Arbeitslosen / Arbeitskräftepotenzial auf Bestandsbasis) im früheren Bundesgebiet ab- und nicht zunahmen, dass die Beschäftigungsverhältnisse in KMU stabiler geworden sind und der sektorale Strukturwandel angesichts der Tertiarisierung nicht zu einer höheren Turnover-Rate am Arbeitsmarkt führte. Weiter zeigten Mikrozensusdaten, dass von 1991 bis 1998 die Beschäftigten in Vollzeit-Normalarbeitsverhältnissen von 21,8 Mio. auf 20,5 Mio. Erwerbstätige abgenommen haben, die befristeten Beschäftigungen von 2,5 Mio. auf 2,8 Mio. und die Selbstständigen von 3,2 Mio. auf 3,4 Mio. Personen nur geringfügig zugenommen haben. Dabei verdrängen die letzteren Beschäftigungsarten das Normalbeschäftigungsverhältnis nicht, wobei die Ursachen dafür aber eher in den Rahmenbedingungen liegen, in denen die Beschäftigten agieren und leben (z. B. Kinderbetreuung). Abgebaut wurden Arbeitsplätze vor allem in Betrieben mit mehr als 500 Mitarbeitern. Zu dramatisch zunehmenden prekären Beschäftigungsverhältnissen, höherer Fluktuation in den Belegschaften oder einem erheblichen Ansteigen von selbstständigen Kleinunternehmern fanden sich in den untersuchten Arbeitsmarktstatistiken keine Belege (Knuth 2002).

Ein Kennzeichen der fortschreitenden Tertiarisierung des Beschäftigungssystems war die Erhöhung der Frauenerwerbsquote. Deutschland ist nun wahrlich nicht führend im internationalen Vergleich, aber im Zeitverlauf hat die Erwerbsbeteiligung der Frauen, vor allem in beständigeren Teilzeitarbeitsverhältnissen und mit geringeren Fluktuationsraten als bei Männern, erheblich zugenommen. Die Frauen sind dabei nicht der Flexibilitätspuffer am Arbeitsmarkt, für den sie gemeinhin gehalten werden. Da eine einmal erreichte Balance zwischen Arbeit und Kinderbetreuung nicht gefährdet werden soll, führe dies – wenn sich die Rahmenbedingungen nicht ändern – bei den Frauen und ihren Partnern zu wachsender persönlicher und gesellschaftlicher beruflicher Immobilität (a.a.O.).

Betrachtet man die untersuchten Wahrnehmungen der Beschäftigten hinsichtlich der beruflichen Anforderungen, so sind zwischen 1960 und 1995 die Stressbelastungen von 14 % auf über 25 % gestiegen; „zu wenig Zeit" wird von fast 35 % der Arbeitnehmer als Mangel empfunden und physische Belastungen werden von mehr als einem Fünftel angeführt (Volkholz/Kiel 2002). Bestimmte, oft höher qualifizierte Arbeitnehmergruppen stehen an den Schnittstellen der verkleinerten Organisationseinheiten, federn die wachsenden Markt- und Kundenanforderungen ab (z. B. Segmentleiter und Servicepersonal) und sichern durch ihre individuelle Flexibilität die Stabilität der Organisation. Bei ihnen waren objektive Belastungssituationen zu finden, die eine physische und psychische Regeneration ernsthaft gefährden. So haben die tatsächlichen Arbeitszeiten dieser Gruppe stetig zugenommen und liegen um ca. 20 % über der vereinbarten Wochenarbeitszeit. Ein weiteres Indiz ist, dass sich die psychischen Ursachen für verminderte Erwerbsfähigkeit nach Daten des Verbandes der Deutschen Rentenversicherer von 1984 bis 1999 für Männer verdoppelt, für Frauen sogar vervierfacht haben (Brödner 2002). Im Gegensatz dazu stiegen von den 60er Jahren bis 1997 die Angaben zur Unterforderung: 35 % würden gern mehr Verantwortung übernehmen, 26 % fühlen sich nicht genug gefordert und 17 % wurden nicht entsprechend ihren Qualifikationen eingesetzt (Volkholz/Köchling/Kiel 2002). Als Kernbefunde zeigten sich also gleichzeitig Unterforderungen und Überforderungen der Beschäftigten, die auf eine mangelnde Gestaltung von Arbeit in den Betrieben und – wie bei der Frauenerwerbstätigkeit – auf gesellschaftliche Rahmenbedingungen zurückzuführen sind. Qualifikation und Kompetenz werden in vielen Betrieben immer noch als kurzfristig verfügbare Ressourcen gesehen, obwohl die tatsächliche Verweildauer der Beschäftigten in Betrieben zunimmt. Insgesamt spricht dies zurzeit nicht für eine gelungene Nutzung des Faktors Arbeit.

Die Autoren der Arbeitsgestaltungsbilanzierung stellen sich folgerichtig die Frage, ob diese Art der Nutzung der Ressource Arbeit zukunftsfähig ist. „Wenn große Teile des Potenzials des Faktors Arbeit suboptimal genutzt werden, dann kann man das zurzeit noch hinnehmen (man tut es vielfach zumindest)" (Dreher 2001). Allerdings können folgende Entwicklungen die Konsequenzen aus den bereits geschilderten Beobachtungen verschärfen:

- Das Potenzial an erwerbsfähigen Personen verringert sich auf Grund der demographischen Entwicklung. Es stehen nicht nur weniger Personen überhaupt zur Verfügung, auch die Zusammensetzung der Belegschaften nach Geschlecht, Alter, Nationalität und Fähigkeiten (Qualifikationen) verändert sich (Knuth/ Volkholz/Kiel 2002). Viele Unternehmen haben sich beispielsweise nicht ausreichend mit der Kartierung der Wissensanforderungen und einem Abgleich mit den vorhandenen Fähigkeiten auseinander gesetzt. Es kommt schon jetzt zu einer unzureichenden Passung von Qualifikation und Anforderung, z. B. werden die Mitarbeiter mit kreativitätsförderlichen Anforderungen nur zu zwei Dritteln ihrer Qualifikation entsprechend eingesetzt. Dies variiert – so die Analyse des Trendreports Arbeiten und Lernen – je nach Anforderungstyp hinsichtlich des Alters. Das bessere Erreichen und die Potenzialentfaltung der jeweiligen Arbeitnehmergruppen müssen deshalb neu überdacht und differenziert werden.

- Die absehbaren Entwicklungen bezüglich der Reorganisation der Wertschöpfungsketten durch Netzwerke sind nicht notwendigerweise mit einer Verbesserung der Arbeit verknüpft. Vielfach ist bereits jetzt ein hohes Aktivitätsniveau in der überbetrieblichen Zusammenarbeit zu beobachten (z. B. in der Industrie: Kooperation in der Entwicklung mit Kunden 51 %, im Vertrieb 37 %, in der Beschaffung 30 % usw.). Entscheidend ist die Art und Weise der Zusammenarbeit. Zukunftsstudien erwarten eine Intensivierung der Kooperationsaktivitäten. Parallel werden ganzheitliche Arbeitsvollzüge in den kleiner werdenden Einheiten erhofft. Die Studien zeigen aber, dass die Erwartung einer stärkeren Spezialisierung kleinerer Unternehmenseinheiten bei gleichzeitig wachsender Ganzheitlichkeit der Arbeitsvollzüge innerhalb der beobachteten Unternehmen nicht zutrifft. Einen solchen Automatismus scheint es nicht zu geben. Dies erhöht den Druck in den Unternehmen weiter (Eggers/Kirner 2002; Brödner 2002).

- Die weiter steigende Kundenorientierung und Flexibilitätserwartungen verstärken die individuelle(n) Überforderung(srisiken). Tertiarisierung in der Industrie beispielsweise erfordert längere Präsenzzeiten und Bereitschaftsdienste, umfassendere Qualifikationen usw. Außerdem müssen die Betriebe ihre Wissensbasis bewusster und umfassender organisieren (Lay/Rainfurth 2002).

- Die Einführung der Kreislaufwirtschaft[5] entspannt diese Situation nicht, sondern Geschäftsmodelle wie Nutzungsintensivierung, Lebensdauerverlängerung usw. sind bei effizientem Betreiben weitere Treiber der Tertiarisierung und damit Trendverstärker. Hinzu kommen umfassendere Qualifikationsanforderungen, die über das Herstellwissen hinausgehen. Service-Fähigkeiten und Beurteilungskompetenz (z. B. über wirtschaftliche Folgen des Komponentenaustausches) werden zusätzlich verlangt (Dreher 2002).

Es drängt sich somit die Frage auf, was Unternehmen, die als „Vorreiter innovativer Arbeitsgestaltung" bezeichnet werden, anders machen. Innerhalb des Projektes „Bilanzierung der Arbeitsgestaltung" wurden über 60 Fallstudien durchgeführt. Neben den in einer Datenbank eingestellten Kurzdarstellungen zur Information und Orientierung von Betrieben, Belegschaftsvertretungen und Mitarbeitern wurden die Gespräche mit den betrieblichen Akteuren von den Wissenschaftlern für Analysezwecke dokumentiert. Bei der Auswahl wurden die Vielfalt unterschiedlicher Lösungen, die Abdeckung von vielen Branchen, die Kriterien ganzheitlicher Arbeitsgestaltung und ein über dem Branchenschnitt liegender wirtschaftlicher Erfolg zu Grunde gelegt.

Die untersuchten Betriebe sind keine Alleskönner der innovativen Arbeitsgestaltung, teilweise wurden nur punktuell interessante Lösungen eingeführt. Allerdings weisen sie nach Dreher (2001) Gemeinsamkeiten auf und haben in überproportionalem Maße eine *breit getragene Unternehmenskultur* mit einer ausgeprägten Mitarbeiterorientierung. Dabei hat das Management weder ein instrumentelles Verständnis von den Arbeitnehmern, noch sieht es sich in einer reinen Marktbeziehung zu den Beschäftigten

---

5 Das Modell der Kreislaufwirtschaft ist der Grundgedanke der Verpackungsverordnung, in ihr sollen die eingesetzten Rohstoffe über den Lebenszyklus einer Ware hinaus wieder in den Produktionsprozess zurückgelangen.

(Geld für Arbeitskraft). Dies kann durchaus fürsorgliche Züge, auch patriarchalischer Art, annehmen.

Diese Innovationskultur hat mehrere Konsequenzen:

- *Transparenz und Kommunikation* sind ein wichtiges Handlungsfeld der Leitung. Dazu gehören Verlässlichkeit und Belastbarkeit von Informationen und Zusagen wie auch die Suche nach geeigneten Instrumenten gerade bei größeren und/oder netzartig aufgestellten Unternehmen. Letzteres wird trotz der Bemühungen von den Vorreitern immer noch als großes konzeptionelles und methodisches Problem angesehen.
- Es existiert eine eingeübte *Praxis der Partizipation* der direkt durch die Arbeitsgestaltung betroffenen Mitarbeiter (i. d. R. inklusive den vor- und nachgelagerten Bereichen). Je mehr Umgestaltungen durchgeführt wurden, desto routinierter (und schneller) gehen Leitung, Personalvertretung und Belegschaft damit um. Hier entstanden in einigen Unternehmen durchaus selbstverstärkende Effekte, etwa durch ein „das lösen wir schnell selbst" (z. B. bei der Revitalisierung eingeschlafener Gruppenarbeitskonzepte).
- Fast alle Betriebe verfügen über *eigene, freigestellte Prozessbegleiter* im Hause. Teilweise werden diese als Personalkapazität regelrecht vorgehalten. Dies ermöglicht die Fokussierung von Fachwissen zur Arbeitsgestaltung, Moderations- und Prozess-Know how. Dies können keine Externen sein, sondern sie fungieren als deren Ansprechpartner. Probleme kann es dann geben, wenn diesen Prozessbegleitern neben ihrer eigentlichen Aufgabe die Kommunikation zu Zweck und Ziel der Maßnahme aufgetragen wird, die eigentlich durch die Leitungen zu erfolgen hat (s. o.).
- Aus der Unternehmenskultur, aus der Mitarbeiterbeteiligung und der Transparenz über Ziele und Maßnahmen erwächst eine *marktchancen- statt kostenrisikenorientierte Sichtweise*. Fast alle Betriebe wurden von den Wissenschaftlern als „proaktiv" gegenüber Markt- und Gesellschaftsentwicklungen eingeschätzt. Viele reagieren schon bei geringem Problemdruck. Entsprechend werden gewisse, wenn auch unsystematische Vorausschauaktivitäten unternommen. Diese Vorwärtsorientierung wird oft vom Management selbst vorgenommen (z. B. mittels Zukunftswerkstätten) oder durch Dritte, z. B. durch den Betriebsrat, angeregt. Sie führt jedenfalls zur besser motivierten Übernahme der zentralen Promotorenrolle der Geschäftsleitungen für erfolgreiche Umgestaltungen, deren Bedeutung auch durch diese Analyse wiederum bestätigt wurde.

Die aufgezählten Aspekte sind durchaus miteinander verbunden, verstärken sich und können sich zu Aufwärtsschleifen entwickeln. Aber auch die Vorreiter empfinden an vielen Stellen Verbesserungs- und Systematisierungsbedarf, z. B. bei Kommunikationsmethoden und Vorausschau-Techniken. Offen ließ das Projekt die Frage, ob es sich dabei eher um Wissens- bzw. Umsetzungsdefizite oder um Forschungs- und Entwicklungsbedarfe handelt. Auf jeden Fall bleibt aber für die beobachteten Vorreiter der Versuch (und Anspruch) festzuhalten, sorgfältiger und mit langfristiger Perspektive mit den Beschäftigten und deren Fähigkeiten umzugehen. Es erfolgt eine nachhaltige Nutzung der Ressource Arbeit durch innovative Arbeitsgestaltung.

Des weiteren stellte das Bilanzierungsprojekt fest, dass die allgemeine Debatte über die Veränderungen in der Erwerbsarbeit in den Unternehmen tendenziell eher wie eine Kapitulation vor dem scheinbar Unvermeidlichen rezipiert wird. Es werden Konzepte erarbeitet, die die Flexibilitätserfordernisse der Organisation den Menschen überlassen oder zumindest zu ihrer individuellen Bewältigung beitragen sollen (z. B. eine geforderte Hinnahme prekärer Beschäftigung oder eine offensive Vermarktung des Leitbildes „Mikro-Unternehmer"). Dies kann jedoch nur ein Ansatz sein – im übrigen mit hinterfragbaren Annahmen angesichts der Befunde (z. B. keine Zunahme prekärer Beschäftigung oder Mobilität am Arbeitsmarkt) – und reicht nicht aus, die Zukunftsfähigkeit der Unternehmen zu sichern.

Aus den Erkenntnissen des Projektes wurde daher von Dreher (2001) für die Unternehmen ein Ansatz eingefordert, der die Zumutung an das Individuum zunächst hinterfragt und gegebenenfalls zurückweist und zuerst die Organisationen zur nachhaltigen Gestaltung der Arbeit auffordert. Leitlinie hierfür wäre ein sehr viel stärkeres Umsteuern auf die Potenzialnutzung und -sicherung menschlicher Arbeit:

- *Flexibilisierung der Organisationen und der Arbeitskontexte* statt der Menschen, z. B. durch flexible Stammbelegschaften, „atmende Systeme" durch Arbeitszeitmodelle statt wechselnder Beschäftigtenzahlen, Ausschöpfung der Potenziale ganzheitlicher Arbeitssystemgestaltung, Kriterien zur „Organisationsergonomie"

und gleichzeitig

- nachhaltige *Gestaltung dauerhaft bewältigbarer Arbeit* als Aufgabe der Unternehmen, z. B. durch gesteuerte Wissensregeneration, Lebenslauforientierung der betrieblichen und eigenen Personalentwicklung, Belastungswechsel durch Mehrfachqualifizierung, Berufswechselgestaltung und primärpräventiver Gesundheitsschutz bereits im Gestaltungsprozess flexibler Strukturen.

2.2.2 Partizipation und Gestaltung in der Praxis der Arbeitsforschung

Im Ergebnis einer Studie von Luczak et al. 1987 entstand ein Gegenstandskatalog der Arbeitswissenschaft, der sich wie folgt darstellt:

1. Autonome Körperfunktionen und Arbeitsumgebung
1a. Anatomie und Physiologie der autonomen Körperfunktionen
1b. Physikalische und chemische Umgebungseinflüsse
2. Operationen und Bewegungen an Werkzeugen und Maschinen
2a. Biologische und psychologische Grundlagen
2b. Technische Grundlagen der Arbeitsgestaltung
3. Arbeitstätigkeit und Arbeitsplatz
3a. Psychische Regulation der Arbeitstätigkeit
3b. Systembetrachtung von Arbeitsplätzen
4. Personales Handeln und Arbeitsformen
5. Kooperationsformen in Arbeitsgruppen
6. Betriebliche Arbeitsbeziehungen und Organisation
7. Arbeit und Gesellschaft

Was rezipiert die Arbeitsforschung von sich selbst?

Auf Basis dieses Gegenstandskataloges wurden zehn Jahre später im Rahmen einer Inhaltsanalyse 28 Grundlagenwerke untersucht, die größtenteils aus den 80er Jahren stammten (Müller 2001). Ziel war es, Unterschiede zwischen der Arbeitswissenschaft (Arbeitsforschung) und einzelnen Disziplinen herauszuarbeiten. Aus dieser Untersuchung wurde folgendes deutlich:

- Der Schwerpunkt der Arbeitswissenschaft lag auf dem Gebiet der klassischen Ergonomie.

- Der Schwerpunkt der Ergonomie lag auf der Gegenstandsebene „Operationen und Bewegungen an Werkzeugen und Maschinen", außerdem auf den Ebenen „Autonome Körperfunktionen und Arbeitsumgebung" und „Arbeitstätigkeit und Arbeitsplatz".

Aus dieser Zwischenbilanz kann der Schluss gezogen werden, dass die üblichen Grundlagenwerke allenfalls teilweise den Gegenstandsbereich der Arbeitsforschung abbilden. Zu prüfen war, welche Anforderungen seitens der potenziellen Kunden der Arbeitsforschung, also von Betrieben und Organisationen, an die Forschung gestellt werden.

Was erwarten Betriebe, Institutionen und Beschäftigte von der Arbeitsforschung?

In der sechsmonatigen Vorlaufphase des Ideenwettbewerbs zur Zukunftsfähigen Arbeitsforschung im Jahre 2001 hatte sich die PIZA-Arbeitsgruppe schwerpunktmäßig mit der Erhebung von Aufgaben und Themen aus Sicht der Kunden bzw. Nutzer von Arbeitsforschung beschäftigt. Dazu wurden eine schriftliche Expertenbefragung (Delphi) und weitere Expertengespräche (einschl. Video-Interviews in Betrieben und beim Delphi-Workshop) durchgeführt und veröffentlicht. In der schriftlichen Erhebung wurden (ausgewählte und zufällige) Personen zu ihrer Einschätzung von Wahrscheinlichkeit und Wünschbarkeit künftiger Entwicklungen von Arbeit und Arbeitsforschung befragt. Die wesentlichen Aussagen lauten knapp zusammengefasst:

- 60 % der Befragten hielten es nicht für wahrscheinlich, dass die Ergebnisse der Arbeitsforschung in relevantem Maße in die Gestaltung der Arbeitsbedingungen eingreifen – aber 83 % hielten es für wünschenswert.

- 60 % erwarteten, dass die Arbeitsforschung von einem erweiterten Arbeitsbegriff[6] ausgehen wird – und 74 % hielten es für wünschenswert.

- Nur 47 % erwarteten, dass künftig Unternehmen und Arbeitsforscher mehr miteinander kooperieren – aber 83 % wünschten es sich.

- 55 % erwarteten, dass Emotionalität ein wichtiges Forschungsfeld in Bezug auf Gesundheit und Produktivität sein wird – und 79 % wünschten es sich.

- Zwei Drittel erwarteten, dass Partizipation bei Veränderungsprozessen wichtig ist und dass Methoden der Aktionsforschung eingesetzt werden.

- Mehr als 90 % gingen von einer nicht zeitnahen Nachlaufzeit zwischen Erforschung und Umsetzung aus. Fast alle wünschten sich schnelleren Transfer.

- Erwartet wurde, dass sich die Arbeitsforschung auch weiterhin mit der klassischen Klientel beschäftigt. – Deutlich mehr gewünscht wurde hingegen die Forschung und Entwicklung für geringfügig Beschäftigte, Erwerbslose, Selbstständige, Nichterwerbstätige mit sozialen Pflichten, „New Economy", KMU und Mikrounternehmen sowie Dienstleistungen im Informations- und Kommunikationssektor.

Insgesamt zeigte sich, dass die „alten Themen" der Arbeitsforschung nicht verschwinden werden, aber in ihrer Wichtigkeit abnehmen. Zugleich nehmen die „neuen The-

---

[6] Der Gegenstandsbereich „Arbeit" soll sich demnach nicht ausschließlich auf die Erwerbsarbeit (und hier vor allem auf das Normalarbeitsverhältnis) konzentrieren, sondern Aspekte wie Familien- (Erziehungs-, Haushalts-, Pflege- etc.), Ehrenamts- usw. -Arbeit mit in den Forschungskanon aufnehmen.

men" in ihrer Bedeutung beträchtlich zu und haben im Wesentlichen die gleiche Relevanz wie die alten.

Welche Analyse- und Interventionsverfahren stehen zur Verfügung?

Betrachtet man neben den Themen die konkreten Verfahren, die der Arbeitsforschung zur Verfügung stehen, so finden sich in der Literatur zwar eine Reihe von *Analyse- und Bewertungsverfahren* für Arbeitstätigkeiten, Gestaltungs*forderungen* und *korrektiven* Möglichkeiten bei unzureichenden Arbeitsaufgaben, aber nur wenige praktikable prospektive *Gestaltungs*algorithmen. „In der Mehrzahl der Fälle existiert eine deutliche Kluft zwischen den Bewertungsprofilen und der Ableitbarkeit von Gestaltungshinweisen" (Weber 1992).

Darüber hinaus orientieren sich psychologische Analyseinstrumente oftmals an Handlungs- bzw. Tätigkeitstheorien, deren Umsetzung in konkrete Befragungskategorien, Items und Skalen im Detail „häufig fraglich" (a.a.O.) erscheint, da eine Begründung fehlt, warum bestimmte Erhebungsmerkmale auf die jeweilige Theorie zurückgeführt werden. Die Bewertungsprofile enthalten eine hohe Anzahl scheinbar voneinander unabhängiger psychologischer Merkmale, die sich tatsächlich jedoch inhaltlich deutlich überschneiden und sich auf übergeordnete Humankriterien reduzieren ließen.

Zur Orientierung wurden beispielhaft einige ausgewählte Produkte der bisherigen Arbeitsforschung (siehe Toolbox der Bundesanstalt für Arbeitsschutz und Arbeitsmedizin, www.baua.de) untersucht, die integrierte Analyse-, Gestaltungs- und Bewertungsziele verfolgen. Betrachtet man diese Verfahren (psychologische und psychologieübergreifende Analyse-, Gestaltungs- und Bewertungsinstrumente, Verfahren mit den Schwerpunkten Gesundheit und Arbeitssicherheit, Qualifizierungs- und „Zirkel"-aktivitäten) hinsichtlich ihres Partizipationsgrades und ihrer Gestaltungsoptionen, so findet man kaum partizipative Verfahren (Partizipation im weiterführenden Sinne von Empowerment) mit präventiv gestaltendem Charakter. Diese Bewertung stellt keine Positiv-/Negativbewertung dar, sondern eine Einschätzung bezüglich verschiedener ausgewählter Kriterien. Die Verfahren an sich können für ihren Anwendungszweck und vor ihrem Hintergrund ausgezeichnete Instrumente sein, in denen viele Erfahrungen und Ressourcen stecken. Im Folgenden werden sie grob in vier Gruppen eingeteilt:

a) Verfahren, die zwar Partizipation ermöglichen, aber keine bzw. nur eine geringe Gestaltungsorientierung aufweisen (z. B. Ressource – Kommunikationsorientiertes Verfahren zum Thematisieren, Entdecken, Rekonstruieren und Bewältigen von Gesundheitsbeschwerden),

b)   Partizipation ermöglichende Verfahren mit Gestaltungsorientierung (z. B. VERA/RHIA im Gruppeneinsatz),

c)   Analyse- und Bewertungsverfahren mit geringen Partizipationsmöglichkeiten und geringer Gestaltungsorientierung (z. B. AET – Arbeitswissenschaftliches Erhebungsverfahren zur Tätigkeitsanalyse) und

d)   gestaltungsorientierte Verfahren mit geringen Partizipationsmöglichkeiten (z. B. H-FMEA – Human Fehlermöglichkeits- und Einflussanalyse).

Zusammenfassend ergeben sich für diese Matrix folgende Defizite und Fragen für die Arbeitsforschung, die in den folgenden Kapiteln aufgegriffen werden:

| *Wie wird unter diesen Bedingungen der Transfer der Analyseergebnisse in den betrieblichen Gestaltungsprozess organisiert?* | Partizipative Verfahren mit geringer Gestaltungsoption | **Partizipative Verfahren mit höherer Gestaltungsoption** | • *Gestaltungsoptionen ausreichend?*
• *prospektive Gestaltung?*
• *über konkrete Bereiche (z. B. ergonomische Gestaltung, Handlungsspielraum) hinausreichend?*
• *für Einsatz durch Professionals ausgelegt oder vom Betrieb anwendbar?*
• *Partizipation beginnt mit gemeinsamer Zielformulierung, inkludiert Erstellung des Instruments, Einsatz des Verfahrens sowie gemeinsame Ableitung von Maßnahmen und Bewertung der Ergebnisse?* |
| | Fülle von wissenschaftlichen Verfahren mit geringem Partizipationsgrad und geringer Gestaltungsoption für die Praxis | Gestaltungsorientierte Verfahren mit geringem Partizipationsgrad | |

Wie kann die Partizipation erhöht werden?

Abbildung 1:   Struktur vorhandener arbeitswissenschaftlicher Methoden und Fragen an die Arbeitsforschung

B.   Grenzüberschreitungen – neue Sichtweisen und neue Handlungsweisen

3.   Geht Forschung auch anders? – Die Wissenschaftsdebatte zur Transdisziplinarität und andere neue Paradigmen

Transdisziplinarität ist nicht nur das Überschreiten der Grenzen der Disziplinarität (also wenn z. B. die multidisziplinäre Arbeitsforschung nun auch noch Elemente der Ethnologie oder der theoretischen Biologie aufnehmen würde), sondern öffnet die Disziplinen für die (betriebliche, gesellschaftliche ...) Wirklichkeit.

Wahrscheinlich der erste Beitrag zum Thema „Transdisziplinarität" – in der einschlägigen Literatur wird immer Jantsch (1972) genannt –, der diesen Begriff explizit beinhaltet, stammt von Heinz von Foerster aus dem Jahr 1969 in einem Tagungs-Beitrag: „Disziplinen erfordern das Verstehen eines Gegenstandsbereiches, Interdisziplinarität ein Verstehen des anderen, Transdisziplinarität jedoch verlangt das Verstehen des Verstehens als solchem." In diesem Sinne hat schon Sokrates formuliert, dass man einen Begriff von der Weisheit haben müsse, um weise zu sein. Es genüge also nicht, sich auf einem umgrenzten Gebiet gut auszukennen; man müsse über die Weisheit selbst etwas wissen. Und von Foerster warnt davor, die Transdisziplinarität wieder zu einer Disziplin verkommen zu lassen, weil „zuviel Enthusiasmus auf den Begriff der Transdisziplinarität statt auf seine Logik" verwendet wird (Foerster 1993).

Die Bandbreite des Begriffs der „Transdisziplinarität" geht von einer fast synonymen Verwendung mit „Interdisziplinarität" (z. B. bei Mittelstraß 2002) bis hin zur pointierten Formulierung der Transdisziplinarität einer sogenannten „Modus 2-Wissenschaft", die sich von den disziplinären Formen im Rahmen von Multi- und Interdisziplinarität grundsätzlich unterscheidet.

PIZA nimmt diese Wissenschaftsdebatte aus der und für die forschende Beratungs-Perspektive auf. Der unserer Ansicht nach pointierteste Standpunkt zur Transdisziplinarität, der auch in unserer Arbeit praktisch immer wieder umgesetzt wurde, wird im Folgenden beschrieben.

© Springer Fachmedien Wiesbaden GmbH, ein Teil von Springer Nature 2006
Arbeit und Zukunft e. V. (Hrsg.), *Dialoge verändern*, Edition KWV,
https://doi.org/10.1007/978-3-658-24718-8_2

3.1 Transdisziplinarität – die Erzeugung „sozial robusten Wissens"

Die Wissenschaftsphilosophin Helga Nowotny konstatiert einen „Autoritäts- und Legitimationsverlust der Wissenschaft" (1999, S. 61), eine intern wie extern abnehmende „konsensstiftende Funktion" in den Demokratien. Die Nachkriegs-Triade, „als Wissenschaftler, Regierungen und Industrie in einer intimen Partnerschaft die exklusive Entscheidungsmacht innehatten, ist einer verwirrenden Vielfalt von Kompetenzen, von Interessenarenen und von Akteuren und deren wechselnden Allianzen gewichen" (Nowotny 1999, S. 58).

Vergleicht man den praktischen Einfluss der Arbeitsforschung auf die wirtschaftlich und gesellschaftlich relevanten Themen und die Politik in den 70er- und 80er-Jahren des 20. Jahrhunderts, dann ist aus heutiger Sicht tatsächlich ein Bedeutungsverlust zu konstatieren. Eine Rentenreform wäre damals ungleich energischer und kritischer begleitet worden, als dies in den letzten Jahren der Fall war. Vor allem die Hilf- und Aussagelosigkeit der Rentenreform hinsichtlich der notwendigen Veränderungen der Arbeitswelt zur Erreichung einer hohen Beschäftigungsquote der über 55-jährigen wäre vermutlich nicht weitgehend unkommentiert geblieben.

Insofern gilt es, den Anspruch an eine zukunftsfähige Arbeitsforschung zu fokussieren: „Wissenschaftliche Objektivität muss in Zukunft selbst kontextualisiert, lokal verankert und partikularisiert werden", um gesellschaftlich robustes Wissen zu sein, um also „antizipierend auf konkrete Fragen und gesellschaftliche Erwartungen" (Nowotny 1999a) einzugehen und (auch) einen aktiven Part in der Gestaltung menschengerechter Arbeit und Technik einzunehmen.

Das Verständnis von Transdisziplinarität im Projekt „PIZA" bezieht sich auf den entsprechenden Diskurs um die Wissenschaftsphilosophin Helga Nowotny. Sie unterscheidet zwei Modi der Wissensproduktion:

* die traditionelle, disziplinäre Form vornehmlich universitärer Forschung (Modus 1) und
* die transdisziplinäre Wissenserzeugung (Modus 2).

Schematisch lassen sich die beiden Modi der Wissenserzeugung folgendermaßen darstellen:

Modus 1	Modus 2
• Metapher: Raum (Wissens-Gebiet, Grenzen, weiße Flecken ...)	• Metapher: Biotop (vielfältige Wechselbeziehungen)
• Thematisierung des Wissens	• Thematisierung des Nichtwissens
• Transfer von Wissen in den Anwendungskontext	• Erzeugung des Wissens im/mit dem Anwendungskontext
• Erhöhung der „Akzeptanz" von Wissenschaft im Anwendungsfeld	• Wissenschaft wird „zu Kultur" im Anwendungsfeld
• Langlebig, auch durch „kognitive wie soziale Hierarchien zwischen und innerhalb der ... Wissensterritorien"	• Kurzlebig, aber sensitiv für lokale Veränderungen und wandlungsfähig
• Klare Grenzen und Fachsprachen	• Brücken zwischen Akteuren und Disziplinen
• Linear	• Nicht-linear

Multidisziplinär*	Interdisziplinär*	Transdisziplinär*
• Bearbeitung eines Themas durch verschiedene Disziplinen • Eigenständigkeit der Disziplinen	• Formulierung einer einheitlichen, Disziplinen übergreifenden Terminologie und/oder Methodologie zur • Bearbeitung unterschiedlicher Themen	• „Gemeinsamkeit der Problemdefinition" • Gemeinsame Axiomatik • Gegenseitige Durchdringung disziplinärer Erkenntnismethoden • Bündelung von disziplinär unterschiedlich verorteten Problemlösungen, die aus einem Theorien-Pool schöpft • Wissen wandert „mit seinen Trägern in andere Kontexte"

Abbildung 2:   Modi der Wissenserzeugung (* Jantsch 1972, nach Nowotny 1999)

3.2   Transdisziplinäre Praxis

Transdisziplinarität im Sinne von Nowotny et al. wurde praktisch z. B. in Bereichen der Umwelt- und Regionalpolitik erprobt. Patricia Fry (2002) formulierte in ihrer Dissertation die These, dass sich Feld und Forschung, konkret Landwirte, staatliche Bodenprüfer und Naturwissenschafter, durch „unterschiedliche Sichtweisen – ähnliche

Erkenntnisprozesse" unterscheiden und gleichzeitig doch verbunden sind. Die Unterschiede sieht Fry in den Zielen, Methoden und Kontexten; die Ähnlichkeiten in den Erkenntnissen. Während die einen messen und analysieren und die anderen kategorisieren, kommen die Dritten aufgrund von Erfahrungswerten zu vergleichbaren Ergebnissen. Erfahrungswissen wird wissenschaftlich bestätigt, spielt aber (häufig) in der Analyse keine Rolle.

Dies ist auch der Tatsache geschuldet, dass der forschende Umgang mit der Realität sich am Anspruch der Objektivität und Werturteilsfreiheit orientiert. Die auf Max Weber zurückzuführende Debatte wird allerdings häufig verkürzt wahrgenommen und führt dann dazu, objektive Daten zur Wahrheit zu erklären und erst dann zu wissenschaftlich gesicherten Schlussfolgerungen in der Lage zu sein. Nach Weber gilt es jedoch eben nicht, „ein Prinzip aufzustellen und wissenschaftlich als gültig zu erhärten, aus welchem alsdann die Normen für die Lösung der praktischen Einzelprobleme eindeutig deduzierbar seien" (Weber 1973, S. 192). Sondern er fordert: "Die Fähigkeit der Unterscheidung zwischen Erkennen und Beurteilen und die Erfüllung sowohl der wissenschaftlichen Pflicht, die Wahrheit der Tatsachen zu sehen, als der praktischen, für die eigenen Ideale einzutreten, ist das, woran wir uns wieder stärker gewöhnen wollen." (a.a.O., S. 194). Die als Ideologiekritik verstandene Werturteilsdebatte heißt demzufolge nicht, die eigene und die andere Subjekthaftigkeit, also auch Emotionalität, zu negieren und als Reagenzglashalter bei der Betrachtung gesellschaftlicher / arbeitsweltbezogener Phänomene zu fungieren. Zu beachten ist zugleich, dass die Interaktivität im Untersuchungsbereich per se im sozialen Kontext stattfindet und den Gegenstand der Beobachtung verändert. Mithin: Jede sozialwissenschaftliche Analyse basiert auf einer gemeinsamen Aktion von Subjekten.

Die Schwierigkeit im Umgang mit Transdisziplinarität lässt sich in Quintessenzen wie folgt zusammenfassen (vgl. Methoden transdisziplinären Forschens, 2002):

- Fachsprachen und disziplinäre Grenzen versus Synergien und neuen Möglichkeiten
- Unterschiedliche Erwartungen aller Beteiligten versus Verständigung und Vertrauen
- Rollenkonflikte der Wissenschaftler/-innen: Forschende, Beobachtende und/oder Akteure
- Nicht-Sichtbarmachen von geschlechtsspezifischem Rollenhandeln und Rollenverständnis

- Arbeitsfähigkeit der Gruppe versus Partizipation
- Hohe Ansprüche an das Projektmanagement
- Messbarkeit von Lernerfolgen
- Übertragbarkeit versus lokale Gültigkeit
- Verhältnis von Aufwand zu Ertrag.

3.3   Das Besondere, das Mündliche, das Lokale

Der Stand interventionistischer Forschung und Entwicklung hat sich in Deutschland nach wesentlichen Impulsen des Programms zur Humanisierung des Arbeitslebens (HdA) in den 70er und 80er Jahren unseres Erachtens nicht entscheidend weiter entwickelt. Hier gilt es, im Sinne einer erneuten Rezeption und (Rück-)Gewinnung von deutschen und internationalen Standards partizipativer (Aktions-) Forschung und Intervention[7] neue Organisationsformen für die Arbeitsforschung zu generieren. In einem transdisziplinären Verständnis sind dafür die methodischen Stärken der Selbstreflexivität und Kasuistik aufzunehmen, wie es beispielsweise die psychoanalytisch orientierte ethnologische Feldforschung (vgl. Devereux 1973 oder Erdheim 1982) erreicht hat.

Auch sozialphilosophische Ansätze wie die von Toulmin (1992) und seine Forderung nach Rückbesinnung auf das Lokale, das Besondere, das Mündliche, betonen das Subjektive und damit das Individuelle in den Institutionen von Arbeit und Leben. Die Integration solcher Aspekte in die Arbeitsforschung würde unseres Erachtens wesentlich die (Selbst-) Reflexion, z. B. über die Kundenorientierung, erhöhen.

Daran anknüpfend seien einige Thesen von Nowotny, Scott und Gibbons zur Wissenschaft und ihrer Verwertung bzw. Verwertbarkeit wiedergegeben (2001, S. 258 ff).

„Zuverlässiges Wissen ist nicht genug
- Je offener und umfassender (comprehensive) die wissenschaftliche Gemeinschaft ist, desto mehr sozial widerstandsfähig und belastbar (social robust) wird das produzierte Wissen sein. Das steht im Widerspruch zu der traditionellen Auffassung, dass eine enge Beziehung zwischen der Übereinstimmung (und deshalb auch Gebundenheit) einer wissenschaftlichen Gemeinschaft und der Zuverlässigkeit des Wissens besteht. ...

---

[7] Siehe z. B. die Zeitschrift „International Journal of Action Research"

44

- Eine Vielfalt von Wissens-Traditionen ist notwendig, um ständig den erkenntnistheoretischen Kern aufzufüllen. Und wieder: Dies steht im Widerspruch zu den universalistischen Ansprüchen der westlichen Wissenschaft, die das lokal Zufällige ausschließen will, um universelle und ‚invariante‘ Ergebnisse zu erzielen. ...

- Das Bild von der Wissenschaft, auch ein populistisches, unterstützt eher den Korpus der Wissenschaft als dass es diesen beeinträchtigt. Wie auch immer: Das Bild von der Wissenschaft und die aktuelle Wissenschaftspraxis sollten nicht zu weit voneinander abweichen. Auch diese Annahme steht im Gegensatz zu traditionellen Auffassungen, dass „Geschichten" über Wissenschaft den Glauben fördern, dass Wissenschaft bloß inkommensurable, irrationale (oder relativistische) Diskurse sei und dass die Popularisierung von Wissenschaft unwillkommene Laien ermutigen kann (selbst wenn diese Popularisierung Teil einer sorgfältig durchgeführten Kampagne für die Erhöhung des öffentlichen Verständnisses von Wissenschaft ist). ...

Wissenschaft betritt den Marktplatz

- Wenn die ‚agora‘[8] der Platz ist, auf dem sich Wissenschaft mit vielen anderen Akteuren trifft und interagiert, wo Institutionen übergreifend interagieren und wo Interessen, Werte und zu treffende Entscheidungen diskutiert und verhandelt, ausgefochten und irgendwie beschlossen werden, dann muss die Selbstorganisations-Fähigkeit aller TeilnehmerInnen gesteigert werden. ...

- Wenn Expertenwissen sozial breit gestreut und grenzüberschreitend (transgressive) ist, dann wird Vertrauen eine eher knappe und wertvolle Ressource. ...

- Der Ruf nach mehr „Partizipation", als Imperativ ‚partizipiere oder gehe unter‘, darf nicht als Freikarte für eine rudimentäre und unstrukturierte Arena endloser (und oft sinnloser) Debatten missverstanden werden. (Auch die agora hat und braucht ‚rules‘)."

Zusammenfassend und auf die Eingangsfrage „Geht Forschung auch anders?" zurückkommend:

Forschung muss anders gehen (lernen), weil sich die Wirklichkeit nicht an die disziplinären Grenzen des 19. und 20. Jahrhunderts und an die Berührungsängste der verschiedenen (arbeits)wissenschaftlichen Schulen und Lehrstühle, damit auch der (gezwungenermaßen) einzusetzenden Methoden, hält. Es geht also sowohl um diszipli-

---

[8] Das altgriechische „agora" bedeutet Markt oder Marktplatz, Ort der Versammlung, Tätigkeit der Versammlung.

näre als auch um institutionelle Grenzüberschreitungen. Es gibt – auch aus dem PIZA-Projekt – einige Hinweise, dass erst das Zusammenwirken von Forschung, Beratung und Praxis die erforderlichen praktischen Lösungsbedarfe und die möglichen Forschungsbedarfe – inhaltlich und zeitlich – optimiert. Dabei verstehen wir – wie oben ausgeführt – den Beratungsvorgang als eigenständigen und spezifischen „Problemlösungsvorgang".

4. Gehen Interventionen auch anders? – Die theoretischen Grundlagen des PIZA-Projekts

Im Folgenden werden drei Konzepte beschrieben, die das Denken (Forschen) und das Tun (beratende Interventionen) im PIZA-Projekt beeinflusst und geprägt haben:

- Das Modell von Frankenhaeuser (1991), das Menschen als biopsychosoziale Einheit, geprägt von körperlichen, psychischen und sozialen Bedingungen begreift,
- das Modell der Salutogenese von Antonovsky (1997) zur Entstehung von Gesundheit und
- das (finnische) Konzept der Arbeitsbewältigungs-Fähigkeit (v.a. Ilmarinen).

4.1 Was ist Gesundheit? – Ein Gesundheitsmodell und die Krankheitswissenschaften

Es mag überraschen, aber Gesundheit ist ein noch zu wenig erforschtes und untersuchtes Thema. Wir neigen dazu, uns auf Krankheit zu konzentrieren – in der Annahme, dass unweigerlich mit dem Fehlen biologischer Symptome Gesundheit entsteht oder, was noch bedenklicher ist, dass man sich bei Vorhandensein körperlicher oder psychischer Einschränkungen nicht gesund, genuss- und leistungsfähig fühlen kann.

Krankheit hat das Rennen um wissenschaftliche Anerkennung gewonnen. Viele Professionen konstituieren sich um dieses menschliche und wohlfahrtsstaatliche Problem. Gleichzeitig sind die Definitionsversuche von Gesundheit zahlreich und die entstandenen Begriffe vielfältig. Gesundheit bedeutet für manche eher einen Zustand von Wohlbefinden und Glück, andere betonen beim Phänomen Gesundheit die Fähigkeit des Organismus, mit Umweltanforderungen und -belastungen fertig zu werden.
Die Qualität des Begriffs ‚Gesundheit' liegt in der Mehrdimensionalität, Komplexität und Prozesshaftigkeit, was dem wissenschaftlichen und gesellschaftlichen Durchbruch nicht förderlich war und ist.

Natürlich geht es den Krankheitswissenschaften, insbesondere Schulmedizin und Psychologie, um Gesundheit und im Besonderen um die Wiederherstellung von Gesundheit. Gleichwohl konzentriert sich die Beschäftigung im Rahmen dieses Modells auf Erkrankungsrisiken und biologische Defekte. In diesem Zusammenhang haben die Erkenntnisse aus der Pathogenese (Krankheitsentstehung) herausragende Behandlungsfortschritte der Medizin hervorgebracht. Nach heftigen Debatten um das biomedizinische Modell trat an dessen Stelle ein erweitertes biopsychosoziales Modell von Gesundheit, das sowohl körperliche als auch psychosoziale Faktoren zur Erklärung von Erkrankungen heranzieht. Dabei gewinnen schützende Faktoren, die das Immunsystem unter Belastungsbedingungen zusätzlich aktivieren, an Bedeutung. Die psychobiologische Stressforschung steuerte weitere Erkenntnisse über Art und Wirkweise von personalen und situativen Ressourcen, sogenannten stärkenden und unterstützenden Quellen für Bewertung und Bewältigung der Umwelteinflüsse, bei.

A biopsychosocial model

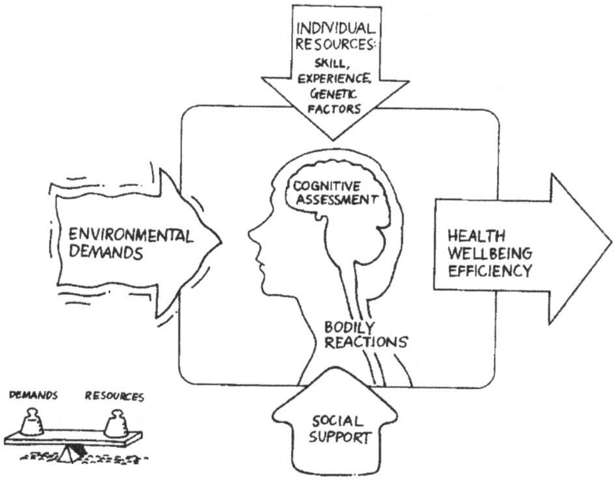

Abbildung 3: Das biopsychosoziale Gesundheits- und Stressmodell nach Frankenhaeuser

Frankenhaeuser (1991, S. 40) sieht im biopsychosozialen Gesundheits- und Stressmodell ein Gleichgewichtsprinzip zwischen Anforderungen aus der Umwelt und Ressourcen grundgelegt. Der Mensch bewertet und bewältigt die Umwelteinflüsse je nach dessen Ausmaß und gleichzeitig nach seinen verfüg- und nutzbaren personalen (Erfahrungen, Fertigkeiten und biologischem Vermögen) und sozialen Ressourcen, (Unterstützung oder Handlungsspielraum). Das Befinden und die Leistungsfähigkeit der Menschen spiegelt demnach die gelungene oder unausgeglichene Balance zwischen Anforderungen und Ressourcen wieder.

In einer Seminarrückmeldung hält eine Führungskraft ihren wesentlichsten Erkenntnisgewinn nach der nachdenklichen und kritischen Betrachtung dieser Darstellung des biopsychosozialen Gesundheitsmodells fest: „Nun weiß ich, wie Gesundheit auch im Kopf entsteht. Ich sehe Möglichkeiten, dies zu beeinflussen".

Im Projekt „Salute" (Rimann/Udris 1993) untersuchten die Autoren anhand der Fragestellung „Warum sind Menschen gesund?" Belastungen und Gesundheitsressourcen im Berufs- und Privatbereich. Sie fanden auf der Ressourcen-Seite:

- personale Ressourcen, die mehr oder weniger habitualisierte gesundheitsrelevante Handlungsweisen und kognitive Überzeugungssysteme umfassen, und
- situative Ressourcen. Diese lassen sich in zwei Gruppen unterteilen: Die organisationalen Ressourcen sind gesundheitsförderliche Arbeitsbedingungen wie Handlungsspielraum, Entwicklungsmöglichkeiten, Kooperations- und Kommunikationsanforderungen bei der Arbeit.
  Die sozialen Ressourcen sind Faktoren wie „kooperativ-teilnehmendes Vorgesetztenverhalten", inner- und außerbetriebliche Unterstützungsangebote und positives Sozialklima (a.a.O., S. 353).

Die gesundheitsrelevante Wirkungsweise der Ressourcen liegt im positiven direkten (personale Ressourcen) oder indirekten (situative Ressourcen) Einfluss auf die menschliche Bewertung und Kontrollmöglichkeit von Umweltanforderungen und -belastungen. Personale Ressourcen stehen wie ein Puffer zwischen Umwelteinflüssen und Gesundheitsauswirkungen. Situative Ressourcen moderieren die Wirkung der Umwelteinflüsse. Beanspruchungen verändern sich durch das Nutzen von Ressourcen. Die große Arbeitsmenge wird bewältigbar bei gleichzeitigem Vorhandensein und Nutzen von Entscheidungs- und Handlungsspielräumen bei der Bearbeitungsabfolge oder Bearbeitungsart. Zeitdruck wirkt nicht unbedingt gesundheitsschädigend, wenn in selbst steuernden Arbeitsteams mit hoher gegenseitiger Rücksichtnahme und Unterstützung, prinzipieller Rückendeckung von Führungskräften, (vielleicht) ungewöhnliche Bearbeitungswege wählen zu können und der entsprechenden betrieblichen Anerkennung für das Engagement zu rechnen ist.

Situative Ressourcen beeinflussen über die Vermehrung und Stärkung persönlicher Kompetenzerfahrungen auch die personalen Ressourcen. Das Vertrauen in die eigene

Wirksamkeit, Bewältigungskompetenz und Bedeutsamkeit im Wirtschafts- und Arbeitsleben wächst. – Wir haben ein positives Wechselwirkungsverhältnis.

Der Ressourcenansatz in der Gesundheitswissenschaft erweitert die Diagnose- und Behandlungsmöglichkeiten. Und gleichzeitig eröffnet sich damit neben kurativen Disziplinen wie Medizin und Psychologie nun auch für Sozial- und Erziehungswissenschaften das Feld der Gesundheitsförderung. Gesundheit wird im Sinne eines Gleichgewichts ein Balanceakt zwischen Umwelteinflüssen und Ressourcen auf den jeweils entgegenliegenden Polen. Die gesundheitsförderliche Doppelstrategie setzt einerseits auf Verminderung von Belastungen und andererseits auf den Ausbau von Ressourcen.

Einen weiteren Meilenstein für das Verstehen von Gesundheit setzte die Salutogenese. Die Pathogenese erkannte z. B. erhöhte statistische Erkrankungswahrscheinlichkeiten hinsichtlich koronarer Herzerkrankungen bei hohen Blutfettwerten, Tabakkonsum, Bluthochdruck, Übergewicht und psychischen Stressoren. Im Einzelfall haben aber diese Risikofaktoren nicht zwangsläufig und ursächlich die beschriebene Auswirkung. Es bleibt eine Gruppe von Personen, die aller Statistik zum Trotz nicht daran erkranken. Genau dieser Umkehrfrage widmet sich die Salutogenese: „Welche Personen vom Typ A (Risikofaktorbündel für Herzinfarkt) bekommen keine koronaren Herzerkrankungen?" Der salutogenetische Ansatz betrachtet Erkrankungen eher unspezifisch und fragt, warum Menschen gesund bleiben und welche Eigenschaften und Fähigkeiten diese Menschen auszeichnen. Zweifellos wird hier auch nach vorhandenen und genutzten Gesundheitsressourcen gefahndet. Gleichzeitig wird ein Potenzial und eine Grundhaltung des Individuums sichtbar, dass ‚ein Mensch mehr gesund und weniger krank ist'.

Den Grundgedanken einer an den Ursachen von Gesundheit interessierten Forschung formulierte Aaron Antonovsky (1923-1994), ein amerikanisch-israelischer Medizinsoziologe. Seine fundamentale philosophische Annahme über Gesundheit stellt er mit dem Bild „das Leben am Fluss" klar: „Niemand geht sicher am Ufer entlang. Darüber hinaus ist für mich klar, dass ein Großteil des Flusses sowohl im wörtlichen als auch im übertragenen Sinn verschmutzt ist. Es gibt Gabelungen im Fluss, die zu leichten Strömungen oder in gefährliche Stromschnellen und Strudel führen. Meine Arbeit ist der Auseinandersetzung mit folgender Frage gewidmet: ‚Wie wird man, wo immer man sich in dem Fluss befindet, dessen Natur von historischen, soziokulturellen und physikalischen Umweltbedingungen bestimmt wird, ein guter Schwimmer?"" (Antonovsky 1997, S. 92).

Damit legt Antonovsky Gesundheit nicht als Zustand fest. Auch die Weltgesundheitsorganisation (WHO) deklarierte 1986 in der Ottawa Charta Gesundheit gleichsam als sozial-ökologisches Konstrukt, das sich darin zeigt, dass Individuen ihr eigenes und gesellschaftliches Leben aktiv und positiv gestalten können (sollen). Damit wird nicht nur das professionelle Gesundheitssystem für gesundheitsfördernde Maßnahmen zuständig. Krankheitsverhütung zielt einerseits auf aktive und selbstverantwortliche Beteiligung der Laien und Betroffenen, andererseits auf die gesellschaftliche Bereitstellung von Lebensbedingungen, die die Eigenverantwortlichkeit, die Selbsthilfefähigkeit und die Kompetenzen zur Genuss- und Arbeitsfähigkeit der Personen und Gruppen stärkt und entwickelt bzw. nicht behindert.

Wenn die gleichen äußeren Lebens- und Arbeitsbedingungen die Gesundheitsbefindlichkeit von Menschen unterschiedlich beeinflussen können, dann liegt die Annahme nahe, dass Menschen verschiedene Möglichkeiten zur Nutzung von Gesundheitsressourcen haben. Antonovsky findet bei gesunden Menschen ein sogenanntes Kohärenzgefühl („sense of coherence"). Es handelt sich um eine relativ beständige Grundhaltung und Einsicht, die auf der prinzipiellen Übereinstimmung und dem sinnvollen Zusammenhang zwischen Person und Lebensanforderungen beruht. Allerdings bekommen wir diese Einstellung nicht als Persönlichkeitsmerkmal in die Wiege gelegt.

Das Kohärenzgefühl besteht aus drei Elementen:
1. Das Gefühl der Verstehbarkeit bezieht sich darauf, dass das Individuum die Informationen aus der Umwelt ordnen, einordnen und verarbeiten kann. Dies ist nicht nur eine Fähigkeit, sondern sagt etwas über die Qualität dieser Informationen aus, wie weit diese nicht chaotisch, willkürlich, zufällig und unerklärlich sind.
2. Das Gefühl der Handhabbarkeit bzw. Bewältigbarkeit beschreibt die Überzeugung, dass Schwierigkeiten lösbar sind. Es besteht die (begründete) Auffassung, dass eigene Kompetenzen ausreichen und Ressourcen verfügbar sind, um den Ereignissen nicht hilflos ausgeliefert zu sein. Es ist instrumentelles Vertrauen, das aber gleichzeitig im tatsächlichen Tun auch seine Entsprechung und Begründung erfahren muss, um erhalten zu bleiben. Handhabbarkeit entsteht durch das Erle-

ben von ausgewogener Belastung, d. h. die Person ist weder Über- noch Unterforderungen ausgesetzt.

3. Das Gefühl von Sinnhaftigkeit bzw. Bedeutsamkeit gründet auf der Erfahrung, dass die Lebenssituationen es wert sind, dass man Energie und Kraft in sie investiert. Es steht jene Sicht im Vordergrund, dass das Leben eher willkommene Herausforderungen als lästige Lasten mit sich bringt. Positive Erwartungen – gefördert durch Erfahrungen, dass auf die Gestaltung von Situationen Einfluss genommen werden kann – können gehegt werden.

Antonovsky meint, dass sich das Kohärenzgefühl während der Kindheit, Jugend und in der Phase des Erwachsenwerdens herausbildet. Mit etwa 30 Jahren ist seiner Ansicht nach das Kohärenzgefühl ausgebildet und relativ stabil. Bis dahin beeinflussen äußere Bedingungen die innere Einstellung und Überzeugungen. So führen Erfahrungen, die überwiegend durch Unvorhersehbarkeit, Unkontrollierbarkeit und Unsicherheit geprägt sind, zu einem schwach ausgeprägten Kohärenzgefühl und umgekehrt. Dabei ist nicht das Fehlen von Enttäuschungen die Grundbedingung für ein starkes Kohärenzgefühl, sondern das ausgewogene Verhältnis zwischen Sicherheits- und Unsicherheitserlebnissen. Grundlegende Veränderungen des Kohärenzgefühls im Erwachsenenalter sind beschränkt, stehen dann aber in Zusammenhang mit gravierenden sozialen und kulturellen Einflüssen und gewandelten strukturellen Lebensbedingungen wie Wohnortwechsel, Veränderungen des Familienstandes, des Beschäftigtenverhältnisses o. ä.

Wie wirkt nun diese Grundhaltung und Überzeugung auf die Gesundheit einer Person? Mehrere Wirkzusammenhänge werden von Antonovsky angeführt:

a) In gedanklichen Prozessen werden Situationen positiv oder negativ bewertet. Das Kohärenzgefühl wirkt dabei wie ein Filter bei der Bearbeitung der Umweltinformationen. In diesem Zuge stellt sich heraus, ob der Mensch die Anforderung an sich als bewältigbare Herausforderung oder als beunruhigende Bedrohung bzw. Belastung erlebt. Gleichzeitig reagieren andere Systeme des Organismus wie Zentralnervensystem und Immunsystem entsprechend diesen Bewertungen. Das Kohärenzgefühl hat damit eine Art Pufferwirkung zwischen Umwelt und menschlicher Biologie.

b) Das Kohärenzgefühl findet Ausdruck im Bewältigungsrepertoire einer Person. Die Ausprägung des Kohärenzgefühls beeinflusst die Möglichkeiten, mit Lebenssituationen zurecht zu kommen. Im Besonderen mobilisiert das Kohärenzgefühl vorhandene Ressourcen, die bei der Bewertung und Bewältigung von Anforderungen günstig wirken.

c) Menschen mit ausgeprägtem Kohärenzgefühl sind eher in der Lage, sich gezielt für gesundheitsförderliche Verhaltensweisen zu entscheiden bzw. gesundheits-gefährdende Verhaltensweisen zu vermeiden.

Die Gegenüberstellung des pathogenetischen und des salutogenetischen Modells (nach Noack, 1997, S. 95) verdeutlicht zusammengefasst die unterschiedlichen Ansätze.

Annahme in Bezug auf	Pathogenetisches Modell	Salutogenetisches Modell
• Selbstregulierung des Systems	auf Gleichgewicht ausge-richtet	auf Überwindung und Bear-beitung von Ungleichge-wicht ausgerichtet
• Gesundheits- / Krank-heitsbegriff	Zweiteilung im Sinne von entweder krank oder gesund	Gesundheit als die Frage „Wie sehr oder wie wenig gesund sind Menschen?"
• Reichweite des Krankheitsbegriffs	Die Frage nach der Entste-hung der Krankheit kon-zentriert sich auf biomedi-zinische Zusammenhänge	Geschichte des Kranken und seines Krank-Seins wird ganzheitlich erfasst
• Gesundheits- und Krankheitsursachen	... sind Risikofaktoren und negative Belastungen	Gesundheitsursachen sind „heilsame" Ressourcen; Kohärenzsinn
• Wirkung der Belas-tungen	... sind potenziell krank-heitsfördernd	... sind potenziell krankheits- und gesundheitsfördernd
• Einflussmöglichkeiten	... durch Einsatz wirksamer Heilmittel	... durch aktive Anpassung der Menschen mittels Ver-minderung von Risiko- und Belastungsfaktoren und durch Ressourcenentwick-lung

Abbildung 4: Gegenüberstellung des pathogenetischen und des salutogenetischen Modells

4.2 Das Konzept der Arbeitsfähigkeit, der demographische Wandel und das Verständnis der Arbeitsbewältigungsfähigkeit[9]

Die Arbeitsfähigkeit eines Menschen verändert sich im Laufe seines/ihres Arbeitslebens. Einige Komponenten nehmen in der Folge physiologischer, psychischer, mentaler etc. Veränderungen mit zunehmendem Alter (wieder) ab, andere steigen kontinuierlich an. Rantanen hat dies als Prozess der Professionalisierung veranschaulicht.

Die folgende Grafik zeigt die unterschiedlichen qualitativen Komponenten, die dabei zum Tragen kommen.

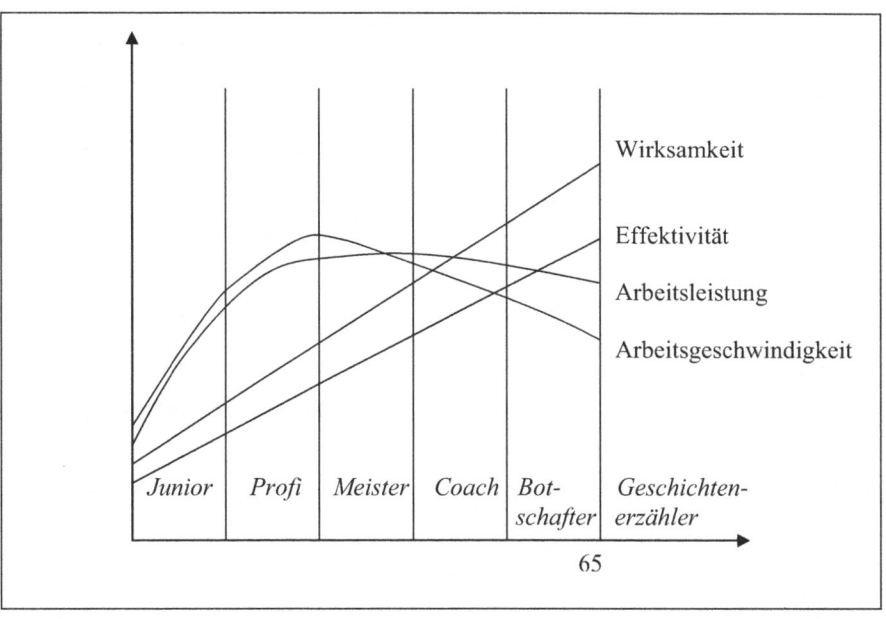

Abbildung 5: Qualitative Komponenten in den Entwicklungsschritten im Arbeitsleben (Rantanen 2000, nach Ilmarinen/Tempel 2002a)

Jeder Entwicklungsschritt im Arbeitsleben kann bei den einzelnen Personen unterschiedlich ausgeprägt sein. Entscheidend ist ein Verständnis dafür, dass mit wachsendem Arbeits-Lebensalter die Individualität einer Person zunehmen kann und dass eine kompetente Führungsorganisation in der Lage ist, diese Entwicklung anzuerkennen und zu fördern.

---

[9] Teile dieses Kapitels basieren auf dem Abschlussbericht zum ABI-NRW-Projekt (gefördert vom Ministerium für Wirtschaft und Arbeit des Landes Nordrhein-Westfalen und der Europäischen Union; s. auch www.abi-nrw.de); mit dem Projekt hat PIZA eine Kooperationsvereinbarung geschlossen.

Die Frage ist: Bietet die Arbeitswelt die beruflichen Möglichkeiten, die den Entwicklungsstadien vom „Junior" zum „Geschichtenerzähler" entsprechen? – Notwendig wäre das: „Da der menschliche Anteil (der Arbeit, d. V.) weiter zunehmen wird, wird jeder Einzelne noch stärker als früher zur wichtigsten Produktivitätsreserve der Volkswirtschaft.

Eine der Schlüsselfragen, um die es in Zukunft gehen muss, lässt sich somit sehr klar formulieren: Wie kann das produktive und kreative Potenzial des Menschen besser als bisher erschlossen werden? Welchen Innovationen kommt bei der Freisetzung dieses Potenzials eine Schlüsselrolle zu?" (Nefiodow 1996).

Bei der Beantwortung dieser Fragen ist zu beachten, dass der demografische Wandel, die Veränderung der Altersstrukturen der Belegschaften und der kontinuierliche Anstieg des Durchschnittsalters der Beschäftigten ein historisch einmaliges Ereignis ist, das bisher in einem solchen Ausmaß nicht beobachtet werden konnte (ausführlich bei Volkholz 2000).

Dabei geht es nicht so sehr um die Frage, ob alle zurzeit kursierenden Hochrechnungen für die nächsten -zig Jahre tatsächlich so eindeutig zutreffen, sondern, dass Unternehmen ihre Alters- und Qualifikationsstruktur jetzt kennen sollten und, ausgehend von einer solchen Ist-Analyse, entsprechende Konsequenzen ziehen müssten. Denn es werden sich nicht nur die Marktbedingungen und die Konkurrenzsituation für die Unternehmen ändern. Wenn sie eine zukunftsfähige Existenz haben wollen, müssen sie für sich „gute Produktivität und Qualität der Arbeit" sichern, die auf „guter Lebensqualität und Wohlbefinden" der Mitarbeiterinnen und Mitarbeiter beruht (Ilmarinen / Tuomi 2004; Ilmarinen / Tempel 2002). Als erster Einstieg hilft z. B. der „Quick-Check zur zukunftsorientierten Personalpolitik", mit dessen Hilfe ein Unternehmen seine demographische Zukunftsfähigkeit einschätzen kann (Giesert / Tempel 2005).

Es sollten also klare Vorstellungen und Unternehmensziele entwickelt werden, wie zum Beispiel mit der Tatsache umzugehen ist, dass innerhalb der nächsten zehn Jahre 30 % der Beschäftigten älter als 50 Jahre sein werden. Das Unternehmen muss dabei in der Lage sein, die vorherrschende betriebliche Arbeitsanforderung in ein angemessenes Verhältnis zu der Entwicklung der individuellen oder kollektiven Arbeitsbewältigungsfähigkeit der Personen zu setzen.

Das Konzept der Arbeitsbewältigungsfähigkeit

Ausgangspunkt der Überlegungen ist das Interesse der Unternehmen an guter Produktivität und Qualität der Arbeitsergebnisse und der Wunsch der Beschäftigten nach guter Lebensqualität und Wohlbefinden bei der Arbeit und im Alltag. Diese beiden Komponenten bedingen sich gegenseitig und werden geprägt durch das Ausmaß der Arbeitsfähigkeit/Arbeitsbewältigungsfähigkeit der Personen.

Die Arbeitsbewältigungsfähigkeit beschreibt das Potenzial eines Menschen, zu einem gegebenen Zeitpunkt eine gestellte Arbeitsanforderung zu erfüllen. Eine einseitige Betrachtung, z. B. nur der individuellen Leistungsfähigkeit, ist per Definition nicht zulässig, denn es ist ein entscheidendes Forschungsergebnis der finnischen Langzeitstudien, dass der Zustand der Arbeitsbewältigungsfähigkeit wesentlich durch vier Faktoren geprägt wird:

- Das Individuum mit seiner funktionellen physischen und psychischen Kapazität und seiner aktuellen Gesundheit
- die Arbeitsbedingungen
- die professionelle Handlungskompetenz der Beschäftigten
- die Führungsorganisation und Unternehmenskultur.

Eine Konzentration von Maßnahmen zur Erhaltung oder Förderung der Arbeitsbewältigungsfähigkeit auf nur einzelne Aspekte reduziert die Erfolgschancen beträchtlich. Die Grafik auf der folgenden Seite zeigt die Zusammenhänge für die Förderung der Arbeitsbewältigungsfähigkeit.

Mit dieser ganzheitlichen Sichtweise ist das Konzept geeignet, ein statisches Verständnis von Arbeitsfähigkeit „entweder man schafft die Arbeit – oder nicht!" zu überwinden. Dies gilt besonders für das in vielen Betrieben noch immer vorherrschende *Defizitmodell* vom älteren oder älter werdenden Arbeitnehmer, der ausscheiden muss, wenn er eine gestellte Arbeitsanforderung nicht mehr bewältigt (Ilmarinen / Tempel 2002).

Bei der Anwendung des Arbeitsfähigkeitskonzeptes in der betrieblichen Praxis kommt es darauf an, diese vier Faktoren systematisch zu untersuchen, eine Bestandsaufnahme durchzuführen und dann die Maßnahmen festzulegen, mit deren Hilfe die Arbeitsbewältigungsfähigkeit langfristig erhalten, wieder hergestellt oder auch verbessert werden kann. Mit steigendem Durchschnittsalter der Bevölkerung und damit auch der Erwerbsbevölkerung müssen Unternehmen in die Lage versetzt werden, die arbeitsbedingten Gesundheitsrisiken zu erkennen, zu beseitigen und gesundheitsförderliche (salutogene) Formen der Arbeitsgestaltung zu entwickeln und auszubauen.

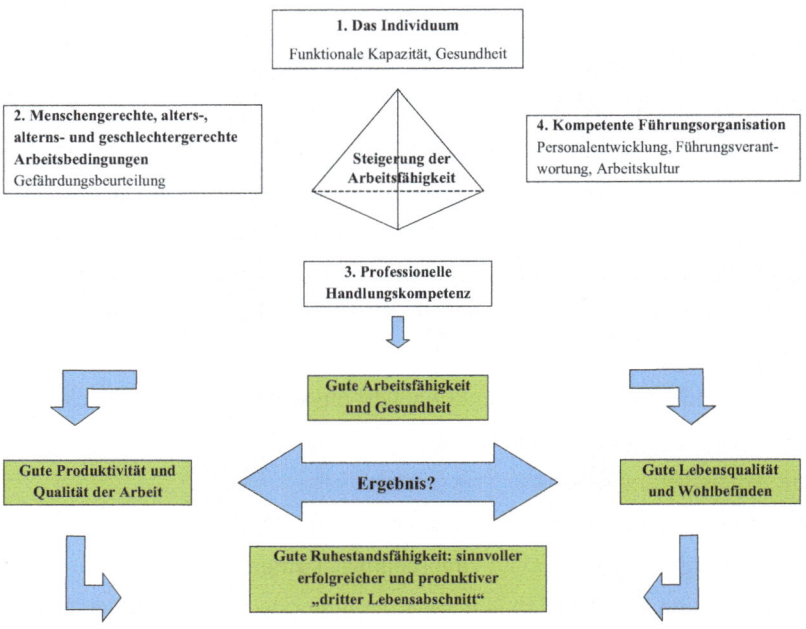

Abbildung 6: Das Förderungsmodell der Arbeitsfähigkeit (zit. nach Tempel/Giesert 2005)

Das beschriebene Konzept zur Erhaltung der Arbeitsfähigkeit hat also zwei Achsen:

- Die Unternehmensachse mit
  - o den Arbeitsbedingungen und
  - o der kompetenten Führungsorganisation.
- Die individuelle Achse mit
  - o der professionellen Handlungskompetenz und
  - o dem Individuum (im Sinne der körperlich-psychischen Verfassung).

Diese beiden Achsen werden im Folgenden erläutert.

Die Arbeitsbedingungen

Die Gestaltung der Arbeitsbedingungen basiert wesentlich auf der Ausführung des Arbeitsschutzes als ständiger Verbesserungsprozess, der kontinuierlich mit der Durchführung der Gefährdungsanalyse beginnt und dann in die Maßnahmen zur Verbesserung von Gesundheit und Sicherheit bei der Arbeit einmündet. Im Kern geht es dabei um die fortlaufende Gestaltung des Verhältnisses von Arbeitsanforderungen zu individueller Leistungsfähigkeit, wie sie oben beschrieben worden ist.

Dazu zählen neben sicherer und ergonomischer Gestaltung von Arbeitsplätzen einschließlich der Minimierung von Umwelt- und körperlichen wie psychischen Belastungen auch arbeitsorganisatorische Aspekte (z. B. Mischarbeit, Autonomie in der Arbeitsausführung), Arbeitszeitgestaltung, berufliche Weiterbildung etc.

Im Zusammenhang mit dem Arbeitsfähigkeitskonzept ist festzuhalten, dass die europäischen oder nationalen Bestimmungen des jeweiligen Arbeitsschutzgesetzes in ihren entscheiden Positionen in das theoretische und praktische Vorgehen integriert werden können. Betriebe, die sich für die Anwendung des Arbeitsfähigkeitskonzeptes in der Praxis interessieren, brauchen keine zusätzlichen Mittel oder Akteure. Entscheidend ist vielmehr, dass diese sich mit den Grundlagen des Konzeptes vertraut machen und das Unternehmen beschließt, ein entsprechendes betriebliches Arbeitsschutz- und Gesundheitsmanagement aufzubauen.

Kompetente Führungsorganisation
Mitarbeiterinnen und Mitarbeiter sind Träger von wichtigen Kenntnissen, Berufserfahrungen und Ideen. Eine kompetente Führungsorganisation weiß dieses anzuerkennen und auszubauen. Eine finnische Langzeituntersuchung an über 6.000 Personen in den verschiedensten Produktionsbereichen hat als wichtigstes Ergebnis den außerordentlich hohen Einfluss guter Führung auf die Erhaltung und Förderung der Arbeitsfähigkeit nachgewiesen (vgl. Ilmarinen/Tuomi 2004).

Demnach ist es „plausibel, ... motivationsbedingte Fehlzeiten auf ein gestörtes Betriebsklima oder eine beeinträchtigte Beziehung zwischen unmittelbarem Vorgesetzten und Mitarbeitern zurückzuführen. ‚Ein Vorgesetzter, der in erster Linie aufgaben- und sachorientiert führt, ohne auf die zwischenmenschlichen Beziehungen zu achten bzw. um die Schaffung eines angenehmen Arbeitsklimas bemüht ist, hat bei seinen Mitarbeitern mit einer erhöhten Fehlzeitenrate zu rechnen. So kam bereits Covner (1950) in seinen Studien zu dem Ergebnis, dass in Abteilungen mit hohen Fehlzeitenraten die Vorgesetzten hohe Leistungsansprüche erhoben und zwischenmenschliche Beziehungen als weniger wichtig erachteten.'
Fehlt Mitarbeiterführung oder wird sie vorrangig als Überwachung der Arbeitsleistung und Aufrechterhaltung eines störungsfreien Betriebsgeschehens verstanden, dann kränkt das im wahrsten Sinne des Wortes. Störungen im Miteinander bleiben unbear-

beitet und weiten sich aus. Einzelne verlieren die sinnvolle Koppelung zum Ganzen und zur Organisation. Sie werden mit Problemen allein gelassen. Dies alles führt zu psychosozialen Problemlagen, die unter diesen Bedingungen keine Aussicht auf Lösung haben. Die erfahrene Ohnmacht verärgert und schwächt die psychosoziale Kapazität von Menschen. In diesen Kontext passt: Auch führungsbedingte Anerkennungskrisen sind ein Erkrankungsrisiko" (Geißler et al. 2003).

Auf dieser Grundlage können Führungskräfte nur zu leicht zu „gescholtenen Akteuren" der betrieblichen Gesundheitspolitik werden. Ein wichtiger Teil dieses Problems ist sicherlich in den Köpfen der Führungskräfte über Jahre und Jahrzehnte verankert worden („tayloristisches Menschenbild"), aber die entscheidende Veränderung findet in der Praxis, im alltäglichen Umgang miteinander bei der Arbeit statt. „Dazu gibt es Handwerkszeuge und Vorgehensweisen. Der *Anerkennende Erfahrungsaustausch ...* ist dieses strukturierte Instrument, mit dem sich eine wertschätzende Haltung zwischen den Gesprächspartnern entwickeln lässt." (Geißler et al. 2003; s. hierzu auch S. 111 f. in diesem Buch). Die Hinwendung zum Beschäftigten als Beraterin oder Berater der Führungskraft in Sachen Arbeit und Gesundheit hat folgende Auswirkungen:

- Identifikation und Verbundenheit wachsen durch das Gefühl des Eingebundenwerdens; Stärkung der Selbstwirksamkeit; gemeinsames Reflektieren der Aspekte, die gut tun; es gibt Klarheit über die persönlichen Möglichkeiten, für sich gesundheitlich wirksam zu werden (s. o.: Kohärenzsinn);
- Langsames Wachsen und „sich bestätigen", dass eine betriebliche Kultur gewollt und möglich ist, in der Arbeitsprobleme offen angesprochen werden können;
- Verdeutlichung, dass das Unternehmen von Personen gesteuert ist;
- Zusammengehörigkeitserlebnis statt Anonymität;
- Gefühl, dass ein Interesse am Denken und Fühlen von Menschen besteht;
- Vertrauen in die unmittelbare Führungskraft gewinnen; gleichzeitig wächst auch das Vertrauen der Führungskraft in ihre Mitarbeiterinnen und Mitarbeiter, weil sie mehr Einblick in die Beweggründe für deren Handeln gewinnt;
- Gefühl von sozialer Rückendeckung im Rahmen wirtschaftlicher Möglichkeiten;
- Gefühl der Anerkennung von Person und Leistung (s. Geißler et al. 2003).

Professionelle Handlungskompetenz

Im Arbeitsleben dienen Bildungsmaßnahmen in der Regel der Erhaltung, Wiederherstellung und/oder Weiterentwicklung der professionellen Handlungskompetenz. Entscheidend ist, den lebenslangen Lernprozess mit wechselnden Schwerpunkten zu versehen und dabei sicher zu stellen, dass die durchgeführten Bildungsmaßnahmen an die Bedürfnisse und Lernformen unterschiedlicher Altersgruppen angepasst werden. „Ältere lernen anders als Jüngere, wenn sie lange Zeit vom Lernen entwöhnt sind. Damit der Wiedereinstieg ins Lernen besser gelingt, ist Folgendes zu beachten:

- Ob alt oder jung – wer längere Zeit nicht gelernt hat, braucht in der Regel mehr Zeit zum Lernen, wenn damit neu begonnen wird. Deshalb sollten alle / müssen insbesondere die älteren Lernenden das Lerntempo selbst bestimmen können.

- Wer lange nicht gelernt hat, hat oft Angst davor, Neues zu lernen. Deshalb sind Konkurrenzsituationen für den Lernerfolg hinderlich, da sie eventuell vorhandene Versagensängste noch verstärken. Bestehen solche Ängste, sollten sie thematisiert werden.

- Neues sollte an Bekanntem anknüpfen und nach Möglichkeit die Erfahrungen und Tätigkeitsinhalte des Lernenden berücksichtigen. So wird dem Umsetzungs- und Praxisinteresse der Beschäftigten Rechnung getragen, bestehende Blockaden und fehlende Lernmotivation werden abgebaut. Für abstrakte Lerninhalte gilt: Sie sollten zur Lösung praktischer Aufgaben und Fragen zweckdienlich sein. Grundsätzlich ist ein aufgabenbezogenes, arbeitsnahes Lernen zu bevorzugen." (BAuA 2004).

Lebenslanges Lernen findet in der Praxis im Betrieb und am Arbeitsplatz statt. Die Komponenten der Handlungskompetenz, die Fach-, Methoden- und Sozialkompetenz, können nicht einfach „einmal" erworben werden (statische Betrachtungsweise). Insbesondere die Methoden- und die Sozialkompetenz entwickeln sich erfahrungs- und damit altersabhängig. Weiterhin muss die Veränderung bzw. Gestaltung der Arbeitsanforderung mit darüber entscheiden, welche Komponenten der Handlungskompetenz bei der betrieblichen Weiterbildung in den Vordergrund treten sollen.

Beispielsweise in einem Unternehmen des Öffentlichen Personennahverkehrs (ÖPNV). Dort sind ca. 50 % der Fahrerinnen und Fahrer 50 Jahre alt und älter. Mit steigendem Arbeitslebensalter entwickeln die Busfahrer einen vorausschauenden und eher defensiven Fahrstil, der dazu führt, dass sie weniger verschuldete und unverschuldete Verkehrsunfälle verursachen als jüngere (Ell 1995).
Dabei „verlernen" sie aber die Vollbremsung und / oder bekommen Hemmungen (Was wird aus den Fahrgästen?), eine solche durchzuführen. Unter solchen Bedingungen kann ein entsprechendes Fahrsicherheitstraining wichtige aktuelle Bedeutung bekommen, da Verkehrsaufkommen und -dichte zunehmen und damit auch das Unfallrisiko.

Jüngere Fahrer bekommen dabei frühzeitig die Möglichkeit, diese Fähigkeit so realistisch wie möglich zu üben.

Die Erhaltung der Handlungskompetenz ist zugleich ein wichtiges Instrument der betrieblichen Gesundheitsförderung. Die Unternehmen sind vor die Aufgabe gestellt, eine lernförderliche Arbeitsorganisation zu entwickeln, damit dieses auch in der Praxis gewährleistet ist. Je vielseitiger die Beschäftigten in einem Unternehmen ausgebildet sind, desto leichter wird es sein, sie im Rahmen ihres Arbeitslebens in Tätigkeiten mit unterschiedlicher Arbeitsanforderung zu beschäftigen[10] (Beschäftigungsfähigkeit herstellen und erhalten). Vor allem die Entlastung von schwerer körperlicher Arbeitsanforderung kann in der Praxis immer wieder daran scheitern, dass eine entsprechende Ausbildung für andere Tätigkeiten nicht vorhanden ist.

Das Individuum

Auf dieser Ebene des Konzeptes geht es um Verhaltensprävention, die sich um die Verbesserung oder zumindest Erhaltung der körperlichen und psychischen Fähigkeiten des Individuums bemüht. Verbreitete Maßnahmen sind tätigkeitsbezogene Rückenschulen, gesunde Ernährung, Bewegungstraining, Zeitmanagement oder Stressbewältigung.

Das „Individuum" ist nur eine von vier Wirkkomponenten im finnischen Modell, in der Praxis der betrieblichen Gesundheitsförderung jedoch häufig die einzige. Nachhaltige Verbesserung oder zumindest Stabilisierung der Fähigkeit zur Arbeitsbewältigung bieten jedoch nur Interventionen auf beiden Achsen bzw. in allen vier Komponenten des Konzeptes.

5.   Handlungsmöglichkeiten: Was ist, wenn ...?

Wenn gesicherte arbeitswissenschaftliche Erkenntnisse in die betriebliche Praxis eingehen sollen, dann müssen sie wenigstens zwei Fragen beantworten können:

1. Welches Risiko für Gesundheit und Arbeitsfähigkeit liegt vor, wenn ich ein erkanntes Problem nicht beseitige?
2. Welche Chancen und Möglichkeiten bis hin zu Wettbewerbsvorteilen entstehen, wenn ich eine bestimmte Arbeitssituation in Hinblick auf die Erhaltung bzw. Verbesserung der Arbeitsfähigkeit verändere?

---

[10] Als Beispiel siehe das Beratungshandbuch „Alternsgerechte Arbeitskarrieren" (Geißler-Gruber et al. 2005)

Die Zukunftsfähigkeit eines Unternehmens wird auch dadurch bestimmt, dass es gelingt, die verschiedenen Aspekte von Arbeitsgestaltung, Ergonomie und Entwicklung einer Führungs- und Arbeitskultur effektiv miteinander zu kombinieren und mit der Förderung der Individuen – gesundheitlich und qualifikatorisch – zu verbinden

Es kommt dabei nicht so sehr darauf an, an welchem Punkt man ansetzt (darüber werden die betrieblichen Gegebenheiten und die in den entsprechenden Ausschüssen gebildete Rangfolge entscheiden), sondern dass im Rahmen des betrieblichen Gesundheitsmanagements darauf geachtet wird, alle vier Komponenten des Förderungsmodells der Arbeitsfähigkeit systematisch zu bearbeiten.

Die Verbesserungen in den einzelnen Bereichen können sich gegenseitig ergänzen und damit möglicherweise optimieren, aber nicht gegenseitig ersetzen: Ein schlechter Führungsstil etwa wird nicht durch gute Ergonomie ausgeglichen und umgekehrt.

Wir sind der Überzeugung, dass ganzheitliche und nachhaltige Veränderungen eine wichtige Voraussetzung haben: die Kompetenz zur Selbstbeobachtung von Individuen, Organisationen und Systemen.

5.1 Kompetenz zur Selbstbeobachtung – eine Voraussetzung für Veränderung

Selbstbeobachtung ist Voraussetzung für (Selbst-)Veränderung. In diesem Sinne betrachten wir die Arbeitsforschung als zukunftsfähig, wenn sie

- die Kompetenz zur Selbstbeobachtung und dadurch
- die Fähigkeit und Bereitschaft zur Selbstorganisation von Individuen, in Organisationen und in Systemen erhöht und
- Wissensräume neu strukturiert und damit verändert.

Damit ist Dialogfähigkeit im doppelten Sinne angesprochen, nämlich als
- die Fähigkeit zum Dialog als kommunikativer Aspekt und
- die Möglichkeit zum Dialog als kultureller Aspekt.

Dialoge statt Diskussionen

David Bohm unterscheidet Diskussion (– in der Wortwurzel: „zerteilen, zerlegen, zerschlagen" –) vom Dialog („freier Sinnfluss"): „Wenn einer gewinnt, gewinnen alle ... In einem Dialog wird nicht versucht, Punkte zu machen oder den eigenen Standpunkt durchzusetzen. Vielmehr gewinnen alle, wenn sich herausstellt, dass irgendeiner der Teilnehmer einen Fehler gemacht hat. Es gibt nur Gewinner, während das andere Spiel (der Diskussion) Gewinner-Verlierer heißt" (Bohm 2002, S. 33 f.). Damit thematisiert Bohm sowohl Synergiemöglichkeiten des gemeinsamen sozialen Handelns als auch die Kultur der Fehlerfreundlichkeit.

In diesem Sinne und mit Bezug auf Bohm beschreibt S. J. Schmidt Dialoge als Möglichkeit, „bewusst Klarheit und ein Gefühl dafür zu bekommen, was tatsächlich von wem/von welcher Gruppe als veränderungsbedürftig angesehen wird und ob Veränderungsbereitschaft besteht" (Schmidt 2004, S. 221). Dabei müsse Heterogenität erwünscht sein. Und er plädiert dafür, „Konflikte auszuhalten, ja zu nutzen, indem man sie als Varianten von Beobachtungsmöglichkeiten einschätzt und nicht als menschliche Schwächen" (a.a.O., S. 225). Im betrieblichen Setting bedeutet dies, dass „Vertrauen nötig" ist, dass „andere (vor allem Vorgesetzte) differente Wirklichkeitskonstruktionen ihrer Kollegen und Mitarbeiter als legitim ansehen, ernst nehmen und nicht als Störung oder abweichendes Verhalten sanktionieren" (a.a.O., S. 65).

Wenn die Beobachtungsrichtung nicht nur top down gehe, so Schmidt, sondern „wenn sich auch Management und Vorstand beobachten lassen und die Beobachtungskriterien Teil der innerbetrieblichen Kommunikation sind, dann ergibt sich eine Reflexivität, die von allen Beteiligten gewollt und gerechtfertigt werden können muss." (ebenda) Nach seiner Einschätzung bildet ein solcher bewusster und reflektierter Umgang mit gegenseitiger Beobachtung und vielfältigen Beobachtungen „die einzig solide Grundlage für Selbstorganisationsprozesse; denn nur dann kann man jedem Einzelnen zumuten, Verantwortung für das Gesamtunternehmen zu übernehmen und sich nicht auf Routinen zurückzuziehen" (a.a.O., S. 64). Dabei bestehe die wesentliche Frage für das Management „nicht darin, ob Selbstorganisation zugelassen oder ausgeschlossen wird, sondern darin, wie die Ressource Selbstorganisation *genutzt* wird" (a.a.O., S. 50).

Im Zusammenhang mit Veränderungsprozessen kritisiert Schmidt die häufig zu beobachtende Rückwärtsgewandtheit von Kommunikation: „Die Ressourcen liegen in der Zukunft, nicht in der Vergangenheit, und die Leitfrage darf nicht lauten: ‚Wer ist dafür verantwortlich?', sondern: ‚Welche Verbesserungen schlagen wir vor?'" (a.a.O., S. 215).

5.2 Überblick zu den empirischen Arbeiten im PIZA-Projekt

Im PIZA-Projekt haben wir Methoden bzw. Modelle eingesetzt, die auf den Wirkungsebenen Individuum, Organisation (Team, Abteilung, Betriebe, Unternehmen) und Teil-System solche Verbesserungsprozesse durch Erhöhung der Selbstbeobachtungskompetenz erzielen:

- Das Arbeitsbewältigungs-Coaching ist ein individuelles Veränderungs- und Verbesserungsmodell auf der Basis der Ergebnisse des Arbeitsbewältigungs-Index (siehe Kapitel 6.1) und des Fördermodells der Arbeitsfähigkeit (siehe Kapitel 4.2).

- Der Impuls-Test erhebt positive psychische Ressourcen und Fehlbelastungen im Ist-Soll-Vergleich zuerst individuell und dann projiziert auf die Organisationsebene, um Verbesserungsnotwendigkeiten und -möglichkeiten sichtbar zu machen (siehe Kapitel 6.2).

- Das Hourglass^{TM}-Model fördert ausgehend von Problemen oder Fragestellungen, die als kommunikativ lösbar eingeschätzt werden, Verbesserungsprozesse im Betrieb (siehe Kapitel 7.1).

- Das ZukunftsFORUM ermöglicht Verbesserungen im organisationsübergreifenden System auf Basis eines gemeinsamen Wissensraumes (siehe Kapitel 8).

- Der Atlas der Arbeitsforschung und -gestaltung vermittelt die thematische Breite und die Zusammenhänge sowie die Ergebnisse der Arbeitsforschung an Interessierte (s. Kapitel 10).

- Nicht zu vergessen sind (eher „klassische" sozialwissenschaftliche) Methoden der Fremdbeobachtung, deren Ergebnisse im Betrieb zur Verbesserung der Selbstbeobachtung genutzt werden (können). Hier verweisen wir als Beispiel auf die Belegschaftsbefragung in einem Großbetrieb (s. Kapitel 7.2).

Einen Überblick zu den prinzipiellen Einsatzmöglichkeiten und den im Folgenden näher beschriebenen Methoden bietet die folgende Tabelle.
Diese Methoden und Modelle lassen sich im Sinne der Erhöhung der Selbstbeobachtungskompetenz auf den Wirkungsebenen – Individuum, Organisation, System – wie folgt beschreiben:

	Förderung der Selbstbeobachtungskompetenz von Individuen	Förderung der Selbstbeobachtungskompetenz von Organisationen	Förderung der Selbstbeobachtungskompetenz im System
Arbeits-Bewältigungs-Index (ABI) Kapitel 6.1	ABI-Coaching bei Erhebung	Auswertung der Daten auf Organisationsebene	(Aggregation von Daten auf z. B. Branchenebene möglich)*
Impuls-Test Kapitel 6.2	Mit individuellem Soll-Ist-Vergleich der erhobenen Ressourcen und Fehlbelastungen	Mit betrieblichem Soll-Ist-Vergleich der erhobenen Ressourcen und Fehlbelastungen	(Aggregation von Daten auf z. B. Branchenebene möglich)*
Hourglass™ Modell Kapitel 7.1	Im Hourglass-Prozess in den individuellen Phasen	Im Hourglass-Prozess in den Phasen auf Ebene der Organisation	(Aggregation von Daten auf z.B. Branchenebene möglich)*
Belegschaftsbefragung; Kommunikationsanalyse Kapitel 7.2	Durch die Fragestellung Beschäftigung mit dem Thema; keine systematischen Dialoge	Widerspiegelung der betrieblichen Realität; Dialog zwischen Geschäftsführung und Betriebsrat	Aggregierte Daten zur Einschätzung der betrieblichen Situation durch die Belegschaft
Zukunfts-Foren Kapitel 8	Einleitende Selbstreflexion zu den vergangenen Ereignissen (Stolz und Bedauern)	(Möglichkeit einer Auswertung der Foren auf Organisations-/ Betriebs-Ebene)*	Gemeinsamer Wissensraum – Lernen im System
(Online-) Atlas der Arbeitsforschung Kapitel 9	(Nutzung für Zwecke der Arbeitsgestaltung: Anregungen)*	(Nutzung für Zwecke der Arbeitsgestaltung: Anregungen)*	Gemeinsamer Wissensraum – Arbeitsgestaltung im System

* Möglichkeiten, die im PIZA-Projekt nicht erprobt bzw. untersucht wurden

Abbildung 7: Modelle und Methoden zur Erhöhung der Selbstbeobachtungskompetenz

C   Befunde aus der Praxis der Arbeitsforschung

Den Dialog verändern - Dialogische Methoden

In den folgenden Kapiteln 6 bis 9 werden die genannten dialogischen Methoden und Modelle detailliert beschrieben und diskutiert. Dabei liegt der Schwerpunkt der Betrachtung zunächst auf dem Aspekt, dass Dialoge zwischen Forschung und Praxis (Betriebe, Organisationen) verändert werden müssen, um gestaltend/verändernd wirksam sein zu können.

Dabei kann durchaus von einem holistischen Grundmuster ausgegangen werden: Das Gesamt(struktur)bild ist – in all seinen Facetten, also auch in seinen Widersprüchlichkeiten – in jedem Teilelement enthalten. Insofern ist bei einem genügend weiten Blickwinkel eine beim Individuum ansetzende Forschung nicht individualistisch, sondern setzt am Erfahrungs- und Wissensträger Mensch an, ohne das System (die Gesamtheit) aus dem Auge zu verlieren.

6.   Dialoge – an Individuen orientiert und auch in Organisationen und im System wirksam

Menschen nehmen Leistungen des Gesundheitswesens in Anspruch, um ihre Gesundheit zu erhalten oder wieder zu erlangen. Ihnen stehen wohlmeinende Expertinnen und Experten zur Seite, die wissen, was für sie/ihn gut ist.

Seit Jahrzehnten wird nun schon eine Debatte darüber geführt, ob die/der Versicherte Objekt oder Subjekt im Gesundheitswesen ist. Zögerlich ist ein Einstellungswandel im Gange: Abkehr vom unmündigen Versorgten hin zum kritischen Konsumenten. Für die Konsumenten des Gesundheitswesens konstatiert Schwartz (2000), dass „sie keineswegs entweder begriffsstutzig oder hypochondrisch sind, sondern dass sie ganz überwiegend informationsfähig und mitentscheidungsfähig sind". Das Bedürfnis nach Information und Beratung ist gestiegen, weil mehr Menschen ermutigt sind, nachzufragen, und weil der Medizin- und Gesundheitsförderungsbetrieb immer komplexer geworden ist. Das Diagnose- und Interventions-Spektrum hat sich erweitert und verändert sich weiter. Betroffene tun sich verständlicherweise schwer: Welche Vor- und Nachteile haben unterschiedliche Diagnose-, Präventions- und Therapieformen? Welche Leistungserbringer bieten an? Mit welchem Aufwand an Zeit und Geld ist zu rechnen? usw.

© Springer Fachmedien Wiesbaden GmbH, ein Teil von Springer Nature 2006
Arbeit und Zukunft e. V. (Hrsg.), *Dialoge verändern*, Edition KWV,
https://doi.org/10.1007/978-3-658-24718-8_3

In diesem Zusammenhang hat sich als neue Disziplin die Gesundheitsberatung entwickelt. Sie versucht, den Forderungen nach Transparenz, Partnerschaft und Ganzheitlichkeit im Gesundheitswesen Rechnung zu tragen. Durch Aufklärung, Information und Beratung, soll die/der – nun – Kunde/-in des Gesundheitswesens befähigt und in die Lage versetzt werden, bei der Befriedigung der Gesundheitsbedürfnisse mitzuentscheiden. Gesundheitsberatung kann externe und interne Ressourcen erschließen und hat mehrere Funktionen (nach Behnke et al. 2001, S. 55 f.):

- Informationsfunktion
- Begleitungsfunktion
- Schnittstellenmanagement
- Vermittlungsfunktion
- Koordinations- wie Steuerungsfunktion
- Empowerment- wie Motivationsfunktion und
- Anwaltsfunktion.

Kann dieser Paradigmenwechsel im Gesundheitswesen Impulse für eine humane Arbeitswelt und eine kundennahe Arbeitsforschung bzw. -beratung geben?

Zweifellos hat die Einbindung der betrieblichen Akteure von Arbeitgebern und Arbeitnehmern im Arbeits- und Gesundheitsschutz, in der Arbeitsgestaltung und in der betrieblichen Gesundheitsförderung eine lange Tradition.
Das Arbeitsschutzrecht sieht bei der Gefährdungsbeurteilung und bei Neuerungen im Arbeitsprozess die Einbeziehung der Arbeitnehmerperspektive vor. Dem wird mittels Befragung oder Information der Beschäftigten und insbesondere durch die Mitbestimmung der Belegschaftsvertretung Rechnung getragen. Das Präventionskonzept ist verhältnisorientiert. Der große Vorteil dieser Primärprävention, die zu den bekannten Erfolgen der Unfallverhütung und der Berufskrankheiten-Vorbeugung geführt hat, liegt im Schutz des Einzelnen und des Kollektivs – unabhängig von Wissen und Wollen Einzelner. Abgesehen von der Unterweisung der Beschäftigten über Restrisiken und den entsprechenden Umgang damit bleibt das Wissen über Gefahren und ihre Verhinderung jedoch weitgehend „exklusives" Wissen von Fachexperten.

Die Arbeitsforschung hat seit ihren Anfängen Entwicklungsvorschläge zur Persönlichkeitsförderlichkeit von Arbeit gemacht und arbeitsgestalterische Lösungen umgesetzt. Friedmann (1953, zitiert nach Ulich 1994, S. 118) sieht als ursächliches Moment „die eigentliche Arbeitsfreude, die auf einer tiefbegründeten Bejahung der Arbeit durch die

Persönlichkeit beruht, wobei die Persönlichkeit die Arbeit bereichert und umgekehrt durch die Arbeit bereichert wird und selbst eine Entfaltung erfährt." Ulich begrüßt diesen einfachen Begriff der Arbeitsfreude im Gegensatz zum eher schwierig abgrenzbaren Begriff der Arbeitszufriedenheit (es gibt eben auch negative Ausprägungen wie z. B. resignative Arbeitszufriedenheit). Wesentliche Voraussetzung für Arbeitsfreude ist, dass die Arbeit aus Aufgaben besteht, „die noch völlig der Kontrolle des Arbeiters selbst unterliegen; also aus Aufgaben, die durch seine eigene Initiative und seinen Willen bestimmt und koordiniert werden und damit eine gewisse Formbarkeit bewahren; aus Aufgaben, die in seinen Augen eine Sinnhaftigkeit besitzen, die er versteht und beherrscht, die auf eine noch seiner Kontrolle unterliegende Vollendung und auf ein mehr oder weniger fernes Ziel ausgerichtet sind, das aber in seinem Gesichts- und Wirkungsfeld bleibt; Aufgaben, die infolgedessen seiner Verantwortung Spielraum geben und für ihn eine immer neue und immer wieder übertroffene Erprobung seines Könnens darstellen" (ebenda, S. 287). Die Handlungs- und Selbstregulation des Beschäftigten und die bedingungsbezogenen Voraussetzungen dafür stehen im Mittelpunkt dieser Arbeitsforschungs-Tradition.

Betriebliche Gesundheitsförderung basiert auf der WHO-Charta und zielt „auf einen Prozess, allen Menschen ein höheres Maß an Selbstbestimmung über ihre Gesundheit zu ermöglichen und sie damit zur Stärkung ihrer Gesundheit zu befähigen" (Ottawa-Charta der Weltgesundheitsorganisation 1986). Die Vision der Verschränkung von Verhältnis- und Verhaltensprävention bedeutet: Gesundheits-bewusstes Leben und Arbeiten in einer gesundheits-gerechten Lebens- und Arbeitsumwelt. Die Befähigung und das ‚In-die-Lage-versetzen' von Menschen ist nicht nur Ziel, sondern auch Weg. Partizipative – meist auf Gruppenebene angesiedelte – Instrumente wie der Gesundheitszirkel sind weit verbreitet. Aufbauend auf den Präventionsleistungen des Arbeits- und Gesundheitsschutzes setzt nun die betriebliche Gesundheitsförderung auf die Potenziale und die Selbstregulation der Beschäftigten.

Der Überblick zeigt, dass das Ziel meist die Selbstregulation des Menschen ist, der Weg dorthin oftmals aber die Befähigung und die Bemächtigung der Einzelnen mehr oder weniger vernachlässigt. Die meisten Entwicklungsansätze und insbesondere die Instrumente des Arbeits- und Gesundheitsschutzes, der Arbeitsgestaltung und der betrieblichen Gesundheitsförderung bereichern eher die Fachexpertise. Zu fragen ist: Wie weit bekommen die (einzelnen) Beschäftigten dadurch Selbst- und Umwelt-Erkenntnisse und Handlungsalternativen?

- Sind Beschäftigte in der Lage, Gefahren und Fehlbelastungsfaktoren zu ermessen und verändernd einzugreifen?
- Wie steht es mit den Möglichkeiten und den Ermutigungen zur Kompetenzerhaltung und -entwicklung bei der Arbeit?
- Wie sehr tragen – ggf. ausschließlich – verhaltensbezogene Gesundheitsangebote im Betrieb (abgesehen vom Incentive-Vergnügen) zur selbstständigen Lebens- und Arbeitsgestaltung bei?

Dabei ist die Bedeutung der Handlungs- und Entscheidungsfähigkeit und der entsprechenden Wahlmöglichkeiten für das Menschsein unbestritten. Die Ursprünge des Selbstmanagements liegen in der Lernpsychologie. Insbesondere für klinisch-psychologische Fragestellungen wurden entsprechende Techniken abgeleitet und vermittelt. Die Elemente der Selbstmanagement-Techniken sind (nach König & Kleinmann 2001):

- Problemidentifikation
- Selbstbeobachtung
- Zielsetzung
- Selbstregulation
- Transfertechniken – Selbstkontrakt – Selbstverstärkung.

Mit dem Konstrukt der Selbstwirksamkeit, also der subjektiven Kontrollüberzeugung, ein bestimmtes Verhalten ausführen zu können (Bandura 1977), hat das Selbstmanagement Eingang in die Gesundheitswissenschaft und Personalpsychologie gefunden. Hinter diesen Standard darf Arbeitsforschung und -beratung nicht zurückfallen. Forschung wie praktische Diagnose und Intervention haben daher auf verschiedenen Arbeitswelt-Ebenen – aufeinander aufbauend oder parallel – anzusetzen:

- Individuum
- Unternehmen
- Wirtschaftssystem
- Gesellschaft.

Überprüfen wir unsere Überlegungen am konkreten und aktuellen Beispiel. Der prognostizierte demographische Wandel stellt Wohlfahrts- und Wirtschaftssysteme auf kurz oder lang vor Finanzierungs- und Personalrekrutierungsschwierigkeiten. Mit politischen Reformen in allen Ländern der Europäischen Union soll gegengesteuert werden. Zur Sicherung der Finanzierung werden Frühverrentungsmöglichkeiten eingeschränkt und die Arbeitslebenszeiten verlängert.

Die größten Anteile an der heutigen Erwerbsbevölkerung haben die Altergruppen der 30- bis 39-jährigen und der 40- bis 50-jährigen. Sie werden in den nächsten Dekaden, entsprechend gealtert, das Gros der Belegschaften ausmachen (vgl. u. a. die Ergebnisse der BMBF-Initiative zur demographischen Entwicklung [www.demotrans.de] und die Veröffentlichungen des entsprechenden Schwerpunkts bei der Initiative für neue Qualität der Arbeit [www.inqa.de]). Damit entsteht eine neue Herausforderung für die einzelnen Beschäftigten, das Unternehmen und die Volkswirtschaft: Was können wir gemeinsam tun, damit Mann und Frau gesund und gern länger als bisher arbeiten können und wollen?

Die gesellschaftlichen und wissenschaftlichen Diskussionen zur Erhaltung und Förderung der Arbeitsbewältigungsfähigkeit haben einen Höhepunkt erreicht. Die Umsetzung von Fördermodellen und Arbeitsweltreformen hinkt aber noch nach. Die wirtschaftlichen Wahlmöglichkeiten zur Lösung der anstehenden Probleme werden noch in Rationalisierungen, Betriebsverlagerungen und in dem großen Arbeitskräfteangebot am Arbeitsmarkt gesehen. Einzelne Beschäftigte hoffen noch auf individuelle Wahlmöglichkeiten während der Übergangzeit bis zur Abschaffung der Frühverrentung oder auf besondere Ausstiegsszenarien aufgrund von gesundheitlichen Problemen, Berufsunfähigkeit und Ausnahmeregelungen wegen Schwerstarbeit.
Außer Politik, Interessensvertretungen und Forschung gibt es heute (noch) keine von breiten Bevölkerungsschichten getragene Initiative für ein gesundes, erfülltes und langes Arbeiten. Es fehlen die Akteure, um die es eigentlich geht: Unternehmer, Führungskräfte, Beschäftigte und Betriebsräte.
Wie kann nun Arbeitsforschung und -beratung bei der Bewältigung dieser Herausforderung helfen?

Finnland hat einen Forschungs- und Erfahrungs-Vorsprung: Seit den 80er Jahren arbeitet das Finnish Institute of Occupational Health (FIOH) am Fördermodell der Arbeitsbewältigungsfähigkeit. Darunter wird das „Potenzial eines Menschen (verstanden) ..., eine gegebene Aufgabe zu einem gegebenen Zeitpunkt zu bewältigen. Dabei muss die Entwicklung der individuellen funktionellen Kapazität ins Verhältnis gesetzt werden zur Arbeitsanforderung. Beide Größen können sich verändern und müssen ggf. alters- und alternsadäquat gestaltet werden" (Ilmarinen / Tempel 2003; siehe auch den

Abschlussbericht „Älter werdende Arbeitnehmer" des finnischen Ministeriums für Soziales und Gesundheit, BAuA 2005).

Damit verfügt die Arbeitsforschung allgemein über ein komplexes Verständnis der Arbeitsbewältigungsfähigkeit. Das ermöglicht Initiativen zur Verbesserung der Arbeitsbedingungen und des Arbeitsfähigkeitsstatus der Beschäftigten.

Es liegt ein spezielles Gefährdungsbeurteilungs-Instrument vor, das frühzeitig eine Nicht-Passung von Arbeitsanforderungen und individuellen funktionellen Kapazitäten identifiziert. Die Vorhersagekraft des Untersuchungsinstruments „Work Ability Index" (Arbeitsbewältigungs-Index) in Bezug auf drohende Gesundheitsbeeinträchtigungen bis hin zu Erwerbsunfähigkeit ermöglicht Prävention. Die Wirksamkeit des Vier-Ebenen-Interventionsmodells zur Erhaltung und Förderung von Arbeitsbewältigungsfähigkeit ist wissenschaftlich belegt; auf seine Grundlagen wurde bereits in Kapitel 4.2 eingegangen. Der Arbeitsbewältigungs-Index eignet sich in weiterer Folge zur Wirksamkeitsüberprüfung von getroffenen Maßnahmen.

6.1   Arbeiten mit dem Arbeitsbewältigungs-Konzept

6.1.1   Der Arbeitsbewältigungs-Index (ABI)

Wenn die Arbeitsanforderungen und gleichzeitig die arbeitenden Individuen sich fortlaufend verändern, dann ist es hilfreich, über eine „Maßzahl" zu verfügen, die das Verhältnis von Arbeitsanforderungen zu individueller Bewältigungsmöglichkeit näher beschreibt. Im Rahmen der finnischen Forschungen ist der Fragebogen „Arbeitsbewältigungs-Index" (ABI) entwickelt worden, mit dessen Hilfe auch quantitative Bewertungen der aktuellen Situation in einem Betrieb, einer Abteilung oder für eine/n einzelne/n Beschäftigte/n vorgenommen werden können (Tuomi 2001, S. 14).

Der ABI ist für die praktische Anwendung im betrieblichen Gesundheitsschutz zur Erhaltung der Arbeitsbewältigungsfähigkeit bestimmt. Der Index bildet die Selbstbeurteilung der Arbeitsfähigkeit durch den Arbeitnehmer ab und zeigt eine gute Übereinstimmung mit den Resultaten klinischer Untersuchungen (Eskelinen et al. 1991). In umfangreichen Nachfolgestudien des FIOH hat der ABI eine hohe Vorhersagegenauigkeit für Veränderungen der Arbeitsbewältigungsfähigkeit in verschiedenen Berufsgruppen unter Beweis gestellt.

Bei dem Instrument handelt es sich um eine Selbstbeurteilung der Arbeitsbewältigungsfähigkeit durch Beschäftigte mittels Befragung, meist in einem Interview. Die Selbstbeurteilung stellt die Basis für einen Index dar, der eine Einstufung in sehr gute, gute, mäßige oder schlechte Arbeitsbewältigungsfähigkeit vorsieht. Der Arbeitsbewältigungs-Index umfasst sieben Fragenkomplexe:

Fragenkomplexe des Arbeitsbewältigungs-Index	Mögliche Punkte
Aktuelle Arbeitsfähigkeit im Vergleich zur besten je erreichten	0 bis 10
Arbeitsfähigkeit in Relation zu den psycho-physischen Arbeitsanforderungen	2 bis 10
Symptome und Beschwerden (wobei nur die ärztlich diagnostizierten Symptome und Beschwerden gewertet werden)	1 bis 7
Beeinträchtigung am Arbeitsplatz durch akute Krankheiten oder Verletzungen	1 bis 6
Krankenstand der letzten 12 Monate	1 bis 5
Prognose der eigenen Arbeitsfähigkeit für die kommenden zwei Jahre	1, 4 oder 7
Psychische Leistungsreserven	1 bis 4

Abbildung 8:   *Fragekomplexe und Punktverteilungen des Arbeitsbewältigungs-Index (Tuomi et al. 2001)*

Der beantwortete Fragebogen kann im Arbeitsbewältigungs-Wert (ABI-Wert) zwischen 7 und 49 Punkten kurz zusammengefasst werden. Je höher der ABI-Wert, umso besser passt die Arbeit zu den persönlichen Arbeitsreserven. Je niedriger die ABI-Werte – insbesondere unter 37 Punkten –, desto größer ist der Handlungsbedarf, um diese verminderte Arbeitsbewältigung mit Anpassungen der Arbeitsbedingungen und durch Gesundheitsförderung zu verbessern.

Die ABI-Werte sind in vier Arbeitsbewältigungs-Kategorien gegliedert, denen jeweils unterschiedliche Schutz- und Förderziele zugeordnet sind:

Punkte	Arbeitsbewältigungskonstellation	Ziel von Maßnahmen
7 bis 27	Schlecht	Arbeitsfähigkeit wiederherstellen
28 bis 36	Mäßig	Arbeitsfähigkeit verbessern
37 bis 43	Gut	Arbeitsfähigkeit unterstützen
44 bis 49	Sehr gut	Arbeitsfähigkeit erhalten

Abbildung 9:   *Arbeitsbewältigungs-Kategorien und zugeordnete Schutz- bzw. Förderziele (Tuomi et al. 2001)*

Bevor der ABI umfassend im Programm „Finnage", dem nationalen finnischen Programm zur Gesundheitsförderung für älterwerdende Belegschaften, zum Einsatz gekommen ist, wurde er in einer elfjährigen prospektiven Studie bei fast 5.000 fünfzigjährigen weiblichen und männlichen Gemeindebediensteten getestet. Damit wurden die verschiedensten Tätigkeiten und Berufe erfasst. Die Ergebnisse machten deutlich, dass eine schlechte Arbeitsbewältigungsfähigkeit im Alter von 50 (Messung 1981) nach elf Jahren, im Alter von 61 Jahren (Messung 1992), mit einer sehr hohen Frühpensionierungsrate wegen Berufs- und Erwerbsunfähigkeit einherging.

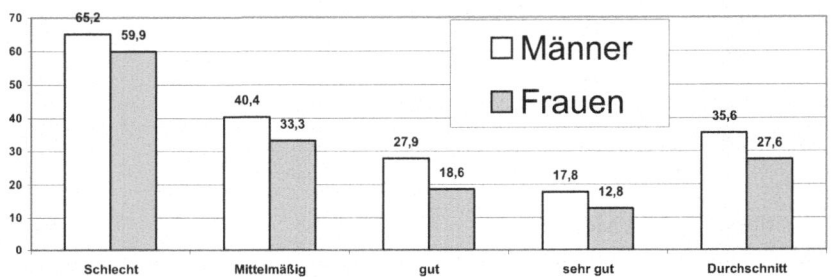

Abbildung 10: Berufsunfähigkeit mit 61 Jahren (ABI-Messung mit 50 Jahren); (Tuomi 1997)

Die Abbildung zeigt den Anteil der Personen, die im Jahr 1992, also 11 Jahre nach der Einstufung der Arbeitsbewältigungsfähigkeit, frühverrentet waren. Hatten im Jahr 1981 Frauen und Männer eine schlechte Arbeitsbewältigungsfähigkeit, dann waren sie 1992 zu 65,2 % bzw. zu 59,9 % frühverrentet. War die Arbeitsbewältigungsfähigkeit hingegen 1981 „sehr gut", dann waren sie nur zu 12,8 % (Frauen) und 17,8 % (Männer) frühverrentet, also deutlich unterdurchschnittlich. Der Frühverrentungsdurchschnitt lag bei 27,6 % (Frauen) und 35,6 % (Männer).
In derselben Untersuchung hat sich auch bezüglich der Sterblichkeit ein vergleichbares Muster gezeigt: Die Sterblichkeitsrate war im Untersuchungszeitraum für Personen mit schlechter Arbeitsbewältigungsfähigkeit im Vergleich zu Personen mit sehr guter Arbeitsfähigkeit etwa viermal so hoch.

Diese Längsschnitt-Studie und die Ergebnisse vieler Interventionsstudien (vgl. Ilmarinen 1999) machen deutlich, welche Möglichkeiten im frühen Erkennen und in gezielten – individuellen, unternehmensbezogenen, gesundheitspolitischen, versicherungsökonomischen – Maßnahmen zur Erhaltung der Arbeitsbewältigungsfähigkeit bei älterwerdenden Beschäftigten liegen.

Welche Faktoren beeinflussen nun die Arbeitsbewältigung? Die beiden folgenden Ta-
bellen fassen die wichtigsten Ergebnisse der finnischen Langzeitstudien bezüglich der
Einflussfaktoren zusammen.

**Negative Auswirkungen auf die Arbeitsfähigkeit: Risiken durch Unterlassung
oder Verschlechterung**
Der Arbeitsbewältigungs-Index hat sich wenigstens um zehn Punkte in der Zeit von
1981 bis 1992 verschlechtert.

Variable	OR	95 % CI
Monotones Stehen an einem Platz[b]		
Nicht erhöht	1,0	
Erhöht	1,7	1,0 – 2,9
Zufriedenheit mit dem Arbeitsplatz[b]		
Nicht vermindert	1,0	
Vermindert	1,6	1,0 – 2,6
Möglichkeiten für Anerkennung und Wertschätzung bei der Arbeit[b]		
Nicht vermindert	1,0	
Vermindert	*2,4*	1,4 – 4,3
Anstrengendes körperliches Training in der Freizeit[b]		
Nicht vermindert	1,0	
Vermindert	*1,8*	1,2 – 2,8
[a] Odds Ratio (OR) und 95 % Konfidenzbereich (95 % CI) des logistischen Regressionsmodells (Tuomi et al., 1997)		
[b] Veränderungen in der Zeit von 1981 bis 1992.		

*Abbildung 11: Darstellung von Arbeits- und Lebensstilfaktoren, die mit einer
Verschlechterung der Arbeitsfähigkeit einhergehen (Ilmarinen, 1999)*

Dabei handelt es sich um folgende Schwerpunkte:

- „Monotones Stehen an einem Platz" umfasst die Belastung Steharbeit und
  Monotonie. Die Unternehmen, die im Verlauf der Studie dafür gesorgt haben,
  dass diese Belastung nicht weiter erhöht wurde, wurden = 1 gesetzt. In den Unternehmen, in denen diese Belastungsfaktoren erhöht wurden, entstand ein
  70 %iges Risiko, dass sich die Arbeitsfähigkeit wie beschrieben verschlechtert.[11]

- Ein ähnliches Risiko von 60 % ergibt sich bei der „Zufriedenheit mit dem
  Arbeitsplatz". Wo diese Zufriedenheit im Verlauf der Studie vermindert wurde,
  hat sich entsprechend der Arbeitsbewältigungsindex um wenigstens 10 Punkte
  verschlechtert.

---

[11] Das Risiko, angegeben in Prozent, wird aus der Differenz zwischen den Odds Ratio-Werten (OR)
ermittelt.

- Eine zentrale Bedeutung haben bei der Auswertung die „Möglichkeiten für Anerkennung und Wertschätzung bei der Arbeit". Wo diese vermindert wurden, ergibt sich ein 240 %iges Risiko für eine Verschlechterung der Arbeitsfähigkeit.

- Die Untersuchung zeigt aber auch, dass bei denen, die ihr „anstrengendes körperliches Training in der Freizeit" vermindert haben, ein 80 %iges Risiko entstand, dass die Arbeitsfähigkeit sich verschlechtert hat.

Die Darstellung des Risikos ist aber bekanntlich ein „schlechter Motivator" für Handeln und Verbesserung. Die folgende Grafik beschreibt deshalb umgekehrt die Chancen, die sich daraus ergeben, wenn gesundheitsförderliche Maßnahmen eingeleitet und erfolgreich umgesetzt wurden:

Handlungsmöglichkeiten zur Förderung der Arbeitsfähigkeit: Chancen durch Maßnahmen der Entlastung

Der Arbeitsbewältigungs-Index hat sich höchstens um drei Punkte in der Zeit von 1981 bis 1992 verschlechtert[12].

Variable	0R	95 % CI
Repetitive, monotone Bewegungen[b]		
Nicht vermindert	1,0	
Vermindert	*2,1*	*1,0 – 3,4*
Zufriedenheit mit dem Verhalten des Vorgesetzten[b]		
Nicht erhöht	1,0	
Erhöht	*3,6*	*1,8 – 7,2*
Anstrengendes körperliches Training in der Freizeit[b]		
Nicht vermehrt	1,0	
Vermehrt	**1,8**	1,0 – 3,5
[a] *Odds Ratio (OR) und 95 % Konfidenzbereich (95 % CI) des logistischen Regressionsmodells (Tuomi et al., 1997)* [b] *Veränderungen in der Zeit von 1981 bis 1992.*		

Abbildung 12: Darstellung von Arbeits- und Lebensstilfaktoren, die mit einer Verbesserung der Arbeitsfähigkeit einhergehen (Ilmarinen, 1999)

---

[12] Zu beachten ist dabei, dass ab ca. dem 50. Lebensjahr die Indexwerte durchschnittlich pro Jahr um 0,4 Punkte abnehmen. In dem hier betrachteten 10-Jahres-Zeitraum wäre also eine Verringerung um 4 Indexpunkte wahrscheinlich; eine geringere Verringerung bedeutet also mindestens den Erhalt der Arbeitsbewältigungsfähigkeit.

Dabei handelt es sich um folgende Maßnahmen:

- Die Verminderung von repetitiven monotonen Bewegungen, also die Verbesserung der Arbeitsanforderung im Bereich der Ergonomie, beinhaltet eine Chance von 110 %, im Beobachtungszeitraum den Arbeitsbewältigungsindex um wenigstens drei Punkte zu verbessern. Dies obwohl die Betroffenen in diesem Zeitraum 11 Jahre älter wurden.[13]

- Die „Zufriedenheit mit dem Verhalten des Vorgesetzten" hat den höchsten positiven Effekt und bedeutet eine Chance von 260 %, positiv auf die Arbeitsfähigkeit einzuwirken.

- Mitarbeiter, die ein „anstrengendes körperliches Training in der Freizeit" vermehrt haben, haben 80 % Chancen, ihre Arbeitsbewältigungsfähigkeit im Zeitraum zu verbessern.

6.1.2   Die Arbeit mit dem ABI im Betrieb

Der ABI ist ein geprüftes, einfach handhabbares und für Einzelberatung und Gruppen-Auswertung (Teams, Abteilungen, Unternehmen, Branchen) einsetzbares Instrument, das begründete Aussagen zu künftigen Entwicklungen der Arbeitsbewältigungsfähigkeit machen kann. Er ist von Arbeitsmedizinerinnen und Arbeitsmedizinern, aber auch von entsprechend geschulten Sicherheitsfachkräften und Arbeitspsychologinnen und -psychologen einsetzbar. Eine medizinische Beratung aufgrund der Frage 3, welche die Krankheiten erfasst, ist allerdings nur durch oder zumindest mit arbeitsmedizinischer Fachkompetenz möglich. Ein gemeinsamer Einsatz kann die Zusammenarbeit der betrieblichen Präventionsexperten verbessern (vgl. Geißler et al. 2003).

Die Voraussetzung für einen erfolgreichen Einsatz des Arbeitsbewältigungs-Index ist das Vertrauen der Beschäftigten zu jenen, die den ABI einsetzen. Das setzt voraus: absoluter Datenschutz von Seiten der Arbeitsmediziner und der anderen Experten.

Besonders interessant ist ein regelmäßig sich wiederholender Einsatz. Einerseits können altersspezifische Belastungen und Belastungsveränderungen erhoben, andererseits können Auswirkungen von Arbeitsentlastung und Gesundheitsförderungsmaßnahmen untersucht werden.

---

[13] Die Chancen, angegeben in Prozent, werden aus der Differenz zwischen den Odds Ratio-Werten (OR) ermittelt.

Aus gesundheitspolitischer Sicht ist ein umfassender und sich wiederholender Einsatz für folgende Bereiche von großer Bedeutung:

- Entschlüsselung von individuellen und kollektiven Gesundheitspotenzialen in der Arbeit,
- Erforschung arbeitsbedingter Erkrankungen,
- Untersuchung alter(n)sgerechter Arbeitsbedingungen,
- Erkennen von Risiko-Tätigkeiten oder Risiko-Berufen,
- Erkennen der Auswirkungen von spezifischen Belastungen und von Belastungs-kombinationen.

Bei den ABI-Untersuchungen im PIZA-Projekt wurden 2002/2003 insgesamt 151 Personen befragt. Die ABI-Werte weisen eine altersabhängige Tendenz auf: Jüngere Beschäftigte, meist zu Beginn der Berufstätigkeit, hatten einen durchschnittlichen ABI-Wert, der etwas niedriger war als der der 30- bis 40-jährigen. Zu vermuten ist, dass die Arbeitsanforderungen in der Ambulanten Pflege die Leistungsreserven der jüngeren Beschäftigten (Berufseinstieg; psychische Situation etc.) übersteigen.

Ebenso zeigten die Beschäftigten zwischen dem 45. und 55. Lebensjahr einen durchschnittlich niedrigeren Wert als die Gruppe der 30- bis 40-jährigen. Hier liegt es nahe, dass die Arbeitsanforderungen nicht mehr den körperlichen und psychosozialen Reserven der Beschäftigten entsprechen und als belastend erlebt werden.

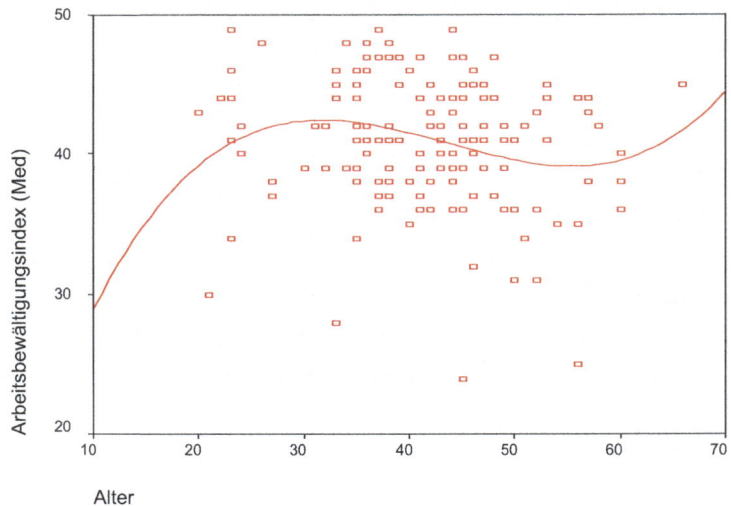

Abbildung 13: Arbeitsbewältigungs-Werte nach Altersgruppen im Querschnitt der Befragtengruppe Ambulante Pflege (2003)

Der ABI, ein internationales Instrument

Das Förderkonzept der Arbeitsbewältigungsfähigkeit und das Instrument „Arbeitsbewältigungs-Index" wird in mehreren europäischen Ländern, aber auch z. B. in Australien, Brasilien und Japan rezipiert, adaptiert und angewendet. Mittlerweile hat dieses Programm eine ansehnliche Internationalität von gesundheitspolitischer Bedeutung erreicht. Damit bietet sich die Chance zum Erkennen regionaler, kultureller, ethnischer und anderer Unterschiede. Es entsteht ein wachsendes Wissen über die Möglichkeiten der Erhöhung und Erhaltung der Arbeitsbewältigungsfähigkeit.

In Deutschland hat sich ein ABI-Netzwerk konstituiert, das Informationen zum Konzept gibt und eine Datenbank mit ABI-Daten zum betrieblichen Vergleich bzw. zu epidemiologischen Zwecken aufbaut[14].

Arbeitsbewältigungs-Coaching als Antwort auf veränderte Bedürfnisse und Arbeitswelten

Der Arbeitsbewältigungs-Index wird vorrangig in der arbeitsmedizinischen Praxis angewendet. Einerseits dient er auf der individuellen Ebene der Diagnose und Betreuung insbesondere von gesundheitlich Gefährdeten und gibt Hinweise auf Arbeitsgestaltungsanforderungen. Andererseits kann er zur Erstellung einer Betriebsepidemiologie verwendet werden. Die Teilnahme am Arbeitsbewältigungsgespräch oder das Ausfüllen des Fragebogens soll für die Beschäftigten auf Freiwilligkeit beruhen. Die Datenerhebung und -auswertung muss die Richtlinien des Datenschutzes beachten. Eine Zustimmung zum betrieblichen Förderprogramm ist sowohl von der Geschäftsführung als auch seitens des Betriebs- oder Personalrats erforderlich. Die Einigung auf eine diesbezügliche Betriebsvereinbarung ist anzuraten. Soweit ein/e Datenschutzbeauftragte/r vorhanden ist, sollte diese/r der Datenerhebung im Vorwege zugestimmt haben.

Während bislang die Durchführung der Analyse mit dem ABI ausschließlich in den Händen von Arbeitsmedizinern und arbeitsmedizinischem Assistenzpersonal lag, zeigen unsere Studien, dass er auch von entsprechend geschulten Präventivfachleuten aus Arbeitspsychologie, Ergonomie oder anderen Disziplinen bei Einhaltung der Vertraulichkeits-Regeln in Bezug auf die persönlichen Daten gehandhabt werden kann.

Berichte aus der arbeitsmedizinischen Praxis zeigen, dass der ABI derzeit entweder im Rahmen schriftlicher Mitarbeiterbefragungen oder – ebenfalls als Selbstausfüller – in Anwesenheit arbeitsmedizinischen Personals und mit einem Nachgespräch auf Basis des individuellen Auswertungsergebnisses mit dem Arbeitsmediziner eingesetzt wird.

---

[14] Siehe www.arbeitsfaehigkeit.net

Durch die anschließende personenunabhängige Gesamtauswertung (Betriebsepidemiologie) werden im Unternehmen Handlungsbedarfe sichtbar.

Aus unserer Sicht fehlt bislang ein spezifisches Konzept, wie das Instrument und das Fördermodell zum Empowerment und zur Selbstregulation von Beschäftigten beitragen kann. Um die Akteure in den Betrieben und Organisationen zu gewinnen, braucht es einen Dialog über die Problemlagen sowie ein gemeinsames Verständnis der arbeitswissenschaftlichen Hinweise aus dem Arbeitsbewältigungs-Index.
Die Notwendigkeit zur Sensibilisierung und Unterrichtung der Führungskräfte über die Zusammenhänge von Altern, Arbeit und Gesundheit ist Konsens in der Arbeitsforschung und -beratung. Hingegen ist die Sensibilisierung und das Empowerment der einzelnen Beschäftigten noch ein weites, offenes Feld.

Wir haben im Rahmen des PIZA-Projekts Erprobungen eines „Arbeitsbewältigungs-Coachings" mit Hilfe des Arbeitsbewältigungs-Index in der ambulanten Pflege gestartet. Die praktischen Erfahrungen zeigen, dass – unter Beachtung aller sozialwissenschaftlichen und Beratungs-Regeln hinsichtlich Information, Datenschutz usw. – folgende Grundelemente gewährleistet sein sollten:

- Angebot eines (freiwilligen) Arbeitsbewältigungs- und Gesundheitsgespräches durch eine/n Präventionsberater/in
- Reservierung einer Gesprächszeit von mindestens 30 Minuten
- ausreichend Zeit und erklärende Unterstützung für das Selbstausfüllen des ABI-Fragebogens
- Vorlage eines verständlichen, nachvollziehbaren Auswertungsblattes
- Erläuterung und Anleitung zum Verstehen der individuellen Teilergebnisse und des individuellen Endergebnisses
- Erläuterung zur Ableitung von Schutz- und Entwicklungszielen auf Basis des Endergebnisses
- gemeinsame Erarbeitung von Interventionen anhand des Vier-Ebenen-Fördermodells
- Festlegung eines Selbstkontrakts für die Umsetzung der Maßnahmen.

Das wiederholte Angebot des „Arbeitsbewältigungs-Index" in einem 2- bis 3-jährigen Rhythmus vermehrt die Hinweise, welche die Selbstbeobachtung und Selbstregulation unterstützen können. Mit dem Überblick über Entwicklungslinien in Rahmen von Zeitperioden bekommt die/der Einzelne ein biopsychosoziales Feedback über eigenes

Tun oder die Auswirkungen von verschiedenen Einflussfaktoren der Arbeits- und Lebensumwelt. Die Zusammenhänge von Arbeitsbewältigung und die eigene Betroffenheit davon können so eher als (eigenes) Handlungsfeld identifiziert werden.

Die „Hinweisreize" aus dem „Arbeitsbewältigungs-Index" werden durch die Erläuterungen des Präventionsberaters verständlich. In hohem Maße sind die Ergebnisse für die Personen plausibel und lassen Selbstbeobachtung – insbesondere über eine Zeitlinie – zu. Die Einstufung in die Arbeitsbewältigungs-Kategorien erlaubt das individuelle Festlegen der Schutz- und Entwicklungsziele.

Im Anschluss bietet die Präventionsberatung wissenschaftlich bewährte Interventionsbereiche an, an denen die Mitarbeiterin oder der Mitarbeiter die Veränderungswünsche und -möglichkeiten auslotet. Hier kommt das Vier-Ebenen-Fördermodell zum Einsatz.

Abbildung 14: Vier Förderebenen der Arbeitsbewältigungsfähigkeit im Rahmen des finnischen Konzepts (Ilmarinen 1999, S. 190)

Für die Planung von Veränderungen werden alle vier Gestaltungsdimensionen nach Entwicklungs- oder Verbesserungsvorschlägen durchleuchtet. In hohem Ausmaß sind Initiativen auf der Ebene des Individuums mit spezifischen Gesundheitsvorsorgemaßnahmen oder zum Teil auch auf der Ebene der professionellen Kompetenzentwicklung in Eigeninitiative zu organisieren. Die anderen Förderebenen unterliegen eher der Entscheidung der Unternehmensführung. Dennoch setzt eine Entwicklungsinitiative das Wollen und Akzeptieren einer Veränderung auch auf Seiten der/des Betroffenen voraus. Im Gesprächsverlauf werden Entwicklungswünsche und -forderungen formuliert.

Die Umsetzungschancen und die Vorbereitung der nächsten Umsetzungsschritte ggf. in Verhandlung mit den Vorgesetzten werden gemeinsam besprochen. Im Bedarfsfall wird die Person der Präventionsberatung von der Verschwiegenheitspflicht entbunden, um an den Schnittstellen des Arbeitssystems oder als Anwalt des schutzbedürftigen Beschäftigten Verhandlungen zu führen. Die Maßnahmen zur Erhaltung oder Verbesserung der Arbeitsbewältigungsfähigkeit stehen den Beschäftigten für Handlungsentscheidungen zur Verfügung („Selbstregulation").

Als eine Art Selbstverpflichtung („Selbstkontrakt") werden die besprochenen Entwicklungsmaßnahmen im Auswertungsblatt notiert. Das persönliche Auswertungsblatt verbleibt unter Verschwiegenheitsverpflichtung bei der Präventionsberatung; bei den meisten Gesprächen äußerten die Gesprächspartnerinnen/Gesprächspartner auf Anfrage selten den Wunsch, eine Kopie dieses Auswertungsblattes zu erhalten. Das persönliche Auswertungsblatt kommt aber beim wiederholten Arbeitsbewältigungsgespräch wieder zum Datenvergleich und als Eintragungsformular zum Einsatz.

Die Erprobung in der ambulanten Pflege hat eine positive Resonanz bei den Beschäftigten hervorgerufen. Sowohl im Jahr 2003 als auch im Jahr 2005 wurden Arbeitsbewältigungs- und Gesundheitsgespräche in acht ambulanten Pflegediensten angeboten. Im Jahr 2003 haben 151 Beschäftigte (ca. 66 % der Gesamtbelegschaft) an den Arbeitsbewältigungsgesprächen teilgenommen. Zwei Jahre später haben 125 Beschäftigte das neuerliche Angebot angenommen, darunter waren 80 Personen, die das Gesprächsangebot zum zweiten Mal wahrnahmen. Bei jedem Gespräch folgte eine kurze Beratung auf Basis des persönlichen Arbeitsbewältigungs-Wertes. Ein Vergleich der Index-Werte fand bei den 80 Personen des Panels statt und erzielte eine äußerst positive Resonanz.

- Für diese Beschäftigten bildeten sich – sowohl im Positiven wie im Negativen – schon erahnte und gespürte Entwicklungen ab und wurden damit sichtbar und besprechbar.
- Im Falle positiver Entwicklungen stellte sich eine Gewissheit über die Wirksamkeit getroffener Veränderungen ein. Im Falle negativer Entwicklungen entstand ein Handlungsimpuls zur Veränderung.
- Etwa ein Drittel dieser Gesprächspartner äußerte den Wunsch, dass das Arbeitsbewältigungsgespräch in zwei Jahren wieder durchgeführt werden solle.

Der Arbeitsbewältigungs-Index ist über den Einsatz als Gefährdungsbeurteilungs-Instrument hinaus zur Integration in ein „Arbeitsbewältigungs-Coaching" für Beschäftigte geeignet. Coaching meint die professionelle Beratung und Begleitung einer Person bei der Entscheidungsfindung für komplexe Fragestellungen, Situationen und Handlungen. Der Begriff „Coach" leitet sich vom englischen Wort „Kutsche" ab. Coaching steht damit für ein Entwicklungsinstrument, das es Menschen ermöglicht, (selbstständig) von einem an einen anderen Ort zu gelangen. Im systemischen Coaching gilt das Motto „Der Kunde ist kundig" und unterstreicht die Selbstorganisation. Durch die Anregung von Fachberatung werden die Ausgangslagen und Entscheidungen im realen Umfeld durchdacht und gemeinsam nach Handlungsalternativen gesucht.

Im „Arbeitsbewältigungs-Coaching" ist die theorie- und empiriegeleitete Messung und Bewertung der individuellen Arbeitsbewältigungskonstellation „nur" der Ausgangspunkt und auf keinen Fall der Schlusspunkt des Gesprächs. Im nächsten Schritt wird die persönliche Interpretation der Ergebnisse unterstützt. Die Handlungs- und Veränderungsebenen werden erläutert. Der bzw. die Beschäftigte wird motiviert, seine/ihre Unterstützungs-, Entlastungs- und Entwicklungsoptionen zu überlegen und festzulegen.

Der Einsatz des Arbeitsbewältigungs-Index in dieser Form erfordert damit über die Aneignung des Instruments und die Kenntnis des Fördermodells hinaus bei der Fachberatung eine ausgeprägte Sozialkompetenz und entsprechende Fertigkeiten der Beratung und des Coachings. Es besteht Adaptionsbedarf hinsichtlich der Durchführungspraxis als auch Schulungs- und Reflexionsbedarf bei den Fachberaterinnen bzw. Fachberatern. Dann ist ein Mehrwert und Zusatznutzen des Arbeitsbewältigungs-Index und des Arbeitsbewältigungskonzepts zu erwarten. Auf der individuellen Ebene kann damit Menschen eine breitere und wissenschaftlich angereicherte Möglichkeit zur Selbstbeobachtung eröffnet werden; sie erhalten zusätzliche Handlungs- und Wahloptionen für ihr Arbeitsleben.

Der Nutzen des Arbeitsbewältigungs-Coaching auf der betrieblichen Ebene bzw. in einem wirtschaftlichen Teilsystem liegt neben der personenunabhängigen Epidemiologie in der Chance, ein Gesundheits- und Arbeitsbewältigungs-Unterstützungsangebot zu organisieren. Damit kann individuelle Kompetenz gestärkt und erhöht werden.

6.1.3 Spontane Veränderungen der Arbeitsbewältigungs-Konstellation in der ambulanten Pflege (2003 – 2005)

„Arbeit alleine erhält die Arbeitsfähigkeit nicht." – Diese Aussage von Juhani Ilmarinen, Direktor des Finnischen Instituts für Arbeitsmedizin (FIOH), hat sich auch in unserer Längsschnittstudie bei Mitarbeiterinnen in der ambulanten Pflege in Rheinland-Pfalz bestätigt. Insgesamt wurden 196 Beschäftigte von ambulanten Pflegediensten in Rheinland-Pfalz anhand des Arbeitsbewältigungs-Index in den Jahren 2003 und 2005 interviewt. Davon nahmen 80 Personen, die durch Codes anonymisiert individuell identifizierbar waren, an beiden Interviews teil.

Im Rahmen des Projektes fanden in den untersuchten ambulanten Diensten keine gezielten Arbeit gestaltenden Interventionen statt. Dennoch haben sich die Abeitsbedingungen in der Pflege in diesen zwei Jahren verändert: Während in sieben Bereichen mehr Verbesserungen als Verschlechterungen stattgefunden haben, überwiegen bei den Arbeitsbedingungen vor Ort und bei der Kooperation an den Schnittstellen (insbesondere mit den niedergelassenen Ärzten) die Verschlechterungen, wie die folgende Tabelle zeigt.

n = 80 Pers.	verbessert	verschlech-tert	gleich geblieben	k.A.
Betriebliche Weiterbildung	**41,3**	6,3	50,0	2,5
Persönliche Inanspruchnahme der Weiterbildung	**33,8**	7,5	56,3	2,5
Persönliche Gesundheitsförderung	**33,8**	7,5	56,3	2,5
Betriebsklima Leitung – Beschäftigte	**25,0**	7,5	67,5	0
Arbeitsorganisation im Pflegedienst	**25,0**	12,5	57,5	5,0
Betriebsklima zwischen Kollegen/-innen	**22,5**	10,0	65,0	2,5
Betriebliche Gesundheitsförderung	**13,8**	3,8	75,0	7,5
Arbeitsbedingungen bei Klienten	7,5	**20,0**	70,0	2,5
Kooperation mit anderen an Schnittstellen	15,0	**21,3**	55,0	8,8

Abbildung 15: Veränderungen in den ABI-Kategorien 2003 – 2005 (Angabe in %)

Möglicherweise haben die ABI-Interviews, die anderen Analysen oder auch die Interventionen im System (s. Kapitel 8) zu (individuellen) Veränderungen geführt, aber dennoch kann insgesamt von einer eher spontanen Entwicklung der Arbeitsbewältigungs-Konstellation ausgegangen werden. Es zeigt sich – wie auch in der ungleich breiteren Branchen-Studie NEXT[15] – dass die Indexwerte durchschnittlich pro Jahr um 0,4 Punkte abnehmen, so auch in unserer Population von durchschnittlich 41,5 auf 40,7 ABI-Punkte. Aber hinter den Mittelwerten verbergen sich gegensätzliche Bewegungen: 40 Untersuchte sind auch 2005 in derselben ABI-Kategorie, 27 sind in eine schlechtere und 13 in eine bessere ABI-Kategorie gekommen:

ABI-Kategorie:	Sehr gut 2005	Gut 2005	Mäßig 2005	Schlecht 2005	2003
Sehr gut 2003	10	15	3	0	**28**
Gut 2003	10	25	8	0	**43**
Mäßig 2003	1	2	5	1	**9**
Schlecht 2003	0	0	0	0	**0**
2005:	**21**	**42**	**16**	**1**	**80**

Abbildung 16: Veränderungen in der ABI-Kategorie 2003-2005 ($\chi2$, p=.005)

Insgesamt hat damit die Zahl derjenigen Mitabeiter/-innen in der ambulanten Pflege, die eine schlechte oder mäßige Arbeitsbewältigungs-Konstellation haben, von 9 (11,3 %) auf 17 (23,8 %) Personen fast verdoppelt. Gleichzeitig ist die Zahl der Personen mit einer sehr guten Arbeitsbewältigungs-Konstellation von 28 (35 %) auf 21 Personen (26,3 %) gesunken, wobei nur 10 Personen (12,5 %) zu beiden Befragungszeitpunkten dieser Gruppe angehörten.

Die Gesundheitsgespräche des Arbeitsbewältigungs-Coachings wurden genutzt, um die Interviewten zu ihrer eigenen Interpretation der jeweiligen Ergebnisse zu befragen.

Fallbeispiele

Bei zwei Mitarbeiterinnen, die 2005 eine *verbesserte* Arbeitsbewältigungs-Konstellation als 2003 hatten, waren Veränderungen in der Arbeitsbelastung gegeben:

- Eine Altenpflegerin, 51-55, hat mittlerweile eine pflegebedürftige Mutter und reduzierte ihre Arbeitszeit auf 20 Wochenstunden.
- Eine Krankenschwester, 41-45, mit massiven Rückenbeschwerden, hat im letzten Jahr die Ausbildung ‚Qualitätsmanagement‘ abgeschlossen und hat nun Mischarbeit, weil sie nicht mehr nur in der Pflege tätig ist.

---

[15] Nurses early exit study, Koordination Prof. Hasselhorn, Universität Wuppertal, hat in 11 Ländern mit 56.400 Teilnehmenden ein Mehrjahrespanel von 18.800 Pflegekräften untersucht. Siehe www.next-study.net

Die *verschlechterte* Arbeitsbewältigungs-Konstellation führten zwei weitere Gesprächspartnerinnen sowohl auf betriebliche als auch auf außerbetriebliche Faktoren zurück:

- Eine Krankenpflegehelferin, 36-40, die in Vollbeschäftigung arbeitet und eine berufsbegleitende Weiterqualifizierung abgeschlossen hat, kritisiert die fehlende Unterstützung durch Vorgesetzte. Außerdem seien aufgrund des Zeitdrucks persönliche Gesundheitsförderungs-Aktivitäten weggefallen. Die Mitarbeiterin überlegt einen Firmenwechsel, evtl. auch einen Berufswechsel.

- Eine diplomierte Krankenschwester, 46-50, hatte einen tragischen Todesfall in der Familie, der zu einer längeren Berufsunfähigkeit und auch zu einer deutlich verschlechterten Arbeitsbewältigungs-Konstellation geführt hat.

Eine *gleich gebliebene* Arbeitsbewältigungs-Konstellation wurde ebenfalls mit betrieblichen und auch außerbetrieblichen Gegebenheiten begründet:

- Eine Krankenschwester, 41-45, hat aufgrund ihrer religiösen Überzeugung – so ihre eigene Erklärung – ein festes Vertrauen in die Gegenwart und Zukunft, das ihr hilft, Belastungen auszuhalten.

- Eine bereits pensionierte Krankenschwester arbeitet mit mehr als 65 Jahren geringfügig beschäftigt als Fahrerin von Krankentransporten. Sie arbeitet ohne Druck, weil sie äußerst kurzfristig ihre Arbeitstätigkeit absagen kann. Sie spricht von einer hohen sozialen Verbundenheit mit dem Betrieb, den Kolleginnen und den Klienten.

Die Fallbeispiele zeigen, dass sowohl betriebliche als auch außerbetriebliche Faktoren die Arbeitsbewältigungs-Konstellation beeinflussen, wobei Entlastungen (Arbeitszeitreduktion oder Mischarbeit aufgrund von Qualifizierung) einen positiven Einfluss hatten.

Arbeiten bis zur Regelrente?

45 % der befragten Pflegekräfte meint, dass das Arbeiten in der ambulanten Pflege bis zum Regelrentenalter möglich ist; 29 % verneinen dies und 24 % wissen es nicht. Alle wurden befragt, was sie an Unterstützung oder Entlastung brauchen, um bis zum gesetzlichen Rentenalter arbeiten zu können. Die wichtigsten Maßnahmen liegen in der Verminderung von Zeitdruck und Arbeitsbelastungen. Einen hohen Stellenwert neben Verbesserungen in der Entlohnung haben berufliche Weiterbildung und betriebliche Gesundheitsförderung.

Arbeiten bis zum gesetzlichen Rentenalter? (n = 80) Notwendige Unterstützung / Entlastung durch ...	„Nein" oder „Weiß nicht"	„Ja"
Verminderung von Zeitdruck bei der Arbeit	42,9	41,7
Verminderung von Arbeitsbelastungen	38,1	22,2
Höhere Entlohnung	31,0	19,4
Mehr betriebliche Weiterbildung	23,8	19,4
Bessere betriebliche Gesundheitsvorsorge	23,8	11,1
Bessere Arbeitsmöglichkeiten nach Krankheit/ bei Gesundheitsbeeinträchtigung	21,4	13,9
Andere Arbeitszeiten	21,4	8,3

Abbildung 17: Einschätzung bezüglich notwendiger Maßnahmen, um bis zur Regelrente erwerbstätig sein zu können

Erste Schlussfolgerungen

Unabhängig davon, wie die Befragten ihre persönliche Perspektive bezüglich der Erreichung des gesetzlichen Rentenalters beurteilen, geben sie Belastungsfaktoren – Zeitdruck und mangelnde Qualifizierung – an, die reduziert werden müssen.

Die Fallbeispiele zeigen, dass bezüglich der Verbesserung der Arbeitsbewältigungs-Konstellation insbesondere Entlastungen – Arbeitszeitreduktion und Mischarbeit – unterstützend wirken können, aber auch, dass die Arbeitsbewältigungs-Möglichkeiten durch berufliche wie auch private Rahmenbedingungen beeinflusst werden.

Diese Längsschnittstudie, die nicht als Interventionsstudie angelegt war und deshalb keine systematischen Interventionen beinhaltete, bildet weitgehend spontane Verläufe der Arbeitsbewältigungs-Konstellation ab, die einerseits durch individuelle Veränderungen im beruflichen oder privaten Bereich und andererseits durch kollektive Veränderungen in den ambulanten Diensten und bei den Rahmenbedingungen der ambulanten Pflege beeinflusst sind. Wünschenswert wären weiterhin sowohl detaillierte Kasuistik als auch systematische Interventionen im Rahmen von Längsschnittstudien.

Ausblick: Die Verbesserung der Arbeitsbewältigungs-Konstellation in der Organisation

In diesem Kapitel stand das Individuum im Mittelpunkt der Betrachtungen. Die Ergebnisse der Interviews mit dem ABI können natürlich auch auf kollektiver Ebene aus- und verwertet werden. In aggregierter und anonymisierter Form können damit Einsichten für eine Abteilung oder für einen Betrieb gewonnen werden. Auch hier ist für die Planung von Interventionen das Fördermodell der Arbeitsfähigkeit zu berücksichtigen: Erst Interventionen auf allen vier Ebenen

- Führungsorganisation,
- Arbeitsumgebung,
- professionelle Kompetenz und
- Individuum

ermöglichen und gewährleisten nachhaltige Verbesserungen der Arbeitbewältigungs-Konstellation, also der Passung zwischen den individuellen Möglichkeiten der Belegschaft und den Anforderungen des Unternehmens an die Belegschaft.

Die Optimierung der Arbeitsbewältigungs-Konstellation auf betrieblicher Ebene können die gesetzlichen Organe, wie z. B. Arbeitsschutzausschuss (ASA), ein Arbeitskreis Gesundheit oder auch eine für diesen Zweck gebildete Arbeitsgruppe beraten und organisieren. Der wiederholte Einsatz des ABI in Interviews mit den Mitarbeiterinnen und Mitarbeitern macht die Wirksamkeit der Interventionen sichtbar. Damit wird der ABI gleichzeitig zu einem Evaluationsinstrument für individuelle und kollektive Maßnahmen und deren Auswirkungen auf die individuelle Arbeitsbewältigungs-Fähigkeit bzw. die kollektive Arbeitsbewältigungs-Konstellation.

6.2 Impulse zur Selbstbeobachtung von Individuen und Organisationen: Der IMPULS-Test

Das europäische Arbeitsschutzrecht sieht regelmäßige psychische Gefährdungsbeurteilungen, deren Methoden nicht näher vorgeschrieben sind, durch die Arbeitgeber vor. Im PIZA-Projekt sollten diese Methoden dem partizipativen und dialogischen Konzept entsprechen und die Selbstbeobachtungsfähigkeit der Individuen und der Organisation verbessern. Im Vorfeld der jeweiligen Gefährdungsbeurteilungen bzw. Untersuchungen der Arbeitsbedingungen – sowohl im Handwerk als auch in der ambulanten Pflege – fanden Bedarfserhebungen mit einem teilstrukturierten Gesprächsleitfaden statt. Gesprächspartner waren Personen der Geschäftsführung bzw. in den Pflegediensten auch die Pflegedienstleitung. Im Mittelpunkt der Gespräche standen die Stärken und Schwächen des Berufs, der Wirtschaftssparte und die Bedarfe wie auch Erwartungen an die Arbeitsforschung.

Im Folgenden werden Vorgehen und „Auswirkungen" der psychischen Gefährdungsbeurteilung in zwei Kooperationsunternehmen der Orthopädie- und Rehatechnik (mit angeschlossenem Sanitätshandel) diskutiert. Die beiden Kooperationsunternehmen traten aktiv beim FORUM „Ambulante Pflege" (s. Kapitel 8) in das Projekt ein, das sich insbesondere den Schnittstellen-Problemen im System der ambulanten Pflege widmete. Als Akteure nutzten sie das FORUM sowohl in Kleingruppen als auch in individuellen Gesprächen zur Klärung ihrer wirtschaftlichen Möglichkeiten und Einschränkungen. Dieser Informationsaustausch wurde auch nach dem FORUM noch aufrechterhalten.

Die Methode „IMPULS -Test"

Die Gefährdungsbeurteilung startete im September 2003 in zwei Handwerksbetrieben der Orthopädie- und Rehatechnik. An jeweils einem Untersuchungstag mit zwei Beratungspersonen wurden vertrauliche Gesundheits- und Arbeitsbewältigungsgespräche auf der Basis des Arbeitsbewältigungs-Index (siehe Kapitel 6.1.3) mit den Beschäftigten und der Geschäftsführung durchgeführt. Anschließend wurde den Gesprächspartnern der Kurz-Fragebogen zur subjektiven Arbeitsanalyse (KFZA; Prümper et al. 1995) vorgelegt. Der KFZA kam in der adaptierten Form als IMPULS-Test zur Anwendung.

Der KFZA enthält elf Skalen mit jeweils zwei bzw. drei Items; insgesamt 26 Fragen. Anhand eines fünfstufigen Antwortschemas bewerten die Befragten ihre Arbeitssituation. Je höher (zum Wert fünf hin) die Ausprägung eines Faktors, desto eher liegen befriedigende Arbeitsbedingungen vor. Je niedriger die Faktorausprägung (zum Wert 1 hin), desto weniger kann auf eine zufrieden stellende Arbeitssituation geschlossen werden. Die Auswertung erfolgt auf Basis von Mittelwertberechnungen pro Skala.

Mehrere Gründe sprechen für dieses arbeitspsychologische Instrument:

- Es ist ein Verfahren, das einen relativ breiten Überblick über Arbeitsbedingungen herstellt.
- Das Verfahren zeichnet sich durch seine Kurzform aus und ist damit im Rahmen einer Grobanalyse zeitökonomisch einsetzbar.
- Es ermöglicht eine übersichtliche Darstellung der Ergebnisse.
- Diese Eigenschaften sprechen für eine hohe Anwenderfreundlichkeit, die mit weiteren Adaptionen und der Einbindung in ein begleitendes Handbuch das Verfahren auch für Laien für die Grobanalyse handhabbar macht.

Gleichzeitig müssen folgende Aspekte des KFZA berücksichtigt werden:

- Der KFZA lässt als Instrument der Grobanalyse keine Aussage über Details, Ursachen, Beanspruchung oder spezifische Ansatzpunkte für Arbeitsgestaltung zu.

- Es liegen keine Normwerte (Grenzwerte, Vergleichswerte) vor.

- Im Rahmen arbeitspsychologischer Beratungen müssen daher Fachleute weitere Erhebungen durchführen, um Prognosen und bedarfsgerechte wie auch lösungsorientierte Interventionen vorschlagen zu können.

Der eingesetzte „IMPULS-Test" (Haiden et al. 2002) liegt als ein Grobanalyse-Verfahren für den selbstständigen innerbetrieblichen Gebrauch vor und wurde den Kooperationsunternehmen als Test mit Gebrauchsanweisung zur Weiterführung empfohlen.

Um der Zielsetzung gerecht zu werden, ein für Nichtpsychologen leicht handhabbares Instrument zu entwickeln, wurde der KFZA geringfügig verändert. Über dieses Vorgehen wurde mit einem Autor des Verfahrens (Prümper) Rücksprache gehalten.
Folgende Skalennamen wurden zwecks besseren Verständnisses bzw. einer Hilfestellung bei der Interpretation der Ergebnisse ersetzt bzw. verändert[16]. Auch die erklärenden Texte zur Anwendung des Verfahrens wurden modifiziert bzw. erweitert.

KFZA-Bezeichnung	IMPULS-Bezeichnung
Vielseitigkeit	Vielseitiges Arbeiten
Ganzheitlichkeit	Ganzheitliches Arbeiten
Qualitative Arbeitsbelastung	Passende inhaltliche Arbeitsanforderungen
Quantitative Arbeitsbelastung	Passende mengenmäßige Arbeit
Arbeitsunterbrechungen	Passende Arbeitsabläufe
Umgebungsbelastungen	Passende Arbeitsumgebung
Information und Mitsprache	Ausreichende Information und Mitsprache
Betriebliche Leistungen	Gute betriebliche Entwicklungsmöglichkeiten

Abbildung 18: Synopse der Skalenbezeichnungen im KFZA und im IMPULS-Test

---

[16] Bei den ersten zwei Items aus der Skala „Vielseitiges Arbeiten" wurden die Bezeichnungen des Antwortformats verändert (ursprüngliche fünfstufige Antwortformulierung: von „sehr wenig" bis „sehr viel" → geändert auf: „trifft gar nicht zu" bis „trifft völlig zu").
Die Polarität des Antwortformats bei den Skalen ‚qualitative Arbeitsbelastung', ‚quantitative Arbeitsbelastung', ‚Arbeitsunterbrechungen', ‚Umgebungsbelastungen' wurde in der Auswertung in umgekehrter Reihenfolge recodiert. Damit ergeben die Auswertungen in diesen Bereichen keine Ausprägung der entsprechenden Belastung, sondern verdeutlichen in einer hohen Ausprägung das Nicht-Vorhanden-Sein des entsprechenden Stressfaktors. Diese veränderte Auswertungsroutine erlaubt dem Laien eine einfachere Interpretation der Ergebnisse. Alle Nutzende sind auf diese Veränderung dezidiert hinzuweisen.

Um die visuelle Interpretierbarkeit und Lesbarkeit für die Anwender zu verbessern, wurde die graphische Auswertung in Form eines Sterndiagramms gewählt.

Zusätzlich wurde bei den Antwortmöglichkeiten neben der aktuellen Ist- (bzw. Real-) Arbeitssituation auch der Stand der Wunsch-Situation erhoben. Damit ist eine Möglichkeit geschaffen worden, den betrieblichen Handlungsbedarf anhand der Rangreihe der Abweichungen zur Real- und Wunschsituation zu bestimmen.

Nach Rücksprache mit den Autoren des Kurzfragebogens zur Arbeitsanalyse wurde eine grobe Einstufung der Skalen-Werte aufgenommen: Werte unter 2,5 lassen auf eher unbefriedigende Arbeitsbedingungen bzw. Stressoren und Werte über 3,5 lassen eher auf befriedigende Arbeitsbedingungen bzw. Ressourcen schließen.

Der wesentliche Vorteil des IMPULS-Tests liegt in der Möglichkeit der unmittelbaren Auswertung durch die Beschäftigten selbst. Mit der Gegenüberstellung von IST- und Wunsch-Werten fördert der IMPULS-Test auf Grund der Visualisierung der Ergebnisse die Entwicklungs-Diskussion im Unternehmen. Diese subjektive Arbeitsanalyse erlaubt die Feststellung von psychischen Fehlbelastungen wie auch von Ressourcen.

Durchführung des „IMPULS -Test" und Ergebnis-Rückmeldung

Es nahmen insgesamt 17 Personen (Angestellte und Geschäftsführung) aus zwei Handwerksbetrieben an der Erhebung teil; die Quote betrug damit 81 %. Die Auswertung erfolgte über die gesamte Stichprobe. Die Ergebnisse wurden in den Kooperationsunternehmen durch eine schriftliche Ausarbeitung sowie im Rahmen einer Teambesprechung an die Beteiligten zurückgemeldet.

Ausschnitt aus der schriftlichen Mitteilung:

„Die Gesundheit und Arbeitsbewältigung der Beschäftigten kann betrieblich unterstützt werden. Ein erster Schritt ist das Erkennen: Wo liegen bei der Arbeit und im Unternehmen die Stärken und die Schwächen aus Sicht der Beschäftigten. Sie haben dazu einen Fragebogen zur Bewertung der Arbeit ausgefüllt.

Das Ergebnis zeichnet sich wie ein Stern ab: Je höher die Stern-Spitzen, umso befriedigender und gesundheitsgerechter wird dieser Aspekt von allen Befragten eingeschätzt. Die durchgängige Linie gibt die IST-Situation an, also wie es die Beschäftigten derzeit empfinden. Die unterbrochene Linie liegt eher leicht höher und gibt die Wunsch-Situation an.

In Übereinstimmung ist die IST-Situation mit den Wünschen der Beschäftigten in den Punkten „Handlungsspielraum bei der Arbeit" und hinsichtlich „passender inhaltlicher Arbeitsanforderungen". Am weitesten auseinander liegen Wirklichkeit und Wunsch in den Augen der Beschäftigten (>= 0,5 Punkte) bei „Passenden Arbeitsabläufen", inner-betrieblichen „Entwicklungsmöglichkeiten" und bei „Information und Mitsprache". Unterhalb des Wertes 3,5 liegen nur zwei Aspekte, die noch Verbesserungsmöglich-keiten bergen. Es handelt sich dabei um „Entwicklungsmöglichkeiten im Betrieb" und „passende mengenmäßige Arbeit".

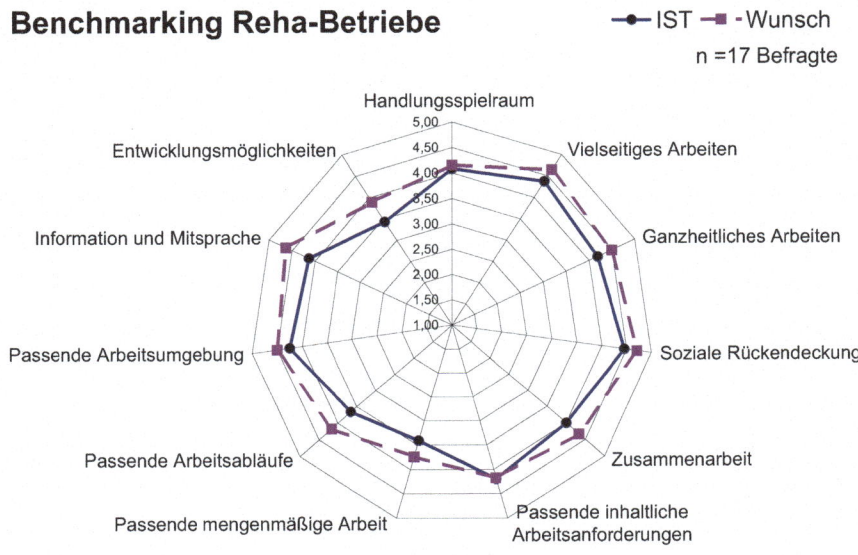

Abbildung 19: Ergebnisse IMPULS-Test (Mittelwerte aus zwei handwerklichen Kleinbetrieben)

Alle Werte unterhalb 2,5 bedeuten eher unbefriedigende und damit auch wenig ge-sundheitsgerechte Arbeitsbedingungen. Dieser Wert wurde in der Stichprobe nicht unterschritten.

Diese Sterne können je nach Betrieb verschieden sein. Darum finden Sie im Anhang den Stärken- und Schwächen-Stern für Ihren Betrieb zum Vergleich. ..."

Die Folgen

Das – in der Grobanalyse in zwei kleinen Betrieben – erhobene psychische Gefähr-dungs- und Ressourcenprofil zeichnete sich aus durch:

• Relativ hohe Übereinstimmung der IST-Einschätzungen mit den Wünschen der Beschäftigten hinsichtlich ihrer Arbeitsbedingungen; insbesondere in den Punk-ten „Handlungsspielraum" und „passende inhaltliche Arbeitsbedingungen".

- Es bestand in keinen der untersuchten psychisch relevanten Arbeitsbedingungen ein dringender Handlungsbedarf. Hingegen wurde ein Verbesserungsbedarf bzw. Entwicklungspotenzial in den Punkten „Entwicklungsmöglichkeiten im Betrieb" und „passende mengenmäßige Arbeit" festgestellt.

In einem Unternehmen führte die Diskussion über die Ergebnisse des IMPULS-Test zu einem Nachdenken über die Notwendigkeit von Organisationsentwicklung, blieb aber kurzfristig folgenlos. Erst mit der Verschärfung der ökonomischen Bedingungen kam das Unternehmen wieder auf die Frage der Organisationsentwicklung zurück. Nach eingehender Beratung wurde das „Hourglass™-Model" als ein partizipatives Gestaltungs-Vorgehensmodell ausgewählt. In der Folge fand dann von September 2004 bis Januar 2005 in und mit diesem Kooperationsunternehmen ein Organisationsgestaltungsprozess statt, der im nächsten Kapitel beschrieben ist.

7.   Beteiligung und Befähigung in der Organisationsentwicklung

7.1   Das Hourglass^{TM}-Model: beim Individuum beginnen, aber nicht dabei stehen bleiben

Das sogenannte „Sanduhr-Modell" wurde vom schwedischen Psychologen Curt. R. Johansson (vgl. Johansson 2004) entwickelt und erprobt. Es beinhaltet ein Vorgehen, das häufig beobachtbare Kommunikations- und Interaktionsbarrieren (beispielsweise die getrennten Lebenswelten von Management und Belegschaft, die Unterbewertung des Erfahrungswissens der Belegschaft oder die Vernachlässigung sozialer, ergonomischer oder psychologischer Aspekte in industriellen Planungsprozessen) bei der Einbeziehung möglichst vieler Personen überwindet (a.a.O., S. 93 f.).

Theoretische Grundlagen

Um die Kommunikations- und Interaktionsprobleme durch Partizipation und Empowerment erfolgreich zu lösen, greift das „Sanduhr-Modell" auf vier theoretische Grundlagen zurück (Johansson 2004, S. 94 f.):
- Die Ansätze der Aktionsforschung von Argyris und hier insbesondere die Leitvariablen für Kommunikation über und Einstiege in Veränderungsprozesse: valide Information, freie und informierte Entscheidungsmöglichkeit und internes Commitment;

- Kolbs Lerntheorie, die die konkreten Arbeitserfahrungen von Managern und Beschäftigten für Wissenserwerb und Entwicklungsfertigkeit betont;
- Likerts „linking-pin"-Modell, das Hinweise für die Bildung von Hierarchie übergreifenden Gruppen zur Nutzung des Wissens auf allen Ebenen beschreibt;
- Festingers Theorie der kognitiven Dissonanz, um mentale Konflikte aufzudecken, Motivation zu steigern und spontane Veränderungen zu fördern.

Das Modell

Das „Sanduhr-Modell" trägt seinen Namen wegen der Form, in der die partizipativen Erkundungs-, Entwicklungs- und Veränderungs-Prozesse angelegt sind. Sie beginnen bei den Einzelpersonen und damit der Gesamtorganisation, schreiten fort bis zum Management und kehren dann in den Umsetzungsphasen wieder zurück zur Einzelperson.

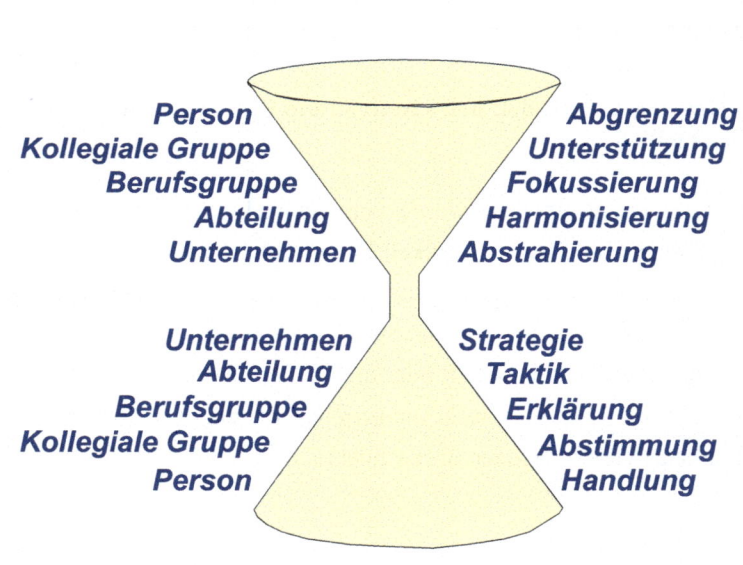

Abbildung 20: Das Hourglass^{TM}-Model (Johansson 2004)

In der Abgrenzungsphase findet ein Selbstverständigungsprozess zu gemeinsam entwickelten Fragen bzw. Problemen statt.

In der Unterstützungsphase wird diese Problemsicht mit selbstgewählten Kolleginnen und Kollegen besprochen.

Erst dann beginnt mit der Fokussierung der Fragen und Probleme die Diskussion in der professionellen Gruppe, also in der betrieblichen Struktur.

Anschließend werden die Fragen und Probleme in der Harmonisierungsphase zusammengeführt und dann in der Folge in der Abstrahierungsphase auf Unternehmensebene zu Vorschlägen für Maßnahmen umformuliert.

Die Umsetzung der Maßnahmen beginnt mit der Entscheidung auf der Leitungsebene und wird dann herunter gebrochen über die Abteilung und die professionelle Gruppe auf die Freiwilligen-Teams und die Einzelpersonen als die letztendlich Handelnden. Den verschiedenen Ebenen bzw. Phasen des Hourglass-Prozesses sind verschiedene Entwicklungs-Ziele zuzuordnen.

Individuelle Phase	⇨	Persönliche Entwicklung
Kollegiale Phase	⇨	Soziale Entwicklung
Berufsgruppen-Phase	⇨	Kompetenzentwicklung
Abteilungs-Phase	⇨	Geschäftliche Entwicklung
Management-Phase	⇨	Unternehmensentwicklung

Abbildung 21: Phasen und Entwicklungsbereiche im HourglassTM-Model (Johansson 2004)

Ausgangspunkt: Das Individuum

Wie bei allen im PIZA-Projekt erprobten Methoden und Instrumenten ist auch im Sanduhr-Modell das Individuum der Ausgangspunkt von Analysen und Veränderungsmaßnahmen. In einem partizipativen Prozess werden betriebliche Fragen entwickelt, die Unterschiede machen können, beispielsweise:

„Was sind meine wichtigsten drei Aufgaben" und

„Für welche drei Aufgaben verwende ich die meiste Zeit".

Darüber hinaus werden für den betrieblich-persönlichen Selbstverständigungsprozess weitere Fragen entwickelt, z. B. die Frage nach einem wichtigen betrieblichen Problem, das „durch Kommunikation gelöst werden kann".

Die individuelle Selbstverständigung wird durch die Reflexion der vermuteten Reaktionen auf die Problemkommunikation der anderen Beschäftigten und Hierarchieebenen angeregt. In vergleichbarer Form wird die weitere Entwicklung des Gespräches reflektiert und die „Gedanken und Gefühle, die sich durch den Dialog entwickeln, die sie

aber niemals in einer Diskussion äußern würden" (Text im Fragebogen) dokumentiert.
Beispiele für gedachte Antworten sind:

Immer dieselben, die sich zu Wort melden.

Mal sehen, wer sich diese Worte zu Herzen nimmt.

Ich muss unbedingt ein Protokoll über dieses Gespräch anlegen.

Und morgen ist wieder alles beim Alten.

Abschließend werden die gefühlsmäßigen Reaktionen auf die mutmaßlichen Äußerungen der anderen Beschäftigten notiert, beispielsweise im Verkauf:

Vermutete Aussagen in den hypothetischen Gesprächen	Gefühlsmäßige Reaktionen auf diese hypothetischen Gespräche
M. (Chef): Den Wareneingang kontrollieren kann doch nicht so schwer sein.	*Anscheinend ist es doch schwierig, sonst würde ich es nicht ansprechen.*
K. (Verkauf): Alles, was für mich ist, packe ich sofort aus, aber große Pakete, damit habe ich nichts zu tun. Aber ich sage immer Bescheid, wenn ein Paket kommt.	*Du machst hier sowieso nur deine Dinge und bist wenig teamfähig.*
J. (Büro, fallweise Verkauf): Ich hole immer alle Pakete rein.	*Du machst aber immer nur die Pakete auf, die dir am besten gefallen.*

Abbildung 22: Beispiele für den „persönlichen Selbstverständigungsprozess" als Element des HourglassTM-Model

In der nächsten Phase nach diesem Selbstverständigungs-Prozess suchen sich die Einzelpersonen andere Kolleginnen oder Kollegen, mit denen sie ihre Einschätzungen und Überlegungen gerne besprechen wollen. In dieser Phase werden wiederum die Individuen unterstützt, ihre Selbstverständigung weiter zu entwickeln und zu festigen.

Vom Individuum zur Organisation

Erst nach der Phase der Selbstverständigung folgt, was sonst häufig der erste Schritt ist, ein Gruppenprozess. Je nach Betriebsgröße wird die unmittelbare Berufsgruppe, dann die Abteilung(en) in die Diskussion einbezogen, bis die gesamte Organisation in den „Sanduhr-Prozess" einbezogen ist.

Während die Interessen der Berufsgruppen noch deutlich auseinandergehen können, werden in der Abteilungsperspektive oder in ähnlichen übergreifenden Perspektiven die Gemeinsamkeiten herausgearbeitet. Das Empowerment der Individuen in den ersten beiden Phasen beeinflusst den Gruppenprozess insofern, als die Personen im

Gruppenprozess an ihrem Vorhaben besser festhalten können, weil sie viele der möglichen Situationen individuell und mit Unterstützung von anderen Personen durchgespielt bzw. diskutiert haben.

Abbildung 23: Schritte und Fokus im HourglassTM-Model (Johansson 1994)

In einer begleitenden Projektgruppe sind alle Hierarchieebenen vertreten, so dass dieser Prozess in allen Phasen alle Ebenen des Betriebes (das Gesamtsystem) repräsentiert, um Entscheidungen vorzubereiten. Dann werden Entscheidungen getroffen und in einem umgekehrten Prozess zu konkreten Handlungen transformiert. Beginnend mit Managemententscheidungen werden die Vorschläge der Projektgruppe in Maßnahmen übersetzt und dann auf Abteilungsebene, auf Ebene der Professionen und anschließend in den kollegialen Gruppen/Tandems individuell umgesetzt. Der Umsetzung der Maßnahmen folgt prozessbegleitend die Evaluation.

Dieses Modell wurde im PIZA-Projekt auf Klein(st)betriebe „übersetzt", also unter Beibehaltung der abstrakten Methodik in seiner Anwendbarkeit angepasst.

Einsatz des Hourglass™-Model auch im Kleinbetrieb

Bevor das Projekt begonnen wurde, lag eine Skizze zur Anwendung des Modells für einen Betrieb mit sieben Beschäftigten vor. Diese Skizze fasste nach den individuellen Phasen (Abgrenzung und Unterstützung) und nach der Phase der Diskussion in den Tätigkeitsgruppen (Fokussierung) die Abteilungs- und Unternehmensphase zusammen. Danach sollten dann ebenfalls in einer Unternehmensversammlung (Unternehmens- und Abteilungsphase zusammengefasst) die strategischen und taktischen Entscheidungen besprochen und beschlossen werden. Die Überlegung war also, dass statt der zehn Phasen im üblichen Hourglass-Prozess in Kleinstunternehmen nur sechs Phasen erforderlich seien.

Modell nach Curt R. Johansson		Adaption für die Anwendung in einem Kleinbetrieb	
1. Individuum	Abgrenzung	1. Individuum	Abgrenzung
2. Freiwilliges Team	Unterstützung	2. Freiwilliges Team	Unterstützung
3. Berufsgruppe	Fokussierung	3. Tätigkeitsgruppen	Fokussierung
4. Abteilungsgruppe	Harmonisierung	*4. Unternehmen*	*Harmonisierung &*
5. Unternehmen	Abstrahierung		*Abstrahierung*
6. Unternehmen	Strategie		*Strategie &*
7. Abteilungsgruppe	Taktik		*Taktik &*
8. Berufsgruppe	Erklärung		*Erklärung*
9. Freiwilliges Team	Abstimmung	*5. Tätigkeitsgruppen*	*Abstimmung*
10. Individuum	Handlung	6. Individuum	Handlung

Abbildung 24: Einsatz des Hourglass™-Model im Kleinbetrieb – Zusammenfassung von Ablaufschritten

Praktische Anwendung des Modells in einem Kleinbetrieb

Entsprechend dem oben gezeigten Modell wurden die Fragen in einem betrieblichen Zweierteam, bestehend aus dem Unternehmer und einer Projektverantwortlichen, sowie PIZA ausgearbeitet.

Anschließend wurden die Fragebögen an die Belegschaft gegeben, in den beiden Phasen der individuellen Selbstverständigung bearbeitet und dann in Kopie an den externen Moderator von PIZA zurückgegeben.

In Sitzungen mit jeder der vier Tätigkeitsgruppen des Unternehmens wurden die individuellen Selbstverständigungsergebnisse und die aufgeworfenen Fragen „die kommunikativ zu lösen sind" besprochen. Das Protokoll wurde dann an alle Mitarbeiterinnen und Mitarbeiter versandt.

Drei Wochen nach den Gesprächen in den Tätigkeitsgruppen erfolgte eine Betriebsversammlung, in der besprochen und beschlossen werden sollte, wie mit den aufgeworfenen Fragen und Problemen und den in den einzelnen Tätigkeitsgruppen besprochenen Vorschlägen umgegangen werden kann. Zu beachten ist, dass nicht die Geschäftsführung beschließt, sondern in dem Kleinbetrieb alle Beschäftigten mitentscheiden.

Der folgende Ausschnitt aus dem Gesamt-Protokoll zeigt an zwei Beispielen die Gegenüberstellung vom Diskussionsstand der Tätigkeitsgruppen am 15.12.2004 mit den „Beschlüssen" der Unternehmensversammlung am 6.1.2005.

Protokoll vom 15.12.2004	Team-Sitzung am 6.1.2005
Kunden kundig machen: Man sollte den KundInnen einen zeitlichen Rahmen geben für Besuche des Außendienstes, indem man den KundInnen verständlich macht, dass der Außendienst einen bestimmten Zeitplan hat. Kunde/Kundin ist nicht KönigIn sondern PartnerIn: Sie wollen etwas liefern, die KundInnen wollen etwas bekommen!	*Mögliche Gesprächsführung wird von Frau T./Frau Sch. überlegt: Die Richtung ist, die Kunden mitverantwortlich dafür zu machen, dass Termine eingehalten werden können.* *Bei Wünschen nach einem engeren Zeitfenster für die Lieferung: Keine Argumentation mit „die anderen Kunden", sondern mit objektiven Aspekten (Stau, nicht genau kalkulierbare Verkehrsverhältnisse usw.)*
Erfahrungsaustausch zwischen Außendienst und Streckenplanerinnen über gröbere Abweichungen vom Plan (Stichwort: 70 km Landstrasse sind nicht gleich 70 km Autobahn).	*Frau T./Frau Sch. fahren eine Tour mit. Kurzfristiger Erfahrungsaustausch (beim Mittagessen o. ä.), so dass das gesamte System der Fahrplanung/Ausfahren/ Einholen lernen kann.*

Abbildung 25: Beispiel zur Entscheidung von Maßnahmen in der Management-Phase des Hourglass™-Model

Bemerkenswert war, dass in den drei Wochen zwischen den Team-Gesprächen und der Beschluss-Versammlung weitere Themen auftauchten, die besprochen und praktisch gelöst wurden.

In der Zwischenzeit neu hinzugekommene Themen	Team-Sitzung am 6.1.2005
1 mal/Monat Inventur im Lager	*Pilotprojekt, weil der monatliche Aufwand als unrealistisch angesehen wurde: erst einmal wird eine Inventur nach den Urlauben Anfang Februar gemacht. Aufgrund dieser Erfahrungen werden weitere Inventuren und deren Zeitpunkte besprochen.*
Freitags aufräumen	*Alle Arbeitsplätze (auch vom Chef) werden am Freitag so aufgeräumt, dass andere weiterarbeiten können und alle Dinge auch finden.*

Abbildung 26: Ad-hoc-Maßnahmen in der Management-Phase des Hourglass™-Model

Gegenüber der Skizze des Vorgehens vor dem Projekt hat sich gezeigt, dass in der Betriebsversammlung die Abstimmung in den Tätigkeitsgruppen lief und die Diskussion in Tätigkeitsgruppen keine eigene Phase war. Der Umsetzungsprozess vom Beschluss bis zur Vorbereitung der Handlung in der individuellen Phase ging somit in einem Schritt. Dabei waren zwei Maßnahmen – Mitfahren der beiden Tourenplanerinnen und eindeutige Beschriftung von verpackten Versandstücken – schon vor der Strategiesitzung umgesetzt.

Zeitnahe Organisationsentwicklung mit sieben Beschäftigten
Im Vergleich zur vermuteten Zusammenfassung der verschiedenen Phasen des Hourglass-Prozesses bei der Anwendung in KMU war der tatsächliche Verlauf noch schneller. Bis zur Umsetzung hat es lediglich vier Phasen gegeben. Der betriebliche Aufwand zur partizipativen Organisationsverbesserung war überschaubar niedrig.

Aktivität	Zeitraum	Dauer
Vorbereitungsgespräch	*Anfang Oktober*	*1 Stunde*
Vorbereitung und Versand der Fragebögen	*Oktober*	
1. Individuelle Phase	Anfang November 2004	
2. Individuelle Phase mit frei gewählten Kolleginnen/ Kollegen	Ende November 2004	
3. 4 Gespräche in Tätigkeitsgruppen (je 2 Teilnehmer-Innen)	Mitte Dezember 2004	Jeweils etwa ½ Stunde pro Tätigkeitsgruppe
4. Gesamt-Unternehmen	Anfang Januar 2005	1,5 Stunden mit ca. 45 Minuten für Maßnahmen

Abbildung 27: Aktivitäten, Dauer und Zeitaufwand zur Realisierung von Organisations-verbesserungen im Kleinbetrieb nach dem Hourglass™-Model

Durchführung

Die individuellen Phasen erforderten Nachtelefonieren. Die Fragebögen waren unterschiedlich detailliert ausgefüllt; aber alle hatten alle Fragen beantwortet. Die Verständigungsphase mit frei gewählten Partnerinnen und Partnern wurde nicht von allen protokolliert, aber die vorhandenen Protokolle zeigen, dass die genannten Probleme nach wie vor relevant waren: Der Problemlösungswunsch wurde also in der sogenannten „Unterstützungsphase" bestätigt.

Die Diskussionen in den vier Tätigkeitsgruppen belegten diese Einschätzung, dass die Problemlösungswünsche völlig im Vordergrund standen und nicht etwa die Widersprüche zwischen den wichtigsten und den zeitaufwändigsten Aufgaben oder der Informationsfluss im Unternehmen.

Bemerkenswert war die Geschwindigkeit der Weiterbearbeitung der aufgeworfenen Probleme, möglicherweise auch aufgrund eines Protokolls aller Gespräche, also einer Rückmeldung am nächsten Tag: Bereits vor dem Treffen des Gesamtunternehmens waren zwei Probleme gelöst und am Gesamttreffen wurden alle Vorschläge auch mit Terminen bzw. Verantwortlichkeiten konkretisiert.

Einsatz-Bedingungen und Leistungen

Der Einsatz des Hourglass^{TM}-Model in einem Kleinbetrieb hat gezeigt:

- Die individuelle Selbstverständigung festigt die Einzelpersonen und bereitet insbesondere die Diskussion von Differenzen in der Tätigkeitsgruppenphase optimal vor.
- Die Klarheit der Individuen über mögliche Einwände der anderen Kolleginnen und Kollegen beschleunigt Entscheidungen und reduziert Enttäuschungen.
- Die Individuen steuern den Gruppenprozess und nicht umgekehrt.

Im Supervisionsgespräch zum Projektende mit den Entwicklern des Konzepts (Johansson und Odenrick, Universität Lund) betonten diese aufgrund ihrer langjährigen Erfahrungen, dass das Hourglass-Konzept dann eingesetzt werden kann, wenn die Beteiligten Entwicklungs- und Veränderungs-Möglichkeiten sehen. Dagegen sollte es nicht eingesetzt werden, wenn neue Probleme von den Beteiligten befürchtet werden.

Die Entwickler sehen die wesentliche Leistung des Konzeptes in der Herausarbeitung und anschließenden Bearbeitung von Unterschieden in den Auffassungen. Es gehe darum, diese Unterschiede öffentlich zu machen, auszuhalten und – wo möglich und sinnvoll – zu bearbeiten und zu reduzieren. Dabei können die beteiligten Personen auch die Erfahrung machen, dass ihre persönlichen Auffassungen zu einzigartig sind in dem Sinne, dass sie von den anderen nicht geteilt werden. Die an die individuelle Phase anschließenden Gespräche in den Berufs- oder Tätigkeitsgruppen dienten erfahrungsgemäß der Mobilisierung aller Kenntnisse und Erfahrungen der Belegschaft.

7.2   Kommunikation in virtuellen Unternehmen

„Dialoge verändern" bedeutet für die Arbeitsforschung auch, ergebnisoffen aufzutreten und sich forschend mit den Fragestellungen von Unternehmen selbst auseinanderzusetzen. Im vorliegenden Fall wurden sowohl die Fragestellung als auch die Methodenwahl mit dem Unternehmen in einem dialogischen Prozess abgestimmt. Die Ergebnisse wurden nicht nur an Beschäftigte und Führungspersonen rückgekoppelt, sondern das Unternehmen wurde auch in der an die Analyse anschließenden Gestaltungsphase weiter begleitet. Auch dieses Vorgehen ist einzuordnen als transdisziplinäre Forschung und Beratung (Modus 2; s. Kapitel 3), die weniger das Wissen in das Feld transferiert, als es vielmehr im und mit dem Feld entwickelt.

Ergebnisoffener Dialog – Arbeitsforschung trifft Unternehmen

Eine ergebnisoffene, partizipative Vorgehensweise im Unternehmen setzt einen ergebnisoffenen Zugang ins Unternehmen voraus. Nicht das Thema des Projekts ist von vordringlichem Interesse, sondern die Offenheit für den Betrieb, also die „Erfolgsgeschichte" als Entwicklung, der aktuelle Stand und die weiteren Ziele. Erst dann können ggf. offene Punkte / Themen / Fragestellungen erörtert werden.

Diese Art des kundenorientierten „Feldzugangs" als eine mögliche Ausprägung anderer Organisationsform von (zukunftsfähiger, anwendungsorientierter) Arbeitsforschung soll deshalb einführend beschrieben werden.

Betriebszugang und Prozessverlauf

Ende 1999 haben die Berliner Verkehrsbetriebe (BVG) AöR ein Tochterunternehmen gegründet, das unter der Marke eines „Virtuellen Betriebshofes"[17] mit einer im Verhältnis zu üblichen Unternehmen des Öffentlichen Personen-Nahverkehrs (ÖPNV) kleinen Verwaltungseinheit Fahrleistungen in Berlin anbietet. Dieses „Erfolgsmodell" agierte sehr zurückhaltend in der (Fach-) Öffentlichkeit; vermutet wurde, dass es für Forschungsfragen[18] wohl nicht zugänglich sei.

Nach verschiedenen Versuchen der Kontaktaufnahme kam im Dezember 2002 ein Gespräch mit dem Arbeitsdirektor der BVG zustande, der einige Hintergründe zur Ausgründung berichtete. Er konnte ein Gespräch des PIZA-Teams mit der Geschäftsführung der Berlin Transport GmbH (BT) vermitteln.

Dieser Termin kam im Frühjahr 2003 zustande und war in seinem Ablauf prägend für die weitere Bearbeitung des Themas „Informelle Kommunikation in virtuellen Unternehmen".

Im April 2003 fand das Erstgespräch mit der Geschäftsführung der Berlin Transport GmbH statt. Anwesend waren die beiden Prokuristen (Leiter Betrieb und Leiter IT/Organisation) sowie der Spartenleiter Bus und der Teamkoordinator.

---

[17] Das Konzept beruht kurz gesagt auf der Tatsache, dass die Tochtergesellschaft keine Infrastruktur besitzt, sondern nur Fahrpersonale, die die Infrastruktur der BVG (Betriebshöfe, Fahrzeuge) nutzen, aber nicht bestimmten Betriebshöfen zugeordnet sind. Die Steuerung der Fahrpersonale erfolgt nicht vor Ort durch Disponenten, sondern ausschließlich durch Telekommunikation (Mobiltelefon).

[18] Eine These im Antrag des PIZA-Projekts war, dass in virtuellen Unternehmen der Aspekt der unmittelbaren – und insbesondere der informellen – (face-to-face) Kommunikation relativ gering ausgeprägt ist. Deshalb sollte untersucht werden, ob/inwieweit dies Auswirkungen auf die funktionalen Abläufe (Kooperation, Schnittstellenmanagement etc.) und das Zugehörigkeitsgefühl (Commitment, Corporate Identity, psychologischer Arbeitsvertrag, Betriebsklima usw.) hat.

Unser Ansatz war, der BT keinen konkreten Vorschlag für die Beteiligung am PIZA-Projekt machen zu wollen, sondern ein ergebnisoffenes Gespräch zu führen; eventuell über eine betriebliche Fallstudie nachzudenken.

Wir haben also zunächst berichtet, wie die BT im Außenfeld wahrgenommen wird und das Interesse bekundet zu erfahren, warum der Betrieb „so gut" ist. Aus den Schilderungen ergab sich ein Gespräch. Nach gut eineinhalb Stunden sprang einer der Prokuristen auf und sagte: „Ich habe um 11:00 Uhr einen Termin – den verschiebe ich jetzt, weil ich das so spannend finde, was wir hier diskutieren."

Weitere 1,5 Stunden später wurde vereinbart, dass PIZA ein Angebot für eine Kommunikationsanalyse unterbreiten solle.

Das im Juni vorgelegte Angebot wurde Ende August mit dem Geschäftsführer besprochen. Zunächst sollte aus betriebsinternen Gründen nur eine Untersuchung der Kommunikation innerhalb der Verwaltung und deren Sicht auf die Fahrpersonale erfolgen. Die Ergebnisse konnten im Dezember der Geschäftsführung und nach Neuwahl des Betriebsrats im März 2004 auch dem BR-Gremium vorgelegt werden.

Unser Vorschlag, erstmalig eine Belegschaftsbefragung mit dem Themenschwerpunkt „Kommunikation im virtuellen Unternehmen" durchzuführen, stieß bei der Geschäftsführung und dem Betriebsrat auf Zustimmung.

Bis zum Sommer wurde in diversen Abstimmungsrunden der Fragebogen mit der Geschäftsleitung und dem Betriebsrat konzipiert und vereinbart. Zur Vorbereitung wurden Betriebsbegehungen mit Fahrbegleitungen in Bus, U-Bahn und Straßenbahn durchgeführt.

Die schriftliche Befragung aller beschäftigten Fahrpersonale fand im Oktober 2004 statt. Die Rücklaufquote betrug 34,2 %. Die Rückmeldungen der Ergebnisse und Diskussionen der Umsetzung fanden von Dezember 2004 bis Februar 2005 statt.

Es hat sich gezeigt, dass eine Verständigung über die Interessen- und Bedarfslage des Unternehmens und ein gemeinsamer Dialog über die Fragestellungen des Betriebes und der Arbeitsforschung dazu führen kann, dass eine sehr breit angelegte Fallstudie durchgeführt werden konnte, die eine bislang nicht erforschte Themenstellung aufgreift. Dies war u. E. nur möglich, weil ein Interessenabgleich zwischen Betrieb (Führung und Betriebsrat) und Forschungsgruppe stattgefunden hat und das Beratungsinteresse des Betriebes durch Berater und Forscher gleichermaßen erfüllt werden konnte, also aus dem Thema ein Beratungs- *und* ein Forschungsthema wurde.

Wissenschaftliche Grundlagen – Was sind virtuelle Unternehmen?

Virtuelle Unternehmen – oder allgemeiner: Organisationen – sind ein Phänomen, dem sich wissenschaftliche Untersuchungen aus verschiedenen Disziplinen nähern. Allerdings gibt es keine einheitliche Definition, sondern nur näherungsweise Beschreibungen, die sich über die Zeit zu einem Sammelbecken von Ansätzen für ein gemeinsames Verständnis in der wissenschaftlichen Literatur verdichtet haben. Einige davon seien hier vorgestellt.

Nach Hofmann gilt die Studie von Davidow und Malone[19] als Auslöser für die wissenschaftliche Diskussion. Sie haben das virtuelle Unternehmen folgendermaßen beschrieben: „Der außenstehende Betrachter sieht ein fast konturloses Gebilde mit durchlässigen und ständig wechselnden Trennlinien zwischen Unternehmung, Lieferanten und Kunden. Von innen ist das Bild weniger formlos. Herkömmliche Arbeitsgruppen, Abteilungen und Unternehmensbereiche reformieren sich ständig nach Bedarf. Aufgaben und Einflussbereiche verschieben sich immer wieder – selbst der Begriff des Mitarbeiters gewinnt eine neue Facette, weil einige Kunden und Lieferanten mehr Zeit im Unternehmen verbringen als manche Betriebsangehörige" (Davidow/Malone 1993, S. 15, zit. nach Hofmann 2002, S. 23). Hofmann erklärt unter Hinweis auf Picot, Reichwald und Wigand (1996), dass „wichtige identitätsbildende Unternehmensmerkmale, wie administrative Grenzen …, finanzielle Grenzen …, soziale Grenzen … und nicht zuletzt physische Standortbeschaffenheiten … in virtuellen Strukturen zunehmend durchlässiger und diffuser (werden)". Diese „Grenzenlosigkeit" sei deshalb der zentrale Definitionsbestandteil virtueller Unternehmen (Hofmann 2002, S. 24).

Die Autorin wie auch viele andere subsummieren spezifische Formen von Unternehmenskooperation oder auch von Unternehmensnetzwerken unter dem Sammelbegriff der virtuellen Unternehmung. „Virtuell ist die Form der Zusammenarbeit, das Projektmanagement, die Kommunikation, jedoch nicht das Unternehmen selbst" (Hofmann 2002, S. 17).

---

[19] The Virtual Corporation: Structuring and Revitalizing the Corporation for the 21st Century (1992, deutsch 1993).

Diese Auffassung mag erklären, warum sich ein neu geschaffener Oberbegriff für alt-bekannte Tatbestände wie Netzwerke, Strategische Allianzen, Cluster oder Joint Ventures zur Verallgemeinerung nutzen lässt. Bokelmann bringt das wie folgt auf den Begriff: „Netzwerke und Kooperationen bedingen virtuelle Arbeit" (Bokelmann 2004, S. 513).

In dieser Richtung definieren auch Sydow und Winand, zunächst auf einer sehr abstrakten Ebene: „Kernidee der Virtualisierung ist, dass ein Objekt nicht physisch, wohl aber in seiner Funktion vorhanden ist. Virtualisierung kennzeichnet also alle Aktivitäten, die zwar definierte Effekte erzielen, dies aber, gegenüber klassischer bzw. traditioneller Art, auf eine ungewöhnliche Weise bewerkstelligen. So wenn Dienstleistungen, die traditionell von einer Unternehmung mit klassischer Rechtsform, Organisations- und Führungsstruktur erbracht werden, jetzt von einem lose gekoppelten, zeitlich befristeten Verbund von Kompetenzträgern angeboten werden. … Die virtuelle Unternehmung ist demnach eine Unternehmung nur ihrer Wirkung nach; tatsächlich handelt es sich bei ihr um ein Projektnetzwerk bzw. dynamisches Netzwerk mehrerer Unternehmungen, die sich auf der Basis interorganisationaler Informationssysteme zum Zwecke der Erstellung einer bestimmten Leistung temporär … zusammenschließen" (Sydow/Winand 1998, S. 18).
Die Autoren setzen den Erfolg in einen engen Zusammenhang mit der extensiven Nutzung elektronischer Medien: In virtuellen Unternehmungen spielt die Informations- und Kommunikationstechnik eine besondere Rolle, ja sie kann sogar „als Triebkraft organisatorischer Unternehmensvernetzung gelten" (ebenda, S. 17 f.).

Picot und Neuburger (2003) konzentrieren sich bei ihrem Definitionsansatz insbesondere auf den marktstrategischen Aspekt: „Virtuelle Unternehmen sind „künstliche" Unternehmen, denen es gelingt, die individuellen Kernkompetenzen verschiedener Unternehmen entlang der Wertschöpfungskette aufgaben- und problemorientiert zu integrieren. Ist die Aufgabe abgewickelt bzw. abgeschlossen, löst sich das virtuelle Unternehmen in der Regel wieder auf" (Picot/Neuburger 2003, S. 169).

In die gleiche Richtung argumentiert auch Heck in seinen „Leitlinien bei virtuellen Kooperationen": „Virtuelle Kooperationen können schnell gegründet und schnell aufgelöst werden. Sie bleiben generell nur so lange bestehen, wie sich die Marktverhältnisse nicht ändern bzw. die komparativen Wettbewerbsvorteile wirksam sind" (Heck 1999, S. 220).

In den Jahren 1999 bis 2004 förderte das BMBF über den Projektträger Arbeitsgestaltung und Dienstleistungen vier Verbundvorhaben mit 18 Teilvorhaben sowie ein Einzelvorhaben (Zühlke-Robinet 2004). In dieser Bilanzierung werden virtuelle Unternehmen „Als-ob-Unternehmen" genannt, „die als eine Form der Neuorganisation der überbetrieblichen Wertschöpfungskette verstanden werden." Sie arbeiten „über räumliche, zeitliche und sachliche Grenzen hinweg zusammen, wobei sie eine enge Arbeitsverflechtung und Arbeitsteilung innerhalb des Kooperationsnetzwerkes anstreben. … Es wird gewöhnlich darauf verzichtet, feste und auf Dauer institutionalisierte Strukturen aufzubauen, da oftmals nur für einen Kundenauftrag virtuell zusammengearbeitet wird. Aus Sicht des Kunden erscheint das virtuelle Unternehmen tatsächlich als existent, intern allerdings basiert es meist auf temporären Beziehungen der zusammen arbeitenden Unternehmen" (a.a.O., S. 11).

Die „Basismerkmale für virtuelle Unternehmen" (Teichmann/Wolf/Albers 2004, S. 88; nach: Zühlke-Robinet 2004, S. 11 f.) lauten zusammengefasst:

- Netzwerk rechtlich und wirtschaftlich selbstständiger Unternehmen
- Zusammenarbeit zeitlich befristet und projektorientiert
- Konzentration der Akteure auf ihre Kernkompetenzen
- Intensive ein- und wechselseitige Leistungsbeziehungen
- Verzicht auf die Institutionalisierung zentraler Managementfunktionen
- Intensive Nutzung moderner Informations- und Kommunikationstechnologien
- Vertragswerke werden oft durch gegenseitiges Vertrauen und lose Übereinkünfte ersetzt
- Die beteiligten Unternehmen treten nach außen einheitlich auf.

In all den vorliegenden Untersuchungen sind Fragen der Interaktion von Unternehmen auf der Ebene von Wissensmanagement, von Unternehmenskultur oder auf der Ebene der Organisation von Projekt-ähnlicher Arbeit das bestimmende Merkmal der Analysen. Durchaus komplementär gibt es noch einige Untersuchungen zur ergonomischen Gestaltung des Informationsflusses in komplexen Systemen (s. z. B. Bubb/Zöllner 2003). Von gravierender Nicht-Präsenz sind hingegen Untersuchungen zur Ausführung von Arbeit in virtuellen Unternehmen – mit eineinhalb Ausnahmen: Tele(heim)arbeit und Arbeit in Call Centern (s. neben einer Vielzahl von einschlägigen Untersuchungen z. B. Klumpp et al. 2003).

Es zeigt sich, dass bezüglich virtueller Arbeit eher wirtschaftliche und ablauforgani-
satorische Aspekte untersucht werden als (emotionale) Beziehungs-Fragen. Wir haben
2001 in der Antragstellung des PIZA-Projekts als Hypothese einen Bedeutungswandel
informeller Strukturen in virtuellen Arbeitsbezügen angenommen: Nicht erst seit der e-
Generation gilt, dass „informelle Systeme ... für das Funktionieren komplexer Organisationen lebenswichtig (sind). Wenn ausschließlich nach Plan gearbeitet würde, brä-
chen die meisten Systeme zusammen". Informelle Systeme verarbeiten „Informationen
parallel", „produzieren gleichzeitig Ergebnisse an vielen Stellen" und „sind ganzheitlich" (Schmidt 1993, S. 72 ff.).

Ähnlich verweist Sennett im Hinblick auf aktuelle wirtschaftliche Entwicklungen auf
die Bedeutung der „sozialen Inklusion" – im Gegensatz zum sozialen Ausschluss –
und konstatiert für die moderne Erwerbsarbeitswelt, dass die soziale Inklusion ge-
schwächt wird, indem „Individuen in ihrem Arbeitsleben die Erfahrung verweigert
wird, anderen wichtig zu sein" (Sennett 2000, S. 432).

Die zu untersuchende Fragestellung lautete einfach formuliert: In vielen hierarchisch
geprägten Unternehmungen funktioniert die Ablauforganisation nicht wegen der klaren Strukturen, sondern wegen funktionierender Kommunikation der Beschäftigten.
Der informellen Kommunikation, der Zusammenarbeit und dem Zusammenhalt in der
Belegschaft kommt dabei eine besondere Rolle zu.

Trotz einer breiten sozialwissenschaftlichen Forschungs- und Management-Beratungs-
literatur seit den Hawthorne-Experimenten in den 30er Jahren schienen uns hier gesicherte wissenschaftliche Ergebnisse noch auszustehen, obwohl sich der Focus auf
informelle (Kommunikations-)Strukturen (siehe z. B. die vielfältigen Analysen über
Beziehung oder Beziehungsverlust bei Teleheimarbeit[20]) als Rückgrat von Organisationen konzentriert hat[21].

---

[20] Untersucht wurden z. B. Fragen der Veränderungen in den Beziehungen der Arbeitnehmer zum
Arbeitgeber aufgrund räumlicher Trennung bei ständiger Teleheimarbeit. Siehe auch die Diskussion
um die „psychologischen Kosten" im Vergleich zu ersparten Raumkosten (Rifkin 2001, S. 115 f.).
Ebenfalls untersucht wurde die Beziehung zu den Arbeitskollegen und -kolleginnen (vgl. Versuche
von Video-Computern durch Olivetti Research Laboratory 1992 (nach Rifkin 2001, S. 116) oder
das Forschungsprojekt der Uni Mannheim 1999. Siehe auch Studien zur Telearbeit im Mittelstand,
Klinge et al. (1999) und Herrmann/Meier (2001).

[21] Vgl. insbesondere die systemisch orientierte St. Gallener Schule (z. B. Gomez/Zimmermann 1992),
die Londoner Tavistock-Schule, das MIT in den USA oder die psychoanalytisch orientierten
Organisationsforscher und -berater um Kets de Vries in Frankreich, Kanada und den USA.

So ist Sydow zuzustimmen, der seine Zwischenbilanz als dringenden Forschungsbedarf formuliert: „Trotz einer fast nicht mehr überschaubaren Vielzahl von theoretischen und empirischen Forschungsarbeiten in den verschiedensten Disziplinen ist die Frage nach den organisatorischen Implikationen der Netzwerkform bislang in einem erstaunlichen Maße unbeantwortet geblieben. Zugespitzt kann man formulieren, dass die auf Interorganisationsbeziehungen konzentrierte Netzwerkforschung in der Vergangenheit die Organisation – und die Arbeit in und zwischen Organisationen … – aus dem Auge verloren hat. Noch nicht wirklich in den Fokus geraten ist im Übrigen auch das die Organisationsgrenzen überspannende Individuum, das mit seinen kognitiven und normativen Orientierungen allenfalls als Manager, Gestalter, Entwickler oder Moderator in die Netzwerkforschung Eingang genommen hat, nicht aber als Arbeiter oder Arbeiterin" (Sydow 2003, S. 107).

Vor dem Hintergrund dieses Standes der (Arbeits-)Forschung ist – vielleicht etwas überspitzt – zu konstatieren, dass sie sich intensiv mit modernen Themen in modernen neuen Tätigkeiten und Branchen beschäftigt hat, aber die zunehmende Virtualisierung in klassischen Branchen nicht ausreichend zur Kenntnis genommen und zum Gegenstand ihrer Untersuchungen gemacht hat.

Die BT Berlin Transport GmbH
Mit der Wiedervereinigung setzte eine sehr weit reichende Re-Organisation und Neustrukturierung des Öffentlichen Personen-Nahverkehrs (ÖPNV) in Berlin ein. Die Zusammenführung der Berliner Verkehrsbetriebe BVG (West) und BVB (Ost) sowie die Übergabe des S-Bahn-Betriebes an die Deutsche Bahn AG führte zu einem Personalabbau von etwa 28.000 Beschäftigten im Jahre 1992 auf knapp 12.000 Beschäftigte im Herbst 2004. Das Sanierungs- und Umsetzungskonzept schloss die Gründung der Fahrdiensttochter BT Berlin Transport GmbH ein.

„Da der Anschein eines Betriebsübergangs nach § 613 a BGB unbedingt zu vermeiden war, kam ein Aufbau der BT durch Umsetzung von ´Know-how-Trägern` aus der Mutter- zur Tochtergesellschaft nicht infrage" (Dubrowsky 2004, S. 7). Eine BT-Tochter durfte kein eigenes Verwaltungspersonal auf den Betriebshöfen haben. Deshalb wurde eine Lösung gefunden, die eine feste Zuordnung von Personal zu Betriebshöfen nicht vorsieht, sondern die Fahrzeuge mietet (Betriebshöfe nur als Abholplätze der Fahrzeuge) und die Einsatzlenkung ausschließlich von einer Zentrale (ohne Aussenstellen) über Kommunikationsmedien durchführt. – Der „virtuelle Betriebshof" war als Idee geboren.

Am 1.12.1999 nahm die BT mit zunächst vier Omnibusfahrern den Betrieb auf. In den ersten Wochen konnten von den mehreren hundert bei der BVG über den Sozialplan ausscheidenden Personen nur 70 als Mitarbeiterinnen und Mitarbeiter gewonnen werden. So wurde Personal auf dem Arbeitsmarkt akquiriert und als Fahrpersonal ausgebildet. Innerhalb des ersten vollen Geschäftsjahres wuchs die Belegschaft auf 694 Beschäftigte; Ende 2004 hatte die BT fast 1.300 Angestellte.

Der Virtuelle Betriebshof im technischen Betrieb

Die ‚automatisierte In-Dienst-Meldung' des ‚Virtuellen Betriebshofes' war schon frühzeitig realisiert. Für die Personaleinsatzplanung musste allerdings schnell ein leistungsstarkes Planungs- und Dispositionssystem gefunden werden. Nach ersten Versuchen mit Fax-Geräten wurden in Zusammenarbeit mit einem Gerätehersteller und Programmierbüros immer bessere Möglichkeiten für eine Mobiltelefon-Lösung geschaffen. Im Mai 2001 wurde mit der Einführung der WAP-Handys ein weiterer Schritt getan. Das Fahrpersonal erhielt nunmehr seine Dienste sowie Informationen über Urlaub oder sonstige Angelegenheiten auf dem Handy (und im Internet) angezeigt. Seit der Umstellung auf JAVA-Technologie im Juni 2004 sind alle Fahrerinformationen als auch Daten zu den Diensten auf den Handys verfügbar und werden laufend über GRPS aktualisiert. Parallel dazu wurde die Personaldisposition und das virtuelle Betriebshofmanagement ständig weiterentwickelt (vgl. Dubrowsky 2004, S. 17).

Die Handys können von den Fahrerinnen und Fahrern über das virtual private network auch für Gespräche mit Kolleginnen und Kollegen genutzt werden. Von dieser Möglichkeit wird intensiv Gebrauch gemacht; im Jahre 2003 wurden etwa durchschnittlich 10 Gespräche pro Tag und Person gezählt, das entspricht mehreren hunderttausend Gesprächen pro Jahr.

Ein Vergleich mit der fast ausschließlich auf Netzwerke oder Kooperationen als Ausprägungsform von virtuellen Organisationen begrenzten arbeitswissenschaftlichen Diskussion lässt sich anhand der „Basismerkmale" (s. o.) vornehmen.
Von den acht Kriterien treffen demnach vier auf die BT zu.
Die Tatsachen, dass sie

- ein real existierendes Unternehmen (kein Netzwerk) in Zusammenarbeit mit der BVG-Mutter ist
- und demzufolge auch ein ausgeprägtes (im Verhältnis zu herkömmlichen ÖPNV-Unternehmen allerdings etwa 50 % kleineres) Management hat,

- die Zusammenarbeit unbefristet ist (aber die Fahrleistungen jährlich, manchmal auch fallweise neu verhandelt werden)

- aber eben vertraglich der Leistungsaustausch vereinbart wird,

spricht u. E. nicht gegen Tatsache, dass wesentliche Teile der Betriebsorganisation virtueller Art sind.

Basismerkmale für virtuelle Unternehmen (Teichmann/Wolf/Albers 2004, S. 88; nach: Zühlke-Robinet 2004, S. 11 f.)		Merkmale der Berlin Transport GmbH [**Übereinstimmungen** im Fettdruck, *Andersartigkeit* kursiv]
Netzwerk rechtlich und wirtschaftlich selbstständiger Unternehmen	-	*Kein Netzwerk, sondern vertragliche Beziehungen zwischen Mutter- und Tochtergesellschaft*
Zusammenarbeit zeitlich befristet und projektorientiert	-	*Zusammenarbeit unbefristet, aber fallweise Verhandlung des Leistungsumfangs*
Konzentration der Akteure auf ihre Kernkompetenzen	+	**Konzentration der BT auf ihre Kernkompetenz „Fahrleistungen"**
Intensive ein- und wechselseitige Leistungsbeziehungen	+	**Leistungsbezieherin ist die Muttergesellschaft Berliner Verkehrsbetriebe**
Verzicht auf die Institutionalisierung zentraler Managementfunktionen	-	*Eigenständiges Management in der BT*
Intensive Nutzung moderner Informations- und Kommunikationstechnologien	++	**Ausgeprägte IT-Nutzung**
Vertragswerke werden oft durch gegenseitiges Vertrauen und lose Übereinkünfte ersetzt	-	*Klare Vertragsregelungen*
Die beteiligten Unternehmen treten nach außen einheitlich auf	+	**Für die Kunden ist die Fahrtätigkeit durch BT-Personal fast nicht erkennbar**

Abbildung 28: Vergleich und Grad der Übereinstimmung der „Basismerkmale für virtuelle Unternehmen" mit der BT Berlin Transport GmbH

Ergebnisse der Kommunikationsanalysen bei der BT

Die Fragestellungen des Betriebes im Einvernehmen mit PIZA richteten sich darauf zu erkunden, ob es durch die Virtualität, also die informationstechnische Mittelbarkeit der Kommunikation, zu positiven oder negativen Ausprägungen im Betriebsablauf kommt. Von besonderem Interesse war die Frage, ob die informelle Kommunikation, das Gespräch zwischen „Tür und Angel", im Pausenraum usw., die als ein wichtiges Element für die Güte des Betriebsklimas angesehen wird, einen angemessenen Raum hat.

Die Geschäftsleitung machte deutlich, dass ihr und der Verwaltung die betriebliche Kommunikation als einer der wichtigsten Erfolgsfaktoren für das Betriebsklima sehr bewusst ist. Zugleich bekundete sie das Interesse an einer näheren Untersuchung von Aspekten der Kommunikationsinhalte, -verläufe und -güte angesichts einer Unternehmenskonsolidierung und vor dem Hintergrund zunehmender Beschäftigtenzahlen eines Unternehmens, das noch keine fünf Jahre bestand.

Ergebnisse der Kommunikationsanalyse im Verwaltungsbereich

- Das Führungsverhalten in der Verwaltung ist durchgängig kommunikativ und kooperativ. Die Kommunikation ist konzentriert auf die Optimierung des Prozesses „Fahren". In der schlanken Organisation der Verwaltung selbst findet eine offene, unmittelbare und direkte Kommunikation aller Beteiligten statt. Die Kommunikation der Verwaltung mit dem Fahrpersonal ist in der Regel technisch vermittelt (Telefon, Handy). Die Beschäftigten bleiben fast immer „unsichtbar"; eine direkte persönliche Kommunikation findet selten statt (Hof-Sprechstunden) oder ist anlassgebunden (Vorfälle).

- Das Führungsverhalten in der Verwaltung fördert durch regelmäßige Kommunikation auf und mit allen Ebenen Eigeninitiative, unterstützt Teamfähigkeit und vermittelt eine Vorstellung vom Unternehmen. Die interne Dienstleistungsorientierung dient der Sicherstellung eines reibungslosen Betriebes (hohe Lösungs- und Entscheidungsorientierung). Die Kommunikation ist gleichwohl problemorientiert – im Bewusstsein, dass einerseits alle auf eine reibungslose Kommunikation angewiesen sind, andererseits die technisch vermittelte Kommunikation auch ihre Grenzen hat (fehlende non-verbale Kommunikation, eingeschränkte Emotionalität).

- Das Unternehmen ist kommunikativ „durchsichtig". Das Handy ist das wichtigste Kommunikationsmittel mit den Fahrerinnen und Fahrern – und die scheinen sich daran gewöhnt zu haben. Die Operative Disposition ist im Betriebsalltag die

Kommunikationsdrehscheibe. Zusätzliche Kommunikationsangebote bestehen durch die Sprechstunden auf den Betriebshöfen und den monatlichen Informationsbericht.

Ergebnisse der Befragung des Fahrpersonals

Von 1.205 angeschriebenen BT-Beschäftigten (nur Fahrpersonal) haben 412 Personen und damit 34,2 % den Fragebogen zurückgesandt. Aufgrund der hohen statistischen Übereinstimmungen mit der Grundgesamtheit in den Variablen Geschlecht, Altersverteilung und Verteilung auf die Verkehrsbereiche kann von einer statistisch gesicherten repräsentativen Stichprobe ausgegangen werden.

Aus den Analysen werden hier nur einige Aspekte herausgegriffen.

Der Virtuelle Betriebshof

Das Konzept des „virtuellen" Betriebshofs ist bei der Mehrheit des Fahrpersonals als BT-Lösung bekannt; lediglich ein Sechstel der Befragten kann mit dem Begriff wenig oder gar nichts verbinden.

- Die höchste Übereinstimmung von „Virtuellem Betriebshof" mit dem BT-Konzept gibt es bei den über 50-jährigen mit 72 %. Die Fahrerinnen und Fahrer unter 30 Jahren haben die geringste Ablehnungsquote, aber auch die geringste Zustimmungsquote zum Virtuellen Betriebshof als BT-Konzept.

- Die Mehrheit der Befragten (54,8 %) hält die Bezeichnung „Virtueller Betriebshof" für richtig; allerdings ist die Zahl derjenigen, die ihn für falsch halten (ein Fünftel) oder die Kategorie „weiß nicht" (ein Viertel) angegeben haben, doch sehr groß.

Dienststeuerung über Handy

Wesentliches prägendes Element des Virtuellen Betriebshofes ist die Dienststeuerung über das Handy. Fast 100 % aller Befragten nutzen das Handy für die Dienstan- und -abmeldung und mehr als 96 % für Gespräche mit der operativen Disposition.

Und von jeweils zwei Dritteln wird das Handy genutzt für Gespräche mit Kolleginnen und Kollegen bzw. mit der Verwaltung.

Betriebskonzept der Zukunft

Die Dienststeuerung über Handy ist aus der Sicht der Fahrpersonale das „Betriebskonzept der Zukunft". Dieser Auffassung stimmen 87 % der Befragten (eher oder voll) zu. Die Zukunft ist allerdings zwiespältig.

- Für knapp die Hälfte der Befragten (49,3 %) ist es ein Konzept der Freiheit und für 35,4 % ein Konzept der Selbstbestimmung.
- Zugleich empfinden es 50 % als Fernsteuerung und fühlen sich 38 % in einem Zustand der technischen Überwachung.
- Die höchste Zustimmung zum Konzept der BT weisen die Altersgruppen der 31- bis 40-jährigen und der über 50-jährigen auf.
- Die Gruppe der 41- bis 50-jährigen erscheint eher „gespalten": Einerseits die geringste Zustimmung zu den Ausprägungen „Freiheit" und „Selbstbestimmung", andererseits die geringste Zustimmung zu den negativen Aspekten „Fernsteuerung" und „Technische Überwachung".

Wir stellen fest, dass die hohe Zustimmung zu der Aussage „Dienststeuerung über Handy ist ein Betriebskonzept der Zukunft" zunächst einmal nur bemerkt, dass die Virtualisierung von Arbeitsbeziehungen künftig (verstärkt) gegeben sein wird – wahrscheinlich auch in vielen anderen vergleichbaren Unternehmen. Der Begriff „Zukunft" hat damit nur eine zeitliche Aussagerichtung und ist wertfrei. Dies zeigt sich deutlich in der Polarität der differenzierten Bewertungen. Jeweils etwa die Hälfte der Befragten verbindet mit der Virtualität den Begriff „Freiheit" einerseits und „technische Überwachung" andererseits. Auch das Begriffspaar „Fernsteuerung" gegenüber „Selbstbestimmung" wird – wenn auch nicht so deutlich ausgeprägt – entsprechend widersprüchlich beurteilt.

Bereitstellung von Informationen über das Handy
Die Bereitstellung von Informationen und Aufgaben über das Handy ist in erster Linie geprägt vom Verkehrsbereich.
- Während der Busbereich vor allem aktuelle Linieninformationen auf den Geräten wünscht,
- möchten die Straßenbahner vor allem Informationen über aktuelle Geschehnisse in der BT erhalten und zu Versammlungen und Sprechstunden über Handy eingeladen werden.
- Die Schichtzeiten der letzten Monate sind vor allem für die U-Bahn interessant.
- Den größten Informationsbedarf haben die Beschäftigten in der Altersgruppe der unter 30-jährigen. Wichtig ist, dass in dieser Gruppe der Wunsch nach persönlicher Ansprache besonders ausgeprägt ist.
- Den im Schnitt niedrigsten Informationsbedarf nennen Personen aus der Gruppe der über 50-jährigen. Sie wollen auch nicht so häufig zu Versammlungen oder

Sprechstunden eingeladen werden und haben kaum Bedarf an persönlicher Ansprache.

Zufriedenheit mit den Serviceleistungen der Verwaltung

Die Zufriedenheit mit den Serviceleistungen der Verwaltung ist überwiegend hoch und erreicht bei der Einschätzung der operativen Disposition einen herausragenden Wert von über 86 %. Als einziger Bereich deutlich negativ schneidet mit einer Zufriedenheitsquote von nur 41 % die Dienstplanung ab.

Zufriedenheit mit der Arbeit

Ein wesentlicher Aspekt der Zufriedenheit mit der Arbeit ist das Verhältnis zu Kollegen/-innen und zu Vorgesetzten.

- Die größte Zufriedenheit in der BT erreicht mit mehr als 96 % das Verhältnis zu den Kolleginnen und Kollegen. Und auch das Verhältnis zu den Vorgesetzten ist mit 81 % sehr positiv.

- Während der Organisationsablauf bei der BT mit 63 % verhaltene Zustimmung erfährt, ist die Dienstplangestaltung mit nur 37 % Zustimmung der auffälligste Kritikpunkt.

- Und schließlich sollte nach Ansicht von mehr als 43 % der Kolleginnen und Kollegen die Wahrnehmung und Anerkennung der BT in der Öffentlichkeit weiter verbessert werden.

- Bis auf die Dienstplangestaltung und die Anerkennung/Wahrnehmung der BT in der Öffentlichkeit liegen alle anderen Fragebereiche zur Arbeitszufriedenheit über dem Mittelwert.

- Die höchsten Zufriedenheiten weisen häufig die über 50-jährigen Beschäftigten auf, während die jüngeren mit den organisatorischen Aspekten eher kritischer umgehen.

Wichtigkeit von Kommunikationsmöglichkeiten nach Technik, Medium und Organisation

Bei einer insgesamt sehr positiven Beurteilung der Kommunikationsbreite und -güte in der BT gibt es doch ausgeprägte „Favoriten", sowohl bei den technischen Kommunikationsmitteln als auch bei den Kommunikationsmedien und der Organisation der Kommunikation.

- Es überrascht nicht, dass das Handy von 91 % der Befragten als das wichtigste *Kommunikationsmittel* angesehen wird. Die „Nachrichten aus der Torstraße" als monatliches Printmedium erreichen mit 86 % eine sehr hohe Wertschätzung.

- Die wichtigste *Kommunikationsart* ist das Gespräch mit den operativen Disponenten, die von 93 % als sehr bzw. eher wichtig genannt wird. Mit einem Anteil von 79 % folgt der Dienstunterricht vor den Ansprechpersonen vor Ort (70 %) und den Hofsprechstunden (67 %).

- Während die älteren Befragten den schriftlichen Unterlagen einen höheren Stellenwert einräumen, setzen die jüngeren vor allem einerseits auf die Technik und zugleich auf direkte persönliche Gespräche.

Der *Ort der Kommunikation* ist unterschiedlich, abhängig von den Verkehren.

Und so ist es nur folgerichtig, wenn die Möglichkeiten, miteinander über betriebliche Angelegenheiten zu sprechen, nach Ansicht der Belegschaft ausgebaut werden sollen.

- Bei der Frage „Sollten die Möglichkeiten, miteinander über betriebliche Angelegenheiten zu sprechen, ausgebaut werden?" befürworten 52 % mehr Erfahrungsaustausch zwischen Geschäftsleitung und Mitarbeitern, 36 % möchten mehr Kleingruppengespräche am Sitz der Verwaltung und 31 % erwarten mehr Betriebsratssprechstunden auf den Betriebshöfen.

Aus unserer Sicht mit die größte überraschende Erkenntnis der gesamten Befragung ist die Tatsache, dass trotz der eher verhaltenen Nutzung der Betriebshofsprechstunden eine große Anzahl der Beschäftigten die persönliche, direkte Kommunikation erwartet bzw. fordert. Dies ist nach Altersgruppen – die Jüngeren mehr als die Älteren – und auch nach Verkehrsbereichen unterschiedlich stark ausgeprägt.

Insbesondere die Erwartung eines aktiven und damit direkten Erfahrungsaustausches zwischen Belegschaft und Geschäftsleitung ist vordringlich genannt worden.

Neben der Intensivierung der Gesprächsangebote, wie z. B. die vermehrten Kleingruppengespräche in der Zentrale und die Präsenz, die der Betriebsrat „vor Ort" leistet, scheint vor allem ein deutlicher Bedarf an kommunikativer Anerkennung und aktiver Gesprächskultur gegeben zu sein.

Wir verweisen in diesem Zusammenhang auf ein Konzept, dass in ÖPNV-Unternehmen entwickelt worden ist und dort zurzeit auch zum Einsatz kommt: das Konzept des „Anerkennenden Erfahrungsaustausches" als ein Instrument des ‚Empowerment' für und durch Führungskräfte (Geißler et al. 2003).

Exkurs: Das Konzept des Anerkennenden Erfahrungsaustausches

Die Weltgesundheitsorganisation erwähnt in der Ottawa-Charta 1986 „Empowerment" als ein Grundprinzip der Gesundheitsförderung. Empowerment wird verstanden als die Befähigung der Menschen, ihre Lebens- und Arbeitsumstände zu erkennen, realistisch einzuschätzen und gestaltend einzugreifen. Führungskräfte beeinflussen die Lebens- und Arbeitsumstände und damit das Befinden der MitarbeiterInnen. „Kooperativ-teilnehmendes Vorgesetztenverhalten" wurde als wesentliche arbeitsbezogene Gesundheitsquelle erkannt[22].

Hier soll der vorrangigen Beschäftigung von Führungskräften mit „Problem- und Krankheitsgeschichten" die systematische Beschäftigung mit Mehrheiten an die Seite gestellt werden: Anerkennender Erfahrungsaustausch mit Gesunden und Gesundeten (ehemalige Langzeit-Erkrankte) unter dem Motto „Von Gesunden und Gesundeten lernen".[23]

Anerkennung ist über das Lob hinaus das ernsthafte Interesse an den Mitarbeitern und Mitarbeiterinnen, deren Leistungen, Einschätzungen und Vorschlägen. Die Strategie ist „erlernbar". Die entstandene Stärken- und Schwächeneinschätzung aus der Sicht von gesunden und gesundeten Beschäftigten wird zu einer wesentlichen, ergänzenden Planungs- und Entscheidungsgrundlage für die operative Führungskraft und das ganze Unternehmen. Die Logik des Modells des Anerkennenden Erfahrungsaustausches zwingt Führungskräfte, sich konkret auf erkannte Stärken des Unternehmens zu konzentrieren, ohne den Abbau von Belastungen zu vernachlässigen.

---

[22] Ein betriebliches Dilemma beschreibt ein Mitarbeiter mit seiner folgenden Kritik: „Ich bin seit zehn Jahren dabei. Ich bewerbe mich jetzt innerbetrieblich, aber ‚die' werden mich nicht kennen, weil – ich war jeden Tag da." Also: die Sichtbarsten fühlen sich ungesehen.

[23] Geißler et al. 2003; siehe auch die Ausführungen zur Salutogenese in Kapitel 5.1 in diesem Buch.

Fehlzeitenverwaltung	⬅➡	Anerkennender Erfahrungsaustausch
Rückkehr- / Fehlzeiten-gespräche (5 bis 15 % der Beschäftigten)	*Gesprächsform / Zielgruppen*	Anerkennungsgespräche mit LeistungsträgerInnen (35 bis 65 % der Beschäftigten)
Alle 2 Wochen ein Gespräch	*Zeitaufwand bei 80 Beschäftigten*	Wöchentlich 2 Gespräche
Schwächenorientierung	*Strategische Orientierung*	Stärkenorientierung
Sehr beschränkt	*Innovationspotenzial*	Hoch
Zeitweise Reduktion der motivationalen Fehlzeiten	*Effizienz des Führungsverhaltens*	Nachhaltige Gesundheits-förderung durch - anerkennende, wertschät-zende Beziehung zwischen Führungskräften und Be-schäftigten - *systematisches* Monitoring der vorhandenen Gesund-heitsquellen der Arbeit - Stärken stärken - Abbau von Belastungen aus Sicht der Mehrheiten
Eher „Problem-Wissen" von Minderheiten	*Lernkultur*	Eher „Stärken-Wissen" von Mehrheiten
Eher von Misstrauen geprägt – „Der Kranke hat Schuld"	*Führungskultur/ Vertrauenskultur*	Wertschätzend, angstfrei und vertrauensvoll, weil Beschäf-tigte als *interne BeraterInnen* der Führungskräfte fungieren

Abbildung 29: Der Anerkennende Erfahrungsaustausch – Das neue Instrument für die Führung. Von der Fehlzeitenverwaltung zum Produktivitätsmanagement (Geißler et al. 2003)

Quintessenzen für die BT

Unter Beachtung der Ergebnisse der qualitativen Kommunikationsanalyse in der Verwaltung ergibt sich ein Bild ausgeprägter Güte der Umsetzung des Konzepts „Virtueller Betriebshof". Insbesondere die Beschäftigten in der Verwaltung, die Geschäftsleitung und der Betriebsrat haben eine hohe Bewusstheit über die besonderen Kommunikationsanforderungen in der virtuellen Unternehmensorganisation.

Während sich in der Verwaltung eine tragfähige Unternehmenskultur mit strukturierter und kooperativer Kommunikation entwickelt hat, ist die Kommunikation zwischen Fahrpersonal und Verwaltung geprägt von einem Auseinanderklaffen von häufigem technisch vermitteltem Kontakt und wenigen direkten Kommunikationsmöglichkeiten.

Die Kommunikation zwischen Fahrpersonal und Verwaltung findet in der Hauptsache über die Dispositionszentrale statt, die rund um die Uhr erreichbar ist. Sie hat sich zur Kommunikationsdrehscheibe zwischen Verwaltung und Fahrpersonal entwickelt.
Die von der Verwaltung selbst ausgelösten Kommunikationen sind in der überwiegenden Mehrzahl problem(lösungs)orientiert und fallbezogen. Dabei entsteht immer dann, wenn das Fahrpersonal und die Vorgesetzen sich an bestimmten Orten treffen, häufig der Eindruck, dass zwar die Kommunikationslücke nun geschlossen ist, man jedoch überwiegend nur Kontakt mit Personen habe, die selber Probleme haben. Dies vermittelt den Beteiligten oft das Gefühl, keine positiven Erlebnisse in der Kommunikation zu haben.

Zugleich zeigt die Häufigkeit von internen Telefonaten, dass es beim Fahrpersonal eine nennenswerte Handy-Kommunikation untereinander gibt, die dem informellen Austausch gewidmet ist.

Die Ergebnisse der qualitativen und quantitativen Kommunikationsanalyse zeigen ein hohes Ausmaß an formeller und informeller Kommunikation. Beide Formen sind notwendige Elemente für die erfolgreiche Umsetzung des Konzepts „Virtueller Betriebshof".
Die vielfältigen Kommunikationsansätze werden von der Belegschaft wahrgenommen. Sie sieht die Stärken, aber auch Schwächen des Unternehmens. Sie identifiziert sich in erstaunlichem Maße mit der BT und möchte, dass die BT sich als Unternehmen weiter entwickelt. Sie möchte aber auch aktiver mit „dem Unternehmen" (Führung, Disposi-

tion, Betriebsrat) und den Kollegen kommunizieren, denn die Kommunikationsangebote haben unterschiedliche Wirkungsgrade.

Die interne Kundenorientierung der Verwaltung wird unterstützt durch betriebliche Hofsprechstunden durch die Teamkoordinatoren. Aufgrund relativ geringer Akzeptanz dieses Angebots war die interne Ausbildung von Fahrmeistern geplant, um den Austausch mit dem Fahrpersonal zu intensivieren und zu verstetigen.
In der schriftlichen Befragung der Fahrpersonale wurde hingegen deutlich, dass gut die Hälfte der Befragten (insbesondere die jüngeren Beschäftigten) einen intensiveren Erfahrungsaustausch mit der Geschäftsführung wünscht.

Überlegt wird, den Einsatz von Fahrmeistern nicht zu forcieren, sondern eine verstärkte Einbeziehung des Fahrpersonals in die Lösung betrieblicher Anforderungen zu erproben. Zu den möglichen Maßnahmen gehört z. B. der zeitlich begrenzte Einsatz von Fahrpersonal in der betrieblichen Disposition und Dienstplanung. Das Konzept des „Anerkennenden Erfahrungsaustausches" wird auf Anwendbarkeit geprüft. (Im Juni 2005 haben zwei Führungskräfte der BT an einem Seminar zum Anerkennenden Erfahrungsaustausch teilgenommen und berichtet, dass mittlerweile erste gezielte Gespräche mit den Gesunden und mit Leistungsträgern stattgefunden haben.)

Quintessenzen des Teilprojekts „Virtueller Betriebshof" für eine zukunftsfähige Arbeitsforschung
Das empirische Teilprojekt von PIZA bei der BT ist in zweierlei Hinsicht möglicherweise Beispiel gebend für Ansätze der Arbeitsforschung.

Dies ist einerseits die Form des Betriebszugangs, der nicht auf der Basis eines vorgefertigten Konzepts (Forschungsfragestellung) stattfand, sondern als ergebnisoffenes Gespräch über die Qualitäten des Betriebes und seines Konzepts.
Die Kommunikationsanalyse und -gestaltung ist ein Beispiel für die Stärke einer ergebnisoffenen, partizipativen Vorgehensweise bezüglich der möglichen Verknüpfung von Forschungsfragestellungen mit betrieblicher Gestaltung.
Die Stärken-orientierte Erhebung und Gestaltung hat dem Unternehmen nicht nur Probleme verdeutlicht und Lösungen entwickelt, sondern auch brachliegende „Kommunikationsschätze" sichtbar und systematischer nutzbar gemacht.

Dabei ist zum Zweiten eine Fülle von empirischem Material gefördert worden, das in seiner Aussagefähigkeit zum real existierenden virtuellen Betrieb neue Ergebnisse und weitere (wissenschaftliche) Fragestellungen eröffnet. Zu den wesentlichen Erkenntnissen zählen:

- Informelle Strukturen entwickeln sich auch in virtuellen Arbeitsbeziehungen und sind – wie auch in herkömmlichen Unternehmen – Struktur bildend für die spezifische Unternehmenskultur.

- Sie entwickeln sich anders, suchen und finden Orte der Kommunikation und nutzen die informationstechnischen Gegebenheiten.

  Und sie sind weiterhin prägend für die Funktionsfähigkeit des Unternehmens. Allerdings hat dieses größere Probleme; wenn (unrichtige) Aussagen (Gerüchte) umlaufen, ist die Zeit bis zur Wahrnehmung länger und sind die Möglichkeiten der schnellen Reaktion / Eindämmung schwieriger.

- Persönlichkeitsförderliche Arbeitsgestaltung gewinnt – möglicherweise auch als „Ersatz" für die Einschränkungen alltäglicher direkter Kommunikation – in virtuellen Arbeitsbezügen eine zusätzliche Bedeutung. Es müssen Formen aktiver Kommunikation gefunden werden, die Aspekte von Anerkennung und Wertschätzung der Beschäftigten zum Ausdruck bringen. Das Besondere, das Mündliche und das Emotionale benötigen einen Entfaltungsraum.

  Mit dem „Anerkennenden Erfahrungsaustausch" gibt es für die Umsetzung erprobte Methoden.

8. Am System orientiert und auch individuell wirksam: Großgruppen-Konferenzen – eine dialogische Methode für Partizipation und Empowerment

Ein Dialog zwischen der Arbeitsforschung und ihren Kunden wird nur dann entstehen, wenn die Beteiligten aus der Forschung und der Praxis voneinander wissen, also Informationen und Fragestellungen von und über den jeweiligen Anderen haben. Eine so entstehende Praxistauglichkeit der Forschung verlangt nach einer deutlichen und konsequenten Kundenorientierung. Notwendig wird der Aufbau einer Kommunikationsstruktur, um nicht nur zu den Informationen zu gelangen, sondern auch um in einen Dialog über gemeinsame Fragestellungen treten zu können.

... Menschen kommen in einen nahezu leeren Raum. Einige vielleicht noch weniger Konferenz versierte Personen schauen sich in der Warteschlange vor dem Begrüssungstisch nach bekannten Gesichtern um. Der Veranstalter begrüßt und händigt die

Arbeitsunterlage aus. Die Teilnehmer sind froh, einen Fahrplan in Händen zu halten. Doch gleich darauf sind sie von der in der Unterlage enthaltenen Zuordnung zu Gesprächskreisen irritiert: „Was, keine freie Sitzwahl? Und dann noch Sitzkreise ohne Tisch zum Ablegen der mitgebrachten Unterlagen." Der Einladungsbrief, der Block mit Stichwörtern und der Kugelschreiber verschwinden wieder in der Aktentasche. Nein, man will nicht der Erste im Sitzkreis sein und geht nochmals in den Pausenraum, dort hat man wenigstens bekannte Gesichter gesehen. ...

Das ist wohl der erste Eindruck, den „Neue" im Vorfeld von Großgruppenkonferenzen erhalten. In dieser Irritation liegt allerdings schon viel Systematik. Es geht darum, Neues zu tun. Es gilt, aus eingefahrenen Denkgewohnheiten auszusteigen.

Im Folgenden wird eine Form des überbetrieblichen Dialogs, die im Forschungsprojekt PIZA als „FORUM" bezeichnet wird, und eine Adaption der Future Search Conference nach Weisbord dargestellt, detailliert beschrieben. Die Leistungen dieser Dialoge werden diskutiert.

Future Search Conference nach Weisbord

Die Future Search Conference (FSC) ist eine von vier bekannten Großgruppen-Methoden, neben Open Space, Real Time Strategic Change und Appreciative Inquiry.

FSC wurde Anfang der 90er Jahre von Marvin R. Weisbord (siehe Weisbord, Janoff 2001) konzipiert und ist mittlerweile weltweit in unterschiedlichen Settings im Einsatz. Die Beispiele umfassen erschwingliches Wohnen in Santa Cruz, Wirtschaftsentwicklung bei den Inuit in Nordamerika, AIDS-Bekämpfung in Bangladesch, effektivere Wirtschaftsplanung in Brasilien über Firmenfusionen in Deutschland, nachhaltige Gemeinden in Großbritannien, Stärkung der Demokratie in Südafrika oder Regionalplanung in Indonesien und Bildungsreform in den USA[24] (Future Search Associates).

Die Themenstellungen für Zukunftskonferenzen sind vielfältig: Future Search kann eingesetzt werden für

- die Entwicklung gemeinsamer Visionen und praktischer Aktionen von verschiedenen Gruppen,

---

[24] Eigene Übersetzung, im Original: „Examples include affordable housing in Santa Cruz, CA, economic development among the Inuit people of North America, AIDS in Bangladesh, more effective business planning in Brazil, business mergers in Germany, sustainable communities in England, strengthening democratic practices in South Africa, regional planning in Indonesia, and education reform across the United States" (Future Search Associates).

- die Erarbeitung eines Planes und die Erreichung einer Zustimmung für die Umsetzung von Visionen oder bestehenden strategischen Entscheidungen,
- das Einleiten schneller Aktivitäten im Rahmen komplexer Aufgaben, die noch nicht koordiniert sind und für die noch keine gemeinsame Vorstellung besteht"[25] (Future Search Associates).

Future Search basiert auf vier Grundprinzipien:
- Das „ganze System" in einen Raum bringen,
- Erkundung der gemeinsamen großen Zusammenhänge („the whole elephant") als Hintergrund für lokale Aktivitäten,
- Konzentration auf Zukunft und Gemeinsamkeiten statt auf Konflikte und Probleme,
- Einladung zur Selbstorganisation und zur persönlichen Verantwortung für Aktivitäten während und nach der Konferenz.

FORUM – das ganze System für einen Tag in einen Raum
Die Veranstaltungsform FORUM haben wir bewusst gewählt. Der lateinische Begriff Forum bedeutet Markt oder Marktplatz. Hier vermischen sich Bedarfe und Lösungen zu Nachfrage und Angebot. Es wird eine spezifische Kooperation eingegangen, ohne die für beide Seiten kein befriedigendes Ergebnis erzielt werden würde. Foren sind im Zeitalter des Internets in aller Munde. Allgemein versteht man unter Forum eine Plattform, einen geeigneten Ort für den Austausch über ein öffentliches Anliegen.
In diesem Sinne sind die Säulen des FORUMs:
- Die (geladenen) TeilnehmerInnen, die das ganze System[26] bzw. einen großen Querschnitt des Systems vertreten. Sie liefern und untersuchen Informationen. Sie arbeiten selbstständig in kleinen Gruppen und planen Ziele und Maßnahmen für das System. In der ersten Phase diskutieren homogene Gruppen (eine Branche, eine Hierarchieebene, eine Berufsgruppe o. ä.). In den Visionsphasen ist die Zusammensetzung jeder Kleingruppe so, dass sie möglichst das gesamte System repräsentiert (maximaler Mix).

---

[25] Eigene Übersetzung, im Original: "Future search can be used to:
- Create a shared vision and practical action plans among diverse parties.
- Devise a plan and gain commitment to implement a vision or strategy that already exists.
- Initiate rapid action on complex issues where no coordinating structure or shared vision exists."
[26] Unter „System" verstehen wir hier das professionelle Umfeld von Betrieben einer Branchenkonstellation. Für den Bereich ambulante Pflege sind das z. B. Krankenhäuser, Krankenkassen, Pflegedienste, niedergelassene Ärzte, Sanitätshäuser, aber auch Berufsgenossenschaft, Behörden etc.

- Der/die ModeratorIn gibt Zeiten und Aufgaben vor, leitet Diskussionen im Plenum und stellt wichtige Themen heraus.
- Die Kooperationsvereinbarung auf diesem Forum umfasst wenige *Regeln*:
  - Alle Wahrnehmungen sind gültig.
  - Differenzen und Probleme werden gewürdigt und erkundet, aber es wird nicht versucht, diese zu bearbeiten oder sich darin zu verheddern.
  - Die FORUM-TeilnehmerInnen bemühen sich, nach Gemeinsamkeiten zu suchen.
  - Alle Informationen werden auf Flipcharts geschrieben.
  - Die Zeiten werden strikt eingehalten.

In unserer Konzeption von „FORUM" beziehen wir uns ausdrücklich auf die Grundstruktur der FSC nach Weisbord, auch was die Größe der Foren (bis 72 Personen) und der Arbeitsgruppen (8 Personen) betrifft. Aufgrund der spezifischen Bedingungen der zeitlichen Verfügbarkeit von MitarbeiterInnen und UnternehmerInnen aus kleinen und mittelgroßen Unternehmen (KMU) haben wir einen Rahmen von 6 bis 7 Stunden (statt 2 – 3 Tagen) gewählt. Diese zeitliche Reduktion auf einen knappen Tag ist notwendigerweise mit inhaltlichen Einschränkungen verbunden.

Somit stellt sich der Vergleich mit dem Originalkonzept folgendermaßen dar.

Thematisch sind immer Fragen der Kooperation zumindest auch beinhaltet, wenn nicht überhaupt selbst das Thema eines FORUMs. Deshalb haben wir die Erkundung der Vergangenheit mit der Gegenwartsfrage verknüpft. Der Diskussions-Weg startet also bei der Untersuchung der Gegenwart aus der Perspektive von homogenen Gruppen. Die VertreterInnen einer Berufsgruppe oder eines Systembereiches schätzen die derzeitigen „Hochs und Tiefs" (Worauf sind wir stolz – und was bedauern wir?) ein und präsentieren die Ergebnisse im Anschluss im Plenum. – Ein gemeinsamer Wissensraum entsteht.

Anschließend, in der zweiten Phase, erstellen alle Teilnehmenden eine gemeinsame Gedankenlandkarte (Mind-Map) zu den erkennbaren Trends und Herausforderungen der Thematik. Diese werden dann von den verschiedenen beteiligten Gruppen (z. B. Betriebe – Intermediäre – Forschung) mit verschiedenfarbigen Punkten bewertet. Damit wird schnell sichtbar, welche Trends und Herausforderungen als wichtig bewertet werden. Im Extremfall gibt es also Trends und Herausforderungen, die mit allen Farben bepunktet wurden und somit auf einen Konsens in der Bewertung hinweisen und solche, die nur von einer Gruppe als wichtig bepunktet wurden und somit auf einen

Dissens hinweisen. Damit werden Gemeinsamkeiten und Differenzen bei den Teilnehmenden, also im System, deutlich.

Originalkonzeption Future Search Conference	Veränderung	„FORUM"-Konzeption im Forschungsprojekt	Form des Dialoges
Aufgabe 1: Vergangenheit: Welt, Selbst, <Thema>	**Aufgaben 1 und 3 sind verknüpft**	Aufgabe 1: Vergangenheit: Stolz und Bedauern für <Thema>	Homogene (Berufs-) Gruppen
Aufgabe 2: Gegenwart: externe Trends zu <Thema>	Gleich	Aufgabe 2: Gegenwart: externe Trends zu <Thema>	Mind-Map im Plenum
Aufgabe 3: Gegenwart: Stolz und Bedauern zu Wir und <Thema>	**Aufgaben 1 und 3 sind verknüpft**	Siehe Aufgabe 1	
Aufgabe 4: Zukunft – gewünschte Visionen		Aufgabe 3: Zukunfts-Visionen	Gruppen mit maximalem Mix
Aufgabe 5: Gemeinsamkeiten herausschälen	**Aufgabe 5 und 6 verknüpft**	Aufgabe 4: Gemeinsamkeiten herausschälen	Gruppen mit maximalem Mix
Aufgabe 6: Maßnahmen planen		• Die drei wichtigsten Gemeinsamkeiten auswählen, wobei die Bearbeitung nicht auf dem Forum erfolgen kann. • Vereinbarungen treffen!	Bewertung durch Punkten im Plenum (3-5 Punkte)

Abbildung 30: Vergleich der Elemente „Future-Search-Conference" mit dem „Zukunfts-FORUM"

In der dritten Phase mischt der/die ModeratorIn die TeilnehmerInnen, sodass jede Kleingruppe das System repräsentiert (maximaler Mix). Hier geht es nun um die Entwicklung von Zukunftsvisionen.

In der vierten Phase durchlaufen die Maßnahmen-Vorschläge einen demokratischen Flaschenhals, indem in den Gruppen bzw. im Plenum darüber ein Konsens hergestellt werden soll, welches die wichtigsten Maßnahmenvorschläge sind. Dafür werden thematische Cluster strukturiert und in eine Prioritätenliste übertragen. Gemeinsam werden abschließend Verabredungen über weitere Schritte, Aktivitäten, Verantwortlichkeiten usw. getroffen.

Im Rahmen des PIZA-Projekts wurden vier FOREN nach diesem Muster durchgeführt.

- Im Bereich der ambulanten Pflege wurde 2003 ein erstes FORUM „Gesunde Beschäftigte und gute Servicequalität" durchgeführt, das sich in regionalen Veranstaltungen fortsetzte
- und zur Ergebnissicherung als Abschluss des Teilprojekts Anfang 2005 erneut stattfand.
- Zudem wurde 2003 das Branchenforum „zukunftsfähiges unternehmen – Perspektiven für Handwerk und Arbeitsforschung" im Zentralverband des Deutschen Handwerks veranstaltet.
- Ende 2004 wurde das Regionalforum „Strategien für eine zukunftsfähige Arbeit – Herausforderungen des demografischen Wandels und zunehmender psychischer Belastungen" in Hamburg ausgerichtet.

Dokumentationen der genannten FOREN sind unter www.piza.org abrufbar.

Stellungnahmen von TeilnehmerInnen an den Foren
Die folgenden Statements verdeutlichen einige persönliche Eindrücke von Teilnehmenden an den ZukunftsFOREN.

Die Interviews zeigen, dass erste Irritationen produktiv im Prozess des Forums bewältigt werden und sich die ursprünglichen Ängste vor der Diskussion mit Nicht-Praktikern, aber auch miteinander, als ungerechtfertigt erwiesen haben.

- „Ich finde es immer gut, wenn ich gleichwertige Gesprächspartner habe. In dieser Runde (homogene Gruppe „Handwerksbetriebe") ist es leicht gewesen. Wenn ich jetzt in der anderen Gruppe gesessen wäre, dann wäre das sehr schwer gewesen."
- „Vorher habe ich ja gesagt, dass ich mir anschauen werde, wie das neue Gespräch (in den Gruppen mit maximalem Mix) läuft. Da war ich etwas skeptisch. Jetzt muss ich sagen: Es ist super gelaufen."
- „Was mir am Besten gefallen hat, waren diese gemixten Diskussionsrunden, weil da doch die Meinungen sehr aufeinander geprallt sind. Man hat auch deutlich

gesagt, wo der Schuh drückt, das hat man heute am Endergebnis gesehen. Aber jetzt muss das umgesetzt werden."

- „Neue Aspekte, auf die man noch nie gekommen wäre. Jetzt nicht nur durch die fremden Professionen, sondern auch durch Leute, die man eigentlich die ganze Zeit betreut, die das aber nie in der eigenen Runde sagen würden, im eigenen Stall, so sagen würden, wie sie das hier sagen."

Diese Hinweise auf die Vielfalt der Personen, Meinungen und Vorschläge, das Erstaunen über die Offenheit und die neuen Erfahrungen selbst mit Personen, die man im eigenen Setting „gut" kennt, machen deutlich, dass sich hier im Prozess des Forums Neues entwickeln kann. Und die Veranstaltungsmethodik fördert den Entwicklungsprozess des Systems.

Das Forum ist ein Ort, an dem Menschen zusammenkommen, die das gemeinsame Thema verbindet. Dies und die Art und Weise der Meinungsbildung kann positiv beeindrucken.

- „Ich hatte nicht erwartet, dass in der Kürze der Zeit über den Austausch so viel zustande kommt. Auch interessant, welche Leute da zusammengekommen sind."
- „Diese Art der Veranstaltung war für mich neu. Das offene Forum mit dem offenen Dialog. Und insofern war ich erstmal ohne Erwartungen hier `reingegangen. Das Ergebnis hätte ich so im Vorfeld nicht erwartet. Aber nichtsdestotrotz hat mich diese Form der Durchführung sehr beeindruckt."
- „Ich erfahre aufgrund der eingesetzten Methoden immer wieder Neues, weil wir uns in solchen breiten personellen Zusammensetzungen entweder nicht mit diesen Themen beschäftigen oder zuwenig Zeit für Visionen haben." (Vertreter eines Pflegeverbandes)

Und dann können auch zusätzliche Effekte eintreten:

- „Normalerweise werden wir als Berufsgenossenschaft zu solchen Pflegeveranstaltungen nicht eingeladen, weil unsere beratenden Angebote nicht bekannt sind und wir immer noch nur als ‚Kontrollorgan' gesehen werden."

Dass eine partizipative Entwicklung gestaltbarer Zukunft keine abgehobene Veranstaltung um ihrer selbst Willen ist, zeigt die Aussage eines externen Beraters, der das 2. Pflegeforum beobachtet hat:

- „Was auch gut war heute – dass es keine euphorische Über-Drüber-Gruppe war, sondern eine recht nüchterne Gruppe, mit spärlich Applaus, und dennoch einer positiven Grundstimmung am Schluss. Kein Anlass zu Euphorie, und ich habe das Gefühl, einen realistischen Prozess erlebt zu haben. Das ist auch neu: keine Rieseneuphorie, sondern eine realistische Hochstimmung."

Methodisches Fazit: FORUM und Future Search Conference (FSC) im Vergleich
Selbstverständlich kann ein FORUM von fünf bis sechs Stunden Dauer nicht dieselbe Reichweite an Ergebnissen bringen, wie eine FSC mit etwa sechzehn Stunden Dauer und zwei Abenden, in denen auch noch „weitergearbeitet" wird, außerhalb des offiziellen Programms, beim Essen, im gemütlichen Beisammensein und in Einzel- und Gruppengesprächen.

Der wichtigste Unterschied besteht unserer Ansicht nach im Bereich der Maßnahmen. Bei FOREN in überschaubaren Settings, z. B. das Pflegeforum in einem Bundesland – oder es könnte auch in einem Landkreis oder einer Stadt oder mehreren Landgemeinden gemacht werden – bestehen meist Strukturen, in denen sich Personen aus Teilen des Gesamt-Systems oder möglicherweise auch des Gesamtsystems regelmäßig treffen. Insofern ist die geringer ausgeprägte Maßnahmenorientierung im Sinne einer Organisation der Umsetzung nicht so entscheidend wie in unüberschaubareren Systemen. Letzteres war das Handwerks-Forum, das natürlich weder die inhaltliche Breite der verschiedenen Gewerke noch die Vielfalt der (handwerksnahen) Forschung und Beratung in ihrer Komplexität als Gesamtsystem abbilden konnte. Das Regionalforum Hamburg, das nachmittags eine nochmals verkürzte FORUMs-Form beinhaltete, machte deutlich, dass bei großer Inhomogenität der TeilnehmerInnen-Zugänge die Fragestellungen möglichst präzise formuliert werden müssen, um die Interpretationsspielräume und die entsprechenden Erwartungshaltungen sinnvoll einzugrenzen.
Insgesamt gibt es in einem FORUM deutlich weniger Zeit für die Diskussion der Umsetzung als in einer FSC.

Unsere Erfahrungen lassen einige Thesen plausibel erscheinen:
- FOREN ermöglichen einen komplexen Erfahrungsaustausch und schaffen neue Sichtweisen, insbesondere auch durch die Kombination homogener und maximal gemixter Gruppengespräche.
- In den homogenen Gruppen (z. B. nur Beschäftigte oder nur Intermediäre) und besonders in den Gruppen mit maximalem Mix werden Dinge ausgesprochen, die bei gleicher Zusammensetzung innerhalb der Herkunfts-Systeme nicht themati-

siert werden (z. B. wegen eingefahrener Sichtweisen) oder werden können (z. B. wegen des Gruppen- und Zeitdrucks).

- Die Konkretheit der Maßnahmen und der Druck auf die Umsetzung sind dann höher, wenn wirklich das gesamte System im Raum ist und es daneben aktive Strukturen mit regelmäßigen (mindestens jährlichen) Treffen gibt, die das Gesamt-System einigermaßen repräsentieren.

Ausblick

Das FORUM ist selbst eine Schnittstelle (Inter-Face) für die partizipative Optimierung von Schnittstellen und Kooperationen und als Empowerment der aktiven Personen eines Systems – beispielsweise eines Unternehmens, eines überbetrieblichen Bereiches, einer Kommune oder einer Region. Oder mit den Worten eines Teilnehmers: „Ich fand die Methode sehr interessant: Wie die Veranstaltung aufgebaut war und wie man mit so viel Leuten zu einem konkreten Ergebnis kommt. Und das finde ich einen sehr interessanten Ansatzpunkt, wo ich mir auch überlege, wie ich das in meiner Organisation umsetzen kann."

Der wesentliche Unterschied des FORUMs zum „Original" der FSC besteht in der auf einen Tag oder sogar nur einige Stunden beschränkten Zeit: Die Teilnehmenden haben nicht die zwei Übernachtungen und die Zeit zum „Sickernlassen" der Eindrücke und Informationen wie auch zum (informellen) Austausch außerhalb der offiziellen Arbeitssitzungen. Gleichzeitig erweitert die zeitliche Beschränkung der FOREN den möglichen Kreis der Teilnehmenden, insbesondere im Hinblick auf klein(st)e Unternehmen bzw. Organisationen.

9.   Mach dir ein Bild von der Arbeitsforschung

Im Rahmen des PIZA-Projektes galt es, nach einem medialen Produkt für den Dialog zwischen den Akteuren in der Arbeitsforschung und der Praxis zu suchen, das diesen mit initiiert und unterstützt. Dieses mediale Produkt sollte nicht nur leicht zugänglich und verfügbar sein, sondern auch ohne großen technischen und organisatorischen Aufwand eine dauerhafte Kommunikationsstruktur für die Arbeitsforschung anbieten und ermöglichen können.

9.1 Bilder der Wissenschaft

Der Wiener Sozialphilosoph Otto Neurath (1882-1945) gilt als ein Pionier der systematischen Informationsvermittlung durch Bildzeichen. Es war sein erklärter pädagogischer Anspruch, mit klaren, grafischen Darstellungen komplexe Sachverhalte wie „Wirtschaft und Gesellschaft" zu vermitteln. Er war davon überzeugt, bildhafte Darstellungen seien zum besseren Erlernen und Verstehen von Zusammenhängen geeignet. Sein Motto „Worte trennen, Bilder verbinden" verdeutlicht diesen Visualisierungsansatz. Und da es ihm auch um die Bildung der Arbeiter und eine Demokratisierung des Wissens ging, perfektionierte er gemeinsam mit dem Düsseldorfer Grafiker Gerd Arntz (1900-1988) diesen Anspruch und schuf die Wiener Methode der Bildstatistik: „Ein Bild, das nach den Regeln der Wiener Methode hergestellt ist, zeigt auf den ersten Blick das Wichtigste am Gegenstand; offensichtliche Unterschiede müssen sofort ins Auge fallen. Auf den zweiten Blick sollte es möglich sein, die wichtigeren Einzelheiten zu sehen und auf den dritten Blick, was es an Einzelheiten sonst noch geben mag. Ein Bild, das beim vierten und fünften Blick noch weitere Informationen gibt, ist, vom Standpunkt der Wiener Schule, als pädagogisch ungeeignet zu verwerfen." (vgl. Hartmann 2005b). Der entscheidende Teil der visionären Gestaltungsleistung von Neurath liegt in der Selektion, Strukturierung und verdichtenden Reduktion von Informationen. Für ihn war es wichtig, Informationen „augengerecht" zu portionieren, um so komplexe Zusammenhänge in Einzelschritten gleichsam filmisch zu montieren.

Bilder bzw. Bilderfolgen bilden die Grundlage für diese Wissensvermittlung und eine optimale Rezeption auf den ersten, zweiten und dritten Blick. Anknüpfend an die enzyklopädischen Darstellungen des noch mittelalterlichen Gesellschaftsstrukturen verhafteten, aber schon die pädagogische Aufklärung einläutenden böhmischen Didaktikers Johann Comensius mit seiner gemalten Welt des „Orbis sensualium pictus" von 1658, schwebte Otto Neurath als Medium seiner Informations- und Wissensvermittlung ein Zivilisationsatlas, „Orbis" (vgl. Hartmann 2005 a) genannt, vor, in dem die Bilder der Welt und der Wissenschaft zum Sprechen gebracht werden sollten.

Ehe jedoch die Bilder der Wissenschaft – in Fortführung dieser didaktisch-historischen Traditionen – zum Sprechen gebracht werden, bedarf es erst der Visualisierung des Wissens. Otto Neurath hat eindrücklich aufgezeigt, dass Wissen immer dann besonders leicht aufzunehmen und zu speichern ist, wenn es mit vorhandenen Informationen, Emotionen und persönlichen Erfahrungen zu verknüpfen ist und sich in bekannte

Ordnungssysteme einfügt. So wird beispielsweise Zeit in Form eines Zeitstrahls, eines Kalenders oder einer Uhr visualisiert oder Zusammenhänge können in Form eines Körpers als Organismus dargestellt werden. Auch schematische Darstellungen von Produktionsanlagen oder Gebäuden zählen dazu.

Solche Ordnungssysteme können auch geografische Darstellungen wie Landkarte, Stadtplan oder Atlas sein. Ein Atlas bietet sich etwa als Projektionsfläche an, die unabhängig von Sprache, Wissensstand und Zielgruppe Orientierung und Anreiz gibt, sowohl Fakten abzurufen oder zu ergänzen, als auch auf imaginäre, assoziative Entdeckungsreisen zu gehen.

Bilder öffnen den „Elfenbeinturm der Wissenschaft" (s. Kapitel 2) hin zu Transparenz und Transfer; sie sind im Sinne von Otto Neurath gleichsam der „iconic turn". Sie beziehen sich jedoch immer auf menschliches Wissen, Vorstellungen, Erfahrungen und Gefühle und deren Umsetzung in Schriften, Zeichen und Abbildungen. Sie sind das, was der Philosoph Peter Sloterdijk für die Kartografie als eine Spezialform von Bildern auf den Punkt gebracht hat: „… Karten sind das Universalinstrument zur Sicherstellung von Entdecktem" (Sloterdijk 2005, S. 159). Neben der Dokumentation des Entdeckten „verbinden Bilder" jedoch auch; sie entfalten einen Dialog mit dem Betrachter (Otto Neurath).[27]

In dieser Tradition versteht sich der Visualisierungsansatz des PIZA-Projektes: Das Entdeckte der Arbeitsforschung für die gesellschaftliche Öffentlichkeit sicherzustellen und den „iconic turn" der Bilder für die Verbesserung der Kommunikationsfähigkeit der Arbeitsforschung zu nutzen.
Dazu galt es eine mediale Form zu finden, in der die „Mobilisierung der Bilder" (F. Hartmann) – auf die Arbeitsforschung übertragen – die Bilder der Wissenschaft in die gesellschaftliche Öffentlichkeit hineinträgt und zum Beginn eines dialogischen Kommunikationsprozesses wird. In diesem Sinn war und ist unser Atlas der Arbeitsforschung unsere Projektionsfläche zu dieser Entdeckungsreise. Wir haben uns für eine Internetplattform als mediales Produkt entschieden, da das Internet sich zu einem be-

---

[27] Gleichsinnig formulieren Klare und v. Swaaij im Vorwort zum Atlas der Erlebniswelten: „Atlanten sind wohl die Bücher, die die Phantasie am stärksten anregen. … In einem Atlas gehen Phantasie und die dargestellte Wirklichkeit Hand in Hand. Reisen, Abenteuer, fremde Gegenden und das stets lockende Unbekannte sind ohne Karten oder Atlas nicht denkbar. Ohne Karte fehlt jeder Bezugspunkt und jede Möglichkeit zur Positionsbestimmung. Ohne ein Dort gibt es kein Hier. Ohne Karte gibt es keine Welt." (Klare/v. Swaaij 2000, S. 5)

stimmenden Informations- und Kommunikationsmedium unserer Gesellschaft zu entwickeln scheint, ja vielleicht sogar schon geworden ist.

9.2. Im Informationsdschungel des Internets

Im Internet finden sich eine Reihe von Informationsangeboten, die eine methodische und/oder inhaltliche Nähe zu unserem Konzept des Atlas` der Arbeitsforschung aufweisen. So führt beispielsweise eine Abfrage der Begriffe „Forschungslandkarte" bzw. „Forschungsatlas" über die Suchmaschine „google" zu mehr als 65.000 bzw. 19.000 Ergebnissen. Die Trefferzahlen vermitteln leicht den Eindruck einer großen Informationsvielfalt; doch die Ergebnisse täuschen. Die überwiegende Mehrzahl der Abfrageergebnisse erweist sich als nicht nutzbar, da die Suchmaschine auf die zum Teil immer gleichen Ausgangsinternetseiten zu den beiden Begriffen führt. Darunter ist dann beispielsweise die Karte der Bundesrepublik Deutschland mit darin verzeichneten Hochschulstandorten eine Forschungslandkarte, wie der unbefangene Internetnutzer feststellen würde.

Eine Entdeckungsreise mit solch einer Forschungslandkarte endet dann doch recht schnell nach einem Klick auf einen Standort beispielsweise mit der Information, wie groß die durchschnittliche Studiendauer im Fach Physik ist oder mit der Angabe von Forschungsschwerpunkten am angeklickten Hochschulstandort. In beiden Fällen führte der erste Blick nicht auf „das Wichtigste am Gegenstand" und eröffnet auf den zweiten Blick nicht die „wichtigeren Einzelheiten" im Sinne von Otto Neurath. Was Physik ist oder welche Ergebnisse die Physik vorzeigen kann, bleibt in dieser „Forschungslandkarte" wie auch bei anderen Ergebnissen der Internetsuchmaschine „google", etwa zur Abfrage „Arbeitsforschung", verborgen. Dies führte uns zu der Frage: Gibt es eventuell doch noch andere mediale Produkte im Internet, die die erfahrene Kontextlosigkeit (vgl. dazu Ruesch/Bateson 1995.) von einfachen Internetsuchmaschinen überwinden und es ermöglichen, sich tatsächlich ein kontextbezogenes Bild, z. B. von der Arbeitsforschung, zu machen?

Um dieser Frage nachgehen zu können, haben wir schließlich 15 Informationsangebote im Internet gefunden und näher analysiert, die wir als thematisch und inhaltlich verwandt mit unserem Ansatz einer Forschungslandkarte innovativer Arbeitsforschung im PIZA-Projekt einschätzten.[28] Wegen ihrer thematisch-inhaltlichen Nähe haben wir zusätzlich die elektronische Publikation „Atlas Innovative Arbeitsgestaltung"[29] und ein Buch[30] in unsere Untersuchung mit einbezogen, da beide regelmäßig als Informationsangebot zum Thema „(Forschungs-) Atlas" im Internet zu finden sind. Bis auf den „Atlas Innovative Arbeitsgestaltung" und den „Atlas der politischen Landschaften" erfüllen alle anderen Informationsangebote die Mindestanforderungen, die an eine Internetplattform zu stellen sind: thematische Festlegung, verschiedene Informationsangebote, Kommunikationsangebote und nachweisbare Wahrnehmung.

Untersucht haben wir diese Informationsangebote nach folgenden Gesichtspunkten:
- Kommunikations- und Interaktionsfunktionen; Einfluss der Nutzenden auf die Inhalte
- Gezielte Erhebung von Frühhinweisen
- Konzeption mit deutlich visualisierenden Elementen
- Darstellung thematischer Zusammenhänge
- Verständlichkeit der Inhalte (gezielte Aufbereitung oder Maßnahmen wie z. B. Rückmeldungen zur Verständlichkeit)
- Komplexe Suchfunktion.

Im Folgenden referieren wir kurz[31] die wesentlichsten und aus unserer Sicht teils kritisch zu bewertenden Merkmale der Informationsangebote, die einer „Forschungslandkarte" in methodischer und inhaltlicher Sicht am nächsten zu kommen scheinen. Die Informationsangebote, die nicht referiert werden, sind so eindeutig in dem Übersichtsschema zu verorten, dass deren Kurzdarstellung hier aus Platzgründen unterbleiben kann. Diese Kurzeinführung in einige Internetauftritte erleichtert die inhaltliche Zuordnung und das Verstehen der verwandten Zeichen (+, - und ~) in der anschließenden tabellarischen Stärken-Schwächen-Darstellung (siehe Seite 133). Dies stellt ganz im Neurathschen Sinn den Kontext für den zweiten Blick dar, der „das Wichtigste am Gegenstand" des ersten Blickes auf das „Bild", die Symbole der Tabelle, hilft besser ein- bzw. zuordnen zu können.

---

[28] Es sind dies: atlas.ti; AuS-innovativ; Bilanzierung Arbeitsgestaltung; Ergo-online; Eternal Egypt; Forschungslandkarte der Hochschulmedizin, GendA-ExpertInnendatenbank; google-news; INQA; Komnet NRW; Pragmagus; Prävention online; Useworld.net; Visual Thesaurus; Wikipedia

[29] „Atlas Innovative Arbeitsgestaltung – Zukunft der Arbeit", 1998 (Version 1.0).

[30] Heiri Leuthold/Michael Hermann: Atlas der politischen Landschaften. Ein weltanschauliches Porträt der Schweiz, Zürich, 2003.

[31] Für weitere Informationen siehe: Endbericht des PIZA-Projektes, Hamburg, 2005.

Beispiele für Informationsangebote zum Thema „Forschungslandkarte"

- **Atlas der politischen Landschaften**

Auf der Grundlage aller eidgenössischen Abstimmungen der letzten zwanzig Jahre definierten die Autoren die Positionen der Schweizer Gemeinden in einem politischen Koordinatensystem und trugen diese in eine Karte ein. Politisch ähnliche Gemeinden rücken in der Darstellung räumlich zusammen, entfernte auseinander. Mit Höhenkurven wird zusätzlich gezeigt, wie die Bevölkerung in der politischen Landschaft verteilt ist. Farben signalisieren die mehrheitlich gesprochene Sprache. So ist in Buchform ein Atlas „politischer Reliefs" der Schweiz entstanden.

- **atlas.ti (Thinksupport)**[32]

Der atlas.ti bezeichnet sich als eine „Wissenswerkbank für die qualitative Analyse größerer Mengen an Text-, Grafik-, Audio und Videodaten. Sie bietet eine Anzahl hoch spezialisierter Werkzeuge für die Bewältigung aller Aufgaben, die beim systematischen Herangehen an weiche Daten, also Materialien, die sich der formalen statistischen Analyse entziehen, anfallen."[33] atlas.ti speichert die genannten Datentypen ab. Nutzende können Teile in diesen Daten markieren und mit anderen Dokumenten in Verbindung setzen. Dies wird in semantischen Netzen mit unterschiedlichen Relationsqualitäten visualisiert, von denen aus wiederum der Zugriff auf die Dokumente möglich ist. Die Software ist keine Internetanwendung, sondern kostenpflichtig und muss auf dem PC installiert sein.

- **Eternal Egypt**[34]

Das in Zusammenarbeit mit der Fa. IBM entwickelte und 2003 veröffentlichte Internetprojekt Eternal Egypt ist eine Internetplattform, die ägyptische Kulturschätze, Orte und Geschichte interaktiv und multimedial anbietet. Der mehrsprachige Auftritt bietet Themenkarten, die die Zusammenhänge zwischen Kulturschätzen zeigen, sowie geografische Karten, die eine entsprechende Verortung der Kulturschätze zeigen. Von einer Tiefenebene (Detaileintrag zu gewähltem Gegenstand) aus lässt sich jeweils zur passenden Themen- oder geographischen Karte wechseln und von dort aus weiternavigieren. Die Internetplattform wird ergänzt durch Zeitleisten zur Geschichte Ägyptens und ein umfangreiches Multimedia-Archiv sowie eine Online-Bibliothek mit Suchfunktion. Eternal Egypt ist jedoch nicht dialogisch orientiert. Alle Inhalte sind aus-

---

[32] Produktbeschreibung auf http://www.atlasti.de/.
[33] a.a.O.
[34] http://www.eternalegypt.org/.

schließlich durch eine Fachredaktion aufbereitet und eingepflegt und in diesem Sinne statisch. Rückmeldungen oder weitergehende dialogische Kommunikationsformen sind, abgesehen von einem allgemeinen Kontaktformular, nicht vorgesehen.

- **Forschungslandkarte der Hochschulmedizin**[35]
Ziel der mit erheblichen Mitteln des BMFT und des Medizinischen Fakultätentages geförderten und vom Institut für Systemtechnik und Innovationsforschung der Fraunhofer-Gesellschaft entwickelten Forschungslandkarte der Hochschulmedizin soll es sein, „zu einer verbesserten Transparenz hinsichtlich der Schwerpunkte und Kapazitäten der Gesundheitsforschung in Deutschland beizutragen". Sie soll „Strukturen, Bedingungen und Ergebnisse der Hochschulmedizin transparent (machen) und (…) damit einen Beitrag zu der Diskussion über sinnvolle und notwendige Anpassungen und Verbesserungen (leisten)." Der seit 2002 angebotene – aber mittlerweile nicht mehr fortgeführte – Internetauftritt hat den Anspruch, Orientierungshilfe und einen leichten Zugang zu den folgenden Bereichen zu geben:

- „Er gibt der Wissenschaft einen leicht zugänglichen Überblick über die Forschung in der Hochschulmedizin.
- Dem wissenschaftlichen Nachwuchs dient die Landkarte als Orientierung für Standortentscheidungen insbesondere nach dem ersten Studienabschluss.
- Der Öffentlichkeit gibt sie einen Einblick in die vielfältigen Forschungsfelder der Medizin an den Universitäten und leistet Orientierungshilfe."[36]

Die Aufgliederung des Internetauftritts in die Bereiche: Gesetzliche Rahmenbedingungen, Überblick über Kenngrößen und Forschungsschwerpunkte, extern und intern finanzierte Forschungsschwerpunkte, Forschungsschwerpunkte nach Stichworten (Allergologie, Anästhesie...), multizentrische Studien, Literatur, Alphabetisches Verzeichnis der Medizinischen Fakultäten ist in einer klassischen, seitlichen Orientierungsleiste wie bei den bekannten Standarddarstellungen eines Internetauftritts dokumentiert.

Bei der „Forschungslandkarte der Hochschulmedizin" handelt es sich um keine Landkarte, sondern allenfalls um eine strukturierte Textsammlung, die über die konventionelle Navigationsleiste zu anklickbaren Links führt. Auf einer vorgeschalteten Begrüssungsseite wird eine Deutschlandkarte mit rot eingezeichneten Punkten von For-

---

[35] Projektbeschreibung auf http://www.isi.fraunhofer.de/p/Projektbeschreibungen/sub-forschungslandkarte.htm.
[36] ebenda

schungsstandorten angezeigt. Diese sind weder anklickbar, noch werden auf der Begrüßungsseite weitergehende Informationen angeboten.

Der angekündigte Überblick über die Forschungs'landschaft' wird nur über wenige Diagramme als grafische Informationsträger unterstützt. Andere visuelle Elemente fehlen vollkommen. Materialien können als pdf-Dokumente über eine einfache Suchmaschine heruntergeladen werden, ohne dass ein Zusammenhang mit der Forschungslandkarte der Hochschulmedizin sichtbar wird. Die Texte sind wegen ihres Umfanges und der umständlichen Handhabung bei der Navigation am Bildschirm schwierig zu lesen. Es wird ein fachwissenschaftlicher Sprachgebrauch ohne besondere Erläuterungen für Laien verwendet, obwohl Laien ausdrücklich als Nutzer angesprochen werden sollen. Auch fehlt eine grundlegende Orientierung über thematische Zusammenhänge der Hochschulmedizin. Der programmatisch angekündigte leicht zugängliche Überblick über die Forschung bleibt für die Forschungslandkarte der Hochschulmedizin ein uneingelöstes Versprechen.

Bei allem Verständnis für immer wieder auftauchende technische Schwierigkeiten bei der Softwareentwicklung für das Internet, einen doch recht kurzen ‚Lebenszyklus' des Mediums und einer durch und durch unkoordinierten, chaotischen und widersprüchlichen Produktentwicklung bleibt bei diesem Internetauftritt ein fader Beigeschmack. Es ist erstaunlich, dass von einer so renommierten Forschungseinrichtung noch nicht einmal der damals übliche ‚state of art' eines Internetkonzeptes umgesetzt worden ist. Warum und wie schließlich aus einem elektronischen Deckblatt mit Deutschlandkarte ein Internetauftritt „Forschungslandkarte der Hochschulmedizin" wird, bleibt vollkommen im Dunkeln.

- **Useworld**[37]
Useworld.net ist ein Themenportal zur Mensch-Maschine-Interaktion. Es wird von den Nutzenden gefüllt, gibt Akteuren die Möglichkeit sich vorzustellen und bietet dialogisch-orientierte Vernetzungstools wie z. B. Newsgroups und eigene Kommentierungsmöglichkeiten. Bewertungen von Informationen durch die Nutzenden können vorgenommen werden, gehen aber nicht weiter in den Kontext des Internetauftritts ein. Sie werden nicht für weitere Informationen genutzt. Zwar können unterschiedliche Informationsangebote hinterlegt werden, von Literatur über Termine, Verlinkungen bis hin zu Stellenanzeigen. Die Plattform leistet jedoch nur eine begrenzte thematische

---

[37] Useworld.net oder: http://www.zmms.tu-berlin.de/.

Orientierungshilfe durch ein hierarchisch bzw. heterarchisch geordnetes Informationsangebot. Sie verzichtet auf Visualisierungen und hat keine Bilder, Zeichen oder Symbole, mit denen Inhalte erschlossen werden könnten.

- **Atlas Innovative Arbeitsgestaltung**[38]

Der als pdf-Datei auf CD vertriebene Atlas "Innovative Arbeitsgestaltung – Zukunft der Arbeit" ist Teil eines Forschungsberichtes. Zunächst einmal ist er kein Atlas, sondern ein konventioneller Forschungsbericht zum Thema „Innovative Arbeitsgestaltung", der die untersuchten Projekte bewertet und diese Bewertung mit Diagrammen und Grafiken illustriert.

Nicht die Untersuchungsmethode und deren bewertende Zuordnungen müssen in diesem Zusammenhang kritisiert werden, sondern der Ansatz, diese Bewertungen in einer beispielsweise als Landkarte „Nachhaltigkeit und Komplexität" bezeichneten Darstellung auszuweisen. So fehlt etwa das für eine Landkarte typische Mindestmerkmal, mehrere Details gleichzeitig auf einer Karte zu verorten und gleichförmigen Objekten (wie etwa Flüssen oder Städten) zuzuordnen. In diesem Fall wäre die vorgenommene tabellarische Visualisierung der 26 untersuchten Projekte anhand der beiden Variablen „Nachhaltigkeit" und „Komplexität" vollkommen ausreichend gewesen. Warum die eigentlich übliche und in diesem Fall angemessene sozialwissenschaftliche Darstellungsmethode einer Kreuztabelle nun mit einer semantischen Arroganz zur Landkarte umgetauft wird, verschweigen die Autoren.

Vollkommen unverständlich und nicht nachvollziehbar bleibt, warum von insgesamt neun Abbildungen dann nur drei Abbildungen Landkarten genannt werden und der Rest weiterhin nur schlicht als Abbildung bezeichnet wird. Diese Diagramme und Grafiken können allenfalls metaphorisch mit dem Begriff Atlas bzw. Landkarten in Verbindung gebracht werden, etwa in einem sehr weiten Sinn von „Verwenden von Diagrammen und Schemata". Auch wenn diese Abbildungen die Sloterdijksche Anforderung einer allgemeinen Definition von Karten im Sinne der „Dokumentation des Entdeckten" erfüllen, darf jedoch angezweifelt werden, ob diese „Dokumentation des Entdeckten" zu einer Reise hin zu den Forschungsergebnissen einlädt, nur weil sie als Atlas ausgegeben werden. Auch bleiben apodiktische und unvermittelte Sätze wie: „Der Atlas beinhaltet die Forschungslandkarten, die hinsichtlich der ermittelten Erfolgsfaktoren einen ‚Lösungsraum' zur innovativen Arbeitsgestaltung anbieten" ein Rätsel, solange unter dem Gliederungspunkt 6.1: Atlas „Innovative Arbeitsgestaltung

---

[38] Landau et al. 2001; der Atlas „Innovative Arbeitsgestaltung – Zukunft der Arbeit" findet sich in Teil 3 unter Pkt. 6.

– Zukunft der Arbeit" dies der einzige Satz ist und man erstaunt ausrufen möchte: „Donnerwetter, das also ist ein Atlas!". Ein Schelm, wer Böses dabei denkt.

Das Informationsdilemma vieler Internetangebote

Zusammenfassend lässt sich sagen: Fast alle untersuchten Angebote sind klassische Datenbankangebote, oft ausschließlich textbasiert und wenig interaktiv. Sie beschränken sich auf reine Datenbankfunktionen und funktionieren monodirektional vom Anbieter zum Nutzer hin. So bleiben sie ein bloßes Informationsmedium und haben den Mangel, die Kommunikation zum Nutzenden oder gar zwischen den Nutzenden nicht zu fördern oder zu unterstützen. Zudem werden die Informationen in der Regel zwar in einen überblickartigen thematischen Zusammenhang gebracht, Hilfen für ein thematisches Weitersuchen werden jedoch nicht angeboten. Die Forschungsergebnisse sind auch nicht didaktisch gesondert aufbereitet und präsentieren sich fast ausschließlich in ihrer wissenschaftlichen Fachsprache. Und wenn Internetinhalte textlich aufbereitet werden, bleibt als Zielgruppe oft die wissenschaftliche Gemeinschaft und nicht diejenigen, denen ihr Forschungsthema gewidmet ist. Als positive Ausnahme sei hier der Internetauftritt „AuS-Innovativ" erwähnt.

Nur einzelne Angebote fragen aktiv ab, ob die Nutzenden selbst die Inhalte als verständlich bewerten. Und so ist es nicht verwunderlich, dass nur etwa ein Drittel der inhaltlich verwandten Angebote allgemeine Interaktionsmöglichkeiten mit den Nutzenden anbietet. Komnet NRW ist in diesem Zusammenhang das Angebot mit dem größten Anteil an interaktiven Elementen. Gleichzeitig ist Komnet das einzig inhaltlich verwandte Angebot, das z. B. über konventionelle Diskussionsforen hinausgeht und geeignet wäre, Frühhinweise zu erheben.

In Bezug auf die Visualisierung wissenschaftlicher Inhalte bzw. thematischer Zusammenhänge[39] ist anzumerken, dass allenfalls der Internetauftritt „Eternal Egypt" hervorzuheben wäre, der textliche Darstellungen mit grafischen und bildlichen Symbolen und Objekten ergänzt. Dort sind schlüssige Visualisierungsansätze thematischer Zusammenhänge erkennbar.

Alles in allem verstärkt sich der Eindruck, dass es sich bei den untersuchten Internetauftritten um „digitale Bleiwüsten" handelt, die nicht so recht wissen, wie sie mit ihrem Informationsangebot einschließlich ihrer Informationsvielfalt umgehen sollen.

---

[39] Wie vorne dargestellt werden wissenschaftliche Standardabbildungen wie Diagramme nicht als besondere Visualisierungsform des Internets eingestuft.

Bedeutsame Komponenten digitaler Medien wie ihre Möglichkeiten der Interaktivität, Individualisierung und dynamischen Veränderbarkeit werden kaum oder gar nicht genutzt. Dies ist jedoch auch ein Problem des (wissenschaftlichen) Selbstverständnisses der Konstrukteure der Internetauftritte.

Stärken und Schwächen ausgewählter Informationsangebote

	Dialog-orien-tierung	Früh-hin-weise	Visuali-sierung	Zusam-menhänge	Verständ-lichkeit	Kom-plexes Suchen
mit Landkarten oder Atlanten verwandte Angebote						
Atlas der politischen Landschaften			+	+	+	
atlas.ti	~	-	+	+	~	+
Eternal Egypt	-	-	+	+	+	+
Forschungslandkarte Hochschulmedizin	-	-	-	-	-	-
Atlas „Innovative Arbeitsgestaltung"		-	-	-	-	
methodisch und/oder thematisch verwandte Angebote						
Google-News	-	-	-	-	-	~
Visual Thesaurus	-	-	+	+	+	+
Useworld.net	~	-	-	+	+	+
Wikipedia	+	-	-	~	+	+
Bilanzierung Arbeitsgestaltung	-	-	-	-	+	+
INQA Beispiele guter Praxis	+	-	-	-	+	+
ErgoOnline	-	-	-	-	+	-
KomNet	+	+	-	+	+	+
Pragmagus	~	-	-	-		-
Prävention Online	-	-	-	-	+	+
AuS-Innovativ	~	~	-	-	+	-
GendA-Expert-Innendatenbank	+	-	-	-	+	+

Abbildung 31: Stärken und Schwächen ausgewählter Informationsangebote

Legende: +: Vorhanden; -: Nicht vorhanden; ~: In Teilen vorhanden;
Kein Zeichen: Fragestellung hier nicht sinnvoll.

Das angedeutete Informationsdilemma der „digitalen Bleiwüsten" im Internet kann dem Umstand zu verdanken sein, dass Informationen zwar technisch abrufbar sind, jedoch oftmals nicht als solche kommunizierbar sind, da dem Internetangebot – obwohl technisch machbar – eine (vollständige) Kommunikationsstruktur fehlt. Der Kommunikationstheorie von Ruesch/Bateson (a.a.O.) zufolge kann das Internet nicht eindeutig den für das Verständnis der Kommunikation wichtigen Kommunikationsebenen der Interpersonalität, der organisierten Gruppennetzwerke sowie den kulturellen Netzwerken zugeordnet werden. Folgen wir dieser kommunikationstheoretischen Interpretation, so ist interessant, dass bei den von uns untersuchten Internetauftritten als einzige Reaktionsform der Kommunikation des Empfängers auf Botschaften der Internetplattformen ein Diskussionsforum vorgesehen ist, meist auch nur in der rationalisierten, standardisierten Form sogenannter FAQs (frequently asked questions). So gesehen entfällt bei diesen Internetplattformen schon von vornherein die direkte Ansprache des Empfängers durch den Sender und damit eine wichtige Voraussetzung für dialogische Kommunikationsformen. Internet-Nutzende haben also geringe Chancen, in „das Wahrnehmungsfeld des anderen" einzutreten. Insofern können FAQs oder ein Diskussionsforum zwar als Informationsquelle, jedoch nicht umstandslos als Kommunikationsquelle verstanden werden. Denn zu Kommunikation gehört immer ein „Austausch von Kommunikation", der in „einer sozialen Situation etabliert (ist)". Es ist also notwendig, dass „die Botschaft des Senders als Kommentar wahrgenommen wird." (Ruesch/Bateson 1995, S. 35)

Der Internetnutzer müsste eine technische Reaktionsform und -möglichkeit zur Kommunikation vorfinden, um die soziale Situation der Botschaften – des Wissens und der Bilder – nicht nur zu verstehen, sondern auch übermitteln bzw. vermitteln zu können. Erst auf dieser Grundlage könnte ein „Austausch von Botschaften" (ebenda)[40] stattfinden.

Insofern haben die Internetauftritte, die eigentlich auf das Visualisierungsmittel Forschungslandkarte gesetzt hatten, in dieser kommunikativen wie dialogischen Grundfunktion versagt. In keinem Internetauftritt ist dem Sender die Möglichkeit gegeben, zu entscheiden, was die Botschaft für den Empfänger bedeutet. Im Ergebnis bleiben Information und Kommunikation entkoppelt oder andersherum: Dadurch, dass durch Internetauftritte keine Kommunikation stattfindet, werden sie zu „digitalen Bleiwüsten".

---

[40] Inwiefern „chatrooms" diese Anforderung erfüllen und stärker Eingang in tatsächlich kommunikative Internetauftritte finden sollten, konnte im Rahmen des PIZA-Projektes nicht untersucht werden.

9.3 Der „Atlas der Arbeitsforschung" – Arbeitsforschung im öffentlichen Dialog

Am Anfang unserer Konzeption, einen Internetauftritt[41] als eine offene, Wissenschaft transportierende Plattform zu installieren, waren die Fragen zu beantworten:

- Wer sind die Beteiligten in dieser Informations- und Kommunikationsstruktur?
- Wie können sie über den Internetauftritt in einen Dialog treten?
- Und wie muss dies bei der Konzeption des Internetauftrittes Berücksichtigung finden?

In der Hauptsache haben wir es bei einem „Atlas der Arbeitsforschung" mit drei Gruppen zu tun: den betrieblichen, den überbetrieblichen und den wissenschaftlichen Akteuren.

Betriebliche Akteure wie z. B. Unternehmensleitungen, Betriebsräte, Fachkräfte für Arbeitssicherheit etc. sollen Gelegenheit haben

- sich schnell und aktuell über Ergebnisse aus Arbeitsforschung und -gestaltung zu informieren,
- in anwendbarer, verständlicher Form Anregungen aus dem breiten Spektrum betrieblicher Gestaltungsmöglichkeiten zu erhalten,
- mit individuellen betrieblichen Problemen und Fragen wahrgenommen und bedient zu werden,
- sich untereinander zu vernetzen,
- eigene Impulse (z. B. durch unbediente Anliegen) in die Forschung Eingang finden zu lassen,
- Arbeitsforschung und -gestaltung als praxistaugliches, unterstützendes – und auch spannendes – Angebot zu erleben.

Überbetriebliche gesellschaftliche Akteure wie z. B. Verbände, Berufsgenossenschaften sowie

wissenschaftliche Akteure sollen Gelegenheit haben

- ihre Projekte öffentlichkeitswirksam an ihre Zielgruppe zu kommunizieren,
- Impulse an die Praxis zu geben,
- Rückmeldungen aus der Praxis zu erhalten, auch und insbesondere zu aktuell entstehenden Gestaltungs- und Forschungsaufgaben und -perspektiven,
- sich zu vernetzen.

---

[41] Die technische und grafische Realisierung war in der Verantwortung der Fa. Syrius GmbH, Düsseldorf.

Diese Überlegungen führten zu einer ersten Konzeption eines Internetauftritts, in der

- dieser kein monodirektionales, textbasiertes Informationsmedium, sondern ein informationsgestütztes, dialogisch arbeitendes Kommunikationsmedium sein sollte, das als eine Art Drehscheibe den Austausch zwischen Akteuren der Arbeitsforschung und -gestaltung mit initiiert und unterstützt,
- thematische Zusammenhänge der viele Fachdisziplinen repräsentierenden Wissenschaftsvielfalt dargestellt werden,
- Informationen sowohl thematisch als auch räumlich visualisiert angeboten,
- offene Fragestellungen und Rückmeldungen der Nutzer dokumentiert und visualisiert werden.

Einige dieser Anforderungen führten bei uns zu der bildlichen Vorstellung, der Internetauftritt müsse eigentlich auch ein Atlas sein. Atlanten als Sammlung von Landkarten begleiten seit dem 16. Jahrhundert verstärkt die Entwicklung des Handels und der Geopolitik. Sie ermöglichten von Anbeginn an einen Blick in „fremde Welten". Der Begriff selbst wird Gerhardus Mercator zugeschrieben, der sich König Atlas von Mauretanien zum Vorbild nahm und dem wiederum folgende Zweckbeschreibung eines Atlas` zugeschrieben worden ist: „Meine Bestimmung ist es also, es diesem Atlas nachzutun, einem in Belesenheit, Menschlichkeit und Weisheit so herausragendem Mann, wie von einem hohen Wachturm aus die Kosmografie zu betrachten, so weit meine Kraft und Fähigkeit es erlauben, um zu sehen, ob ich möglicherweise durch meinen Fleiß einige Wahrheiten in noch unbekannten Dingen finden kann, welche dem Studium der Weisheit dienen könnten."[42]

Der Atlas, ein Informationsmedium für „noch unbekannte Dinge", „um zu sehen"; in dieser ursprünglichen Zweckbeschreibung deuten sich schon zwei wichtige Funktionen an: Wissensvermittlung und Anschaulichkeit. Auch bei dem Atlas der Arbeitsforschung haben wir es mit Wissensvermittlung und Anschaulichkeit zu tun und können diesen Atlas durchaus als eine neue Form der Wissensinszenierung ansehen. Wie die Wissenschaftsgeschichte zeigt, hat sich erst mit der steigenden Informationsflut empirischer Daten im 18. Jahrhundert eine besondere Kartografie[43] herausgebildet, die mit Bildern und besonderen Zeichen versuchte, die wachsenden statistischen Daten zu beherrschen und mit farblich gestalteten Darstellungen zugleich wahrnehmungspsychologische Erkenntnisse berücksichtigte.

---

[42] Siehe Internet-Link: http://de.wikipedia.org/wiki/Gerhard Mercator.
[43] Vgl. insbesondere den Einfluss von William Playfair (1759-1823) und August F. W. Kohm (1753-1833) auf die Kartografie.

Für die Kartografie haben sich folgende Grundprinzipien bei einer Atlaserstellung herausgebildet:

1. die Zahl der Karten, ihre Ordnung und ihr Format;

2. die Vollständigkeit gegenüber der Anzahl von Landflächen, die nicht dargestellt werden und anderen, die ungenügend bearbeitet erscheinen;

3. das Reduktionsverhältnis, wenn gewisse Folgen von Karten (zum Beispiel die Karten der Erdteile, der europäischen Staaten etc.) in gleich großem Maßstab entworfen werden oder, wenn Ausnahmen stattfinden müssen, die verschiedenen Maßstäbe unter sich kommensurabel sind (zum Beispiel 1:1 Mio., 1:2 Mio., 1:4 Mio. etc.);

4. bezüglich des Karteninhaltes, eine zum Raum verhältnismäßige, dem Hauptzweck des Atlas` entsprechende Auswahl der Details und eine den einzelnen Kartenfolgen gleichförmige Bezeichnung der Objekte (Orte, Bahnen, Straßen etc.);

5. die Benutzung disponibler Räume zu Illustrationen (Nebenkärtchen von Hauptstädten, Fabrikbezirken, Pässen etc.), wenn der Maßstab der Karten zu solchen ggf. notwendigen Darstellungen nicht ausreicht;

6. eine möglichst gleichartige technische Ausführung.[44]

Diese Grundelemente kartographischer Atlasgestaltung sind durchaus auf das Konzept des Atlas` der Arbeitsforschung übertragbar. So findet sich beispielsweise das Prinzip der Vollständigkeit bzw. der Abgrenzung von Landflächen, die nicht dargestellt werden und anderen, die ungenügend bearbeitet erscheinen, in unserem Konzept als „weißer Fleck" wieder. Dazu kommt ein weiteres, medial bestimmtes Merkmal: Der Atlas als ein ursprünglich papierenes Produkt wird mit dem Medium Internet zu einem dialogfähigen, interaktiven Atlas, d. h., es können Nutzende und/oder deren Kommunikationsverhalten bzw. Ansprüche an den Atlas mit aufgenommen werden. Der Atlas der Arbeitsforschung ist demnach eine konsequente Weiterentwicklung des Atlasgedankens auf das Medium Internet.

Eine weitere Besonderheit des Atlas` der Arbeitsforschung ist die technische Art der Wissensinszenierung, die er darbietet. Neu ist die Art und Weise, wie die Ergebnisse der Arbeitsforschung dargestellt werden. Der Atlas der Arbeitsforschung ist ein intensiv vernetztes System aus Karten, Daten und anderen Funktionen. Nutzende haben die

---

[44] Vgl. die Zusammenfassung der Merkmale unter: http://de.wikipedia.org/wiki/Atlas_%28Kartografie; Zugriff Nov. 2004.

Wahl zwischen einem karten- und einem Suchmasken-basierten Zugang. Der Zugang über die Karten kann entweder über eine Übersichtslandkarte aller Einträge im Atlas erfolgen oder über Themenkarten. Beide Kartentypen führen zu hinterlegten Projekteinträgen, die die Nutzenden als Tiefenebene aufrufen können. Von einem einzelnen ausgewählten Projekteintrag aus können dann wiederum weitere kontextsensitive Themen- und Landkarten zu genau diesem Projekt aufgerufen werden.

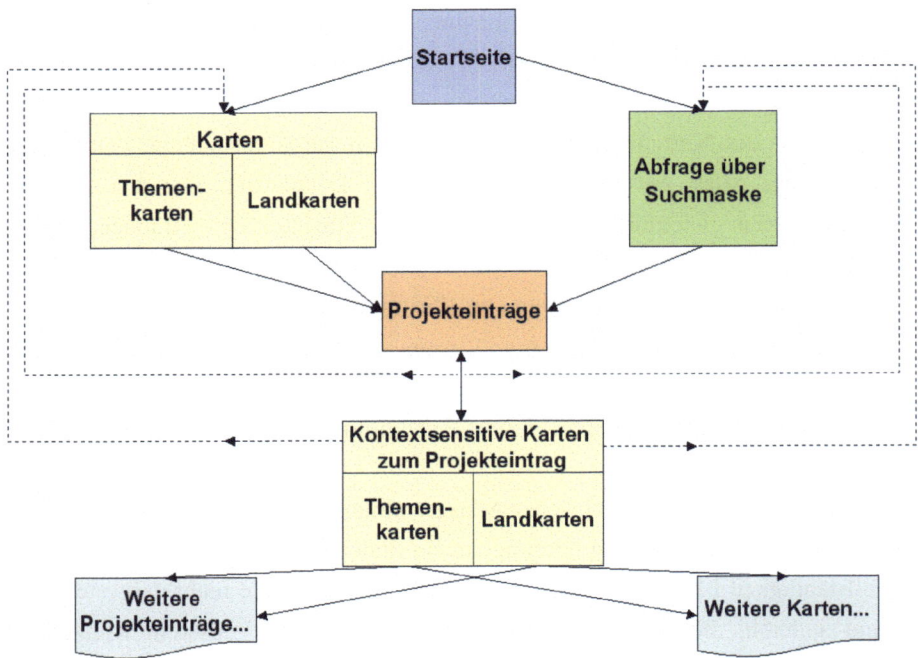

Abbildung 32: Schematische Darstellung der möglichen Navigationswege durch den Atlas der Arbeitsforschung

Zum Beispiel: Nutzende haben den Projekteintrag „Seminare zur Suchtprävention" der Berufsgenossenschaft für Fahrzeughaltungen von der Themenkarte „Betriebliche Gesundheitsförderung" aus gefunden und finden auf dem Projekteintrag nun Links auf weitere Themenkarten wie z. B. die Themenkarte „Führungsverhalten" oder können sich Landkarten mit der geografischen Verortung des Themas „Führungsverhalten" aufrufen.

Alternativ sind die Einträge über eine Suchmaskenabfrage aufzufinden. Die aufgerufenen Einträge bieten wiederum Links auf kontextbezogene Themen- und Landkarten wie beim karten-basierten Zugang auch. Auf diese Weise können die Nutzenden durch

das gesamte eingestellte Material der Arbeitsforschung navigieren, durch die kontextbezogenen Karten weitere Einträge finden und so wiederum neue Kontexte entdecken.
Selbstverständlich kann auch jederzeit wieder „bei Null" begonnen werden durch eine
neue Suchabfrage oder den neuen Start bei einer Übersichtskarte.

Die Atlas-Module

Bei der Konzeption einer Karte, die die Ergebnisse der Arbeitsforschung darstellen
und gleichzeitig Hinweise auf zukunftsfähige und innovative Arbeitsforschung geben
soll, ist die Frage zu stellen, welche Forschungsergebnisse so markant sind, dass sie in
die Arbeitsforschungslandkarte aufgenommen werden.

Eine „Forschungslandkarte" ist – wenn die Analogie zur Kartografie bestehen bleibt –
nichts anderes als ein Medium, das eine gewisse gleichförmige Informationsqualität
über Wissen anbietet. So zeigt beispielsweise eine Landkarte Bodenschätze einer Region oder eines Staates oder auf einer Landkarte wird der Einfluss eines bestimmten
Herrschergeschlechtes in seiner Epoche dargestellt. Übertragen wir dieses Gestal-
tungsprinzip auf eine Landkarte der Arbeitsforschung, so stellen wir schnell fest, dass
eine Landkarte nicht in der Lage ist, alle komplexen Gesichtspunkte der Arbeitsforschung, ihre Bereiche und Schwerpunkte in einer einzigen Karte darzustellen, so dass
eine Landkarte oder eine Themenkarte nicht mehr ist als ein kontextbezogener Ausschnitt zu weiteren kontextbezogenen Karten, die – als Sammlung von Karten – unterschiedliche Schwerpunkte des Atlas` der Arbeitsforschung darstellen. Durch die kon-
textbezogenen Verbindungen der Themenkarten bleibt die kartografische Vorgabe der
Kommensurabilität immer erhalten. Themenkarte und Landkarte können auch als unterschiedliche Startpunkte des Atlas` der Arbeitsforschung begriffen werden, zusätz-
lich zu einem datenbankorientierten Suchmaskenzugriff.

Im Unterschied zum Auswahlprozess in einer strikt kartografischen Vorgehensweise
erfolgt die Auswahl und das Füllen mit Inhalten bei dem Atlas der Arbeitsforschung
im Rahmen unseres dialogorientierten Internetauftrittes nicht vom (kartografischen)
Experten, sondern von den Nutzenden selber. Allerdings sind Themen in Form einer
Themenkarte vorgegeben, die gleichsam eine „Schneise" in das Informationsangebot
der Arbeitsforschung schlagen und als Kommunikationsstütze für den Nutzenden dienen soll. Dadurch wird der Auswahlprozess erleichtert bzw. effektiviert, da so zumindest keine unsinnigen Ergebnisse mit der (herkömmlichen) Suchmaschine produziert
werden. Die thematische Verortung durch die Karten hilft die Informationsflut zu

strukturieren, indem diese den Informationen einen visualisierten Kontext geben. Diese Suche ist als ein offenes System angelegt, ähnlich der Internetplattform Wikipedia.

Themenkarten als „Informationsschneise" der Arbeitsforschung

Themenkarten ermöglichen es den Nutzenden, sich dynamisch durch netzähnlich visualisierte Themenstrukturen der Arbeitsforschung und -gestaltung zu bewegen. Durch die Netzförmigkeit visualisieren die Karten sowohl horizontale als auch vertikale Zusammenhänge und stellen Kontexte her. Die Strukturen bilden auf den oberen Ebenen den Leistungskatalog der Arbeitsforschung nach Luczak/Volpert et al. (1987)[45] ab und sind in den tieferen Ebenen von uns bzw. durch Einträge der Nutzenden zu einer spezifischeren Themenstruktur ausdifferenziert worden.

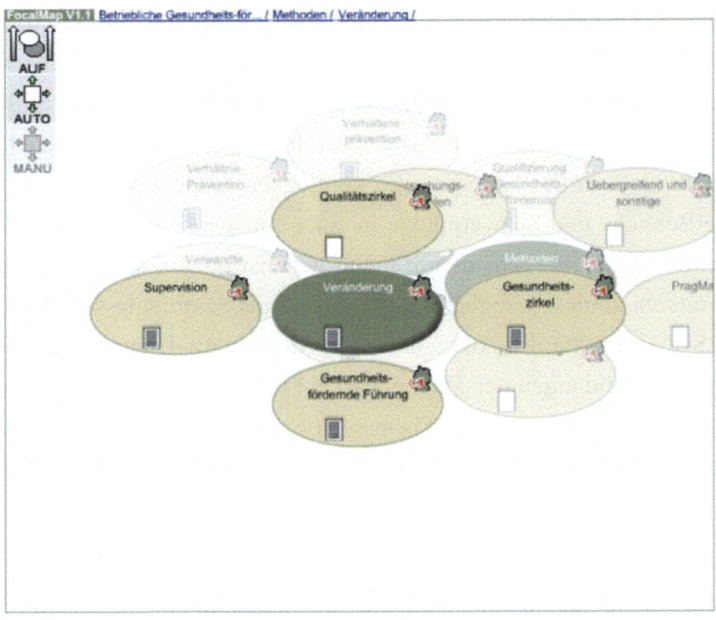

Abbildung 33: Beispiel Themenkarte Betriebliche Gesundheitsförderung beim Themenpunkt „Veränderung"

Die Themenkarten sind direkt aufrufbar; in diesem Fall kann der/die nutzende Person sich durch die Karten bewegen und an für sie oder ihn relevanter Stelle in die Tiefenebene wechseln und eventuell dort einen hinterlegten Eintrag aufrufen (top-down-Nutzung). Diese generieren sich aber auch auf Klick als Kontext zu einem Eintrag durch

---

[45] Für die Arbeitsgestaltung wurde die vereinfachte Form aus Landau 2003 übernommen. Siehe dazu auch Kap. 2.2.2.

bottom-up-Nutzung. Es ist also auch möglich, zu einem durch Datenbankabfrage gefundenen Eintrag zu gelangen und darüber zu – vorher noch nicht bekannten und so auch nicht nachgefragten, aber trotzdem nutzbringenden – Anschlussthemen und -einträgen zu gelangen. Es lassen sich also Zusammenhänge des Themas mit anderen übergeordneten, gleichgeordneten und/oder untergeordneten Themen herstellen; damit wird weniger eine passive Suchorientierung unterstützt, als vielmehr eine aktivierende Findeorientierung.

Aktiv vorgenommene Einträge und Fragen als „weiße Flecken" können die Kartenstrukturen erweitern und ausdifferenzieren. Wir nutzen also die sichtbar gemachte Netzstruktur von Hyper-Text und Hyper-Media, die Navigation durch ein Netz, um die Nutzenden die Themenstrukturen erfahren bzw. er-surfen zu lassen. Navigation wird hier wörtlich als Reise genommen. Die Navigation wird so an sich schon zu einer Erweiterung des Wissensraumes: Ohne ihr Zutun und nebenbei erfahren die Nutzenden Themenstrukturen und ihre jeweiligen Kontexte. Der Kontext erscheint als die Botschaft des Senders und wahrgenommener Kommentar.[46]

Landkarten der Arbeitsforschung
Die geografisch-topografischen Landkarten spiegeln kontextbezogen die Inhalte der Themenkarten. Das bedeutet: sie erstellen sich dynamisch zu dem aktuellen Kontext der Themenkarten, in dem die Nutzenden sich bewegen. Es generieren sich beispielsweise Deutschlandkarten[47], die auf einen Blick einen ersten Eindruck über wissenschaftliche oder praktische Aktivitäten vermitteln. Die Karten

- zeigen die geografische Verteilung von Forschungsaktivitäten und/oder praktischen Gestaltungsprojekten,
- geben einen Eindruck der Intensität, in der das Thema erforscht bzw. gestaltet wird,
- veranschaulichen (durch eine Farbskala) Rückmeldungen der Nutzenden und geben so einen Eindruck der praktischen Anwendbarkeit.

Die Landkarten dokumentieren Grundlagenforschung, anwendungsorientierte Forschung, angewandte Forschung, betriebliche Gestaltungsprojekte und Fragen/weiße Flecke. Die per Klick aufrufbaren, hinterlegten Einzeldokumente eröffnen Möglich-

---

[46] Vgl. Ruesch/Bateson, a.a.O.
[47] Eine Ausbaustufe zu Europakarten ist denkbar und in einem ersten Ansatz für eine Kooperationsbörse in allen Ostsee-Anrainerstaaten realisiert.

keiten zur Vernetzung. Die Landkarten sind individuell einstellbar und interaktiv durch

- Anzeigeoptionen (Zoom, Anzeigeauswahl einzelner oder aller Forschungs- bzw. Gestaltungsebenen),
- einen kontextbezogenen Zuschnitt auf das Thema, das die Nutzenden interessiert.

Die Ergebnisse eines Rankings (siehe Farbsymbolik) sind direkt in die Landkarte integriert. Dies greift auf drei gleichgewichtige Säulen zurück:

1. Nennung von Praxisreferenzen durch den Einpflegenden selbst
2. Zugriffshäufigkeit (= implizite Bewertung der Relevanz im Tun)
3. explizite Abstimmungen.

Das Ranking ist offen für alle Interessierten. Das heißt

- Praktiker und Praktikerinnen der Arbeitsgestaltung können Rückmeldungen zu Forschungsergebnissen geben,
- aber auch Forscher und Forscherinnen geben Rückmeldungen zu Forschung und betrieblichen Gestaltungsprojekten,
- und schließlich Forscher bzw. Forscherinnen und Gestaltende geben sich jeweils untereinander Rückmeldungen.

Für das Ranking gilt das Prinzip „Die Karten ändern sich mit jedem Gebrauch". Wir holen implizite und explizite Rückmeldungen aus Forschung und Praxis ein und integrieren diese in die Karten. Auf diese Weise generiert sich ein Ranking von Forschung und gibt ein Bild der Relevanz und Praktikabilität der Inhalte. Zum ersten Mal werden systematisch Rückmeldungen, auch Rückmeldungen der Praxis, zu Arbeitsforschung und -gestaltung visuell präsentiert und auf einen Blick sichtbar gemacht. Das im Atlas vermittelte Wissen besteht also nicht nur aus Projektergebnissen. Erkenntnisse, die durch die Nutzung des Atlas` hinzugefügt werden, geben dem dargestellten Wissen eine ergänzende Dimension (Akzeptanz in der Szene, Verständlichkeit, etc.).

Eintragungen in den Atlas machen die Angabe von Referenzen notwendig, die in zwei Qualitätsstufen eingeteilt sind:

1. Forschungs- oder Praxisbericht
2. Referenzkontakt aus der Praxis (z. B. Unternehmensleitung, Betriebsrat, Sicherheitsfachkraft, Betriebsarzt)[48].

---

[48] Diese werden als externe „Experten und Expertinnen in eigener Sache" interpretiert.

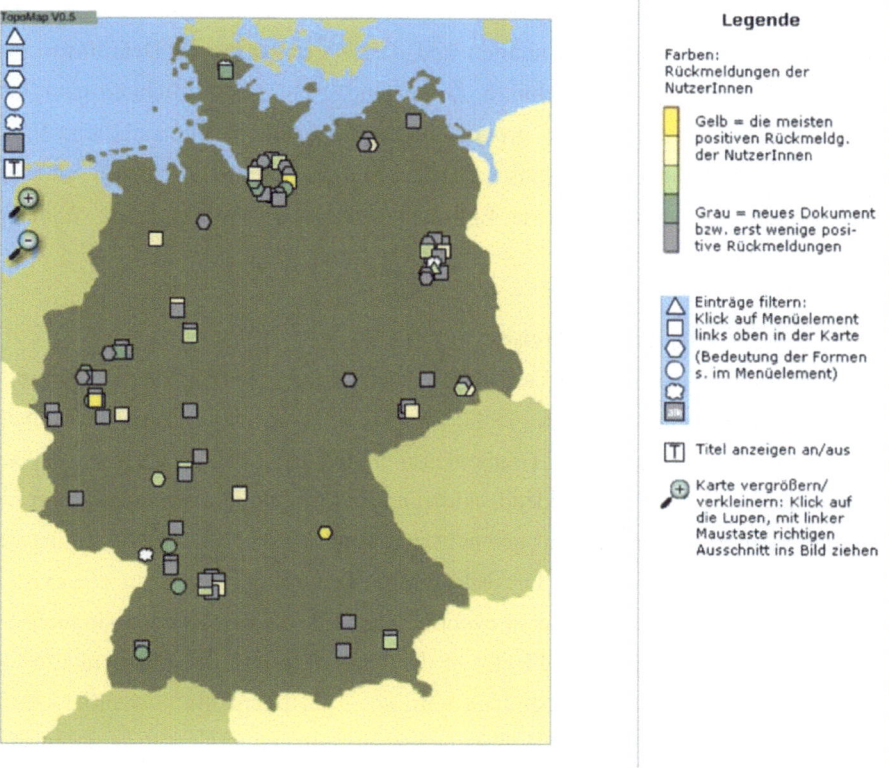

Abbildung 34: Beispiel einer Arbeitsforschungslandkarte (Stand: Nov. 2004)

Ein Forschungsbericht ist obligatorisch und wirkt sich nicht auf das Ranking aus. Der Referenzkontakt ist optional und nicht zwingend erforderlich, er verbessert jedoch die Darstellung in den Karten. Hiervon ausgenommen ist die Ebene der Grundlagenforschung, in der nur Forschungsberichte hochgeladen werden können. Dabei bewertet die Redaktion selbst nicht und lehnt nur offensichtlich unseriöse Beiträge ab.

Zugriffszahlen eines Dokumentes geben Aufschlüsse über die Relevanz eines Themas. Deshalb führen häufige Zugriffe zu einem höheren Wert im Ranking.

Umfragen bei den Nutzenden, z. B. zu Relevanz oder Verständlichkeit gehen zusätzlich in das Ranking mit ein. Die Echtheit der Abstimmungen wird durch eine Registrierung sichergestellt, zu der auch eine gültige Emailadresse des Nutzers erforderlich ist. Gezielte Mehrfachabstimmungen werden so unpraktikabel, weil eine mehrfache Registrierung aufwändig wird und grobe Manipulationsversuche auffallen, etwa sehr viele gleiche Emailadressen unter derselben Domain.

Verschiedene Symbole und Färbungen erleichtern eine schnelle Übersicht über die geografische Verortung von Inhalten und deren Verlinkung zu Detailinfos. Auf der Karte selbst kann durch Ausschnitte, Zoom- und Einblend-Möglichkeit navigiert werden – dadurch bleiben auch große Informationsmengen übersichtlich. Ein Farbspektrum kann eine Bewertungsskala der Einträge darstellen, durch verschiedene Formen können unterschiedliche Eintragstypen (z. B. Projekt, Idee, Widerspruch) symbolisiert werden.

Weiße Flecke oder Frühhinweise

Die Anzahl der Themen- und Landkarten ist (fast) unbegrenzt. Wichtige Impulse können die eingetragenen „weißen Flecke" liefern, z. B. spezielle Fragen, die noch nicht durch eine kontextbezogene Themenkarte abgedeckt sind. Das Nicht-Wissen der Nutzenden wird so strukturbildend: Anliegen und Fragen können eingegeben werden, werden auf den Karten sichtbar gemacht und können von anderen Nutzenden gewichtet oder beantwortet werden. Die Informationsbedarfe schließen an die existierende Themenstruktur an und können so eventuell bedient werden. Können sie nicht bedient werden, dann ist ein „weißer Fleck" in der Landkarte und der Themenkarte identifiziert worden. Das Nicht-Vorhandene wird so – als Leerstelle – sichtbar. Auf diese Weise erheben wir gleichzeitig Frühhinweise auf Forschungs- und Gestaltungsbedarfe. Die Generierung dieser „weißen Flecken" aus dem Kreis der Nutzenden heraus ist dialogisch und partizipativ angelegt. Die Karten stehen als offenes System in einem Prozess der ständigen Weiterentwicklung durch die Nutzenden. Ähnlich wie beim Ranking gilt auch hier das Prinzip: Die Karte entwickelt sich mit ihrem Gebrauch. Der Atlas vermittelt also nicht nur statisches Wissen, sondern macht auch den Bedarf an Wissen sichtbar und unterstützt dessen Artikulation in einem Frühhinweissystem.

Kontextbezogene Themenorientierung

Unser Atlas soll, so hatten wir vorne ausgeführt, Orientierungen über die Themen der Arbeitsforschung und ihre komplexe Verschränkung ermöglichen. Dazu entwickelten wir den bestehenden Leistungskatalog der Arbeitswissenschaft zu einer praxisorientierten Themenstruktur fort. Die ausgestalteten Themenstrukturen der Leistungsbereiche orientieren sich an praktischen Informationsbedürfnissen der Nutzenden. Unterhalb der einleitenden Ebenen können die Nutzenden die Kontextstruktur selbst weiterentwickeln, theoretisch bis in unendlich tiefe Ebenen. Es wird erwartet, dass die Bezüge (Links) zwischen den 17 Karten mit zunehmender Datenfülle so stark zunehmen, dass letztendlich eine „Matrixstruktur" der Arbeitsforschung entsteht.

Durch das dynamische Kartenwerk wird die Arbeitsforschung in ihren vernetzten thematischen Bezügen, ihrer geografischen Verortung und ihrer Interaktion mit der Forschungsszene und der -praxis sichtbar gemacht. Die verschiedenen Formen der Interaktion wie z. B. Abstimmungen eröffnen Kontakte zwischen Akteursgruppen, die sich bisher kaum und wenn, dann nicht gleichberechtigt, begegnet sind. Zusammenfassend heißt das, dass die Hauptleistung des Atlas' der Arbeitsforschung in einer neuen Art der Orientierung über die und der Interaktion und Beteiligung innerhalb der Arbeitsforschung und -gestaltung besteht, die über einen effizienten Informationszugriff deutlich hinausgeht. Er ist eine neue Methode der Wissensinszenierung. Die wesentliche Leistung des Atlas' der Arbeitsforschung besteht in einer Wissensinszenierung durch eine Kombination aus

- Visualisierung (Sichtbarkeit von thematischen Zusammenhängen, Rückmeldungen, geografischer Verortung),
- verschiedenen Formen der Nutzer-Interaktion,
- der strikten Ausrichtung auf den Praxisbezug.

Damit könnte der Atlas der Arbeitsforschung einen Anspruch erfüllen, der in der Managementtheorie an zukunftsfähige Unternehmen gestellt wird, nämlich das Unternehmen als eine lernende Organisation zu begreifen. Vielleicht öffnet der Atlas der Arbeitsforschung den Elfenbeinturm der Arbeitsforschung und kann die Wissensproduktion in unserer Gesellschaft kommunikativer machen.

D Dialoge verändern die Wirklichkeit – Aufgaben der angewandten Arbeitsforschung in der Arbeitsgestaltung

10. Das „Unteilbare": Arbeitsfähigkeit verbessern bzw. erhalten

Vom Individuum ausgehen ...

Das „Unteilbare" verstehen wir im doppelten Sinn:

- Das Individuum, in wörtlicher Übersetzung aus dem Lateinischen „das Unteilbare", ist Ausgangs- und Zielpunkt von und für Arbeitsgestaltung, Organisationsentwicklung und Veränderung im System.
- Unteilbar ist aber auch die Notwendigkeit der Verbesserung bzw. zumindest Erhaltung der Arbeitsfähigkeit.

Letzteres ist gerade angesichts aktueller Debatten um verlängerte Arbeitszeiten, um höhere Flexibilität, um weniger Urlaub für Kranke u. ä. besonders zu betonen.

Traditionelle Arbeitsforschung und (häufig technischer) Arbeitsschutz haben sich mit großen Erfolgen um die Verminderung und Vermeidung der kollektiven Risiken, Gefahren und Probleme der Arbeitsbedingungen gekümmert. Dabei sind aber immer wieder

- das Individuum und
- die Ressourcen und Stärken

in den Hintergrund getreten.

... aber nicht beim Individuum stehen bleiben.

Die Wahl des Individuums als Ausgangs- und Zielpunkt von und für Arbeitsgestaltung und Organisationsentwicklung und Veränderung im System im Rahmen der PIZA-Aktivitäten bedeutet aber keinen neuen Individualismus. Es geht unserer Ansicht nach darum, Individuen ernst zu nehmen, auch in ihren individuellen Unterschieden. Es ist jedoch gleichzeitig notwendig, nicht bei den Individuen (und entsprechenden verhaltensbezogenen Interventionen) stehen zu bleiben, sondern sie auch hinsichtlich der Einflüsse auf und durch die Umwelten – Betrieb, Privatbereich, Freizeit, Ehrenamt und anderes – zu betrachten.

Deshalb setzte das Vorgehen im PIZA-Projekt immer am Individuum an:

- Anhand des ermittelten Arbeitsbewältigungs-Index das Arbeitsbewältigungs-Coaching im Rahmen eines Gesundheitsgespräches (vgl. Kapitel 6.1)
- Durch die persönliche Auswertung des IMPULS-Tests hinsichtlich des Ist-Soll-Vergleiches (vgl. Kapitel 6.2)

© Springer Fachmedien Wiesbaden GmbH, ein Teil von Springer Nature 2006
Arbeit und Zukunft e. V. (Hrsg.), *Dialoge verändern*, Edition KWV,
https://doi.org/10.1007/978-3-658-24718-8_4

- In den ersten beiden Phasen des Hourglass™-Prozesses (vgl. Kapitel 7.1)
- Im Nachdenken über den persönlichen Stolz und das persönliche Bedauern im Hinblick auf vergangene Ereignisse, die in der Vergangenheitsphase der Zukunfts-FOREN thematisiert werden (vgl. Kapitel 8).

Aber alle genannten dialogischen Interventionen gehen über das Individuum hinaus:

- Die Möglichkeiten der Verbesserung oder zumindest Erhaltung der Arbeitsfähigkeit werden auch hinsichtlich der Arbeitsbedingungen, der Qualifizierung und der Unternehmenskultur und -kommunikation diskutiert.
- Die Ergebnisse des IMPULS-Tests werden auf Unternehmensebene zusammengefasst und thematisiert.
- Nach den beiden individuellen Phasen im Hourglass™-Model wird die Organisation auf allen Ebenen schrittweise in den Entwicklungsprozess einbezogen.
- Nach der individuellen Nachdenkphase werden systematisch ein gemeinsamer Wissensraum und eine Vision des Gesamtsystems geschaffen, wobei die Schwerpunkte von Maßnahmen wieder individuell mitbestimmt werden.

Aufgrund unserer vieljährigen Beratungs-, Interventions- und auch Forschungserfahrung sind wir davon überzeugt, dass nachhaltige Veränderungen bei den Individuen beginnen und auch wieder für sie spürbar werden müssen. Dies erfordert, dass Individuen und in der Folge Organisationen und organisationsübergreifende Systeme ihre Kompetenz zur Selbstbeobachtung erhöhen und damit die Voraussetzung von (Selbst-) Veränderung schaffen (können).

10.1 Die Bedeutung der Organisation: Verändern erleichtern durch abgestimmtes Wissen und Handeln

Das Beispiel der individuellen Arbeitsbewältigungsfähigkeit legt nahe, dass Organisationen das Individuum mit ihren/seinen Stärken und Schwächen als ein Potenzial entdecken müssen, das es zu erhalten und zu fördern gilt. Wenn Unternehmen erfolgreich in die Zukunft gehen wollen, müssen entsprechende Prozesse bei Unternehmensführung und Beschäftigten angeregt und unterstützt werden, um dieses Potenzial zu erkennen, zu bewahren und zu fördern. Nur dann kann ein Gleichgewicht zwischen dem Unternehmenswunsch nach guter Produktivität und Qualität der Arbeit und dem Wunsch der Beschäftigten nach guter Arbeits- und Lebensqualität und Wohlbefinden hergestellt werden. Eine menschengerechte Gestaltung von Arbeit geht nur gemeinsam mit den betreffenden Personen als „Experten in eigener Sache". Damit diese ihre individuellen Vorstellungen, ihr Wissen und ihre Emotionalität einbringen können, müssen im Betrieb die Voraussetzungen dafür vorhanden sein.

Für zukunftsfähige Unternehmen ist es darüber hinaus wichtig, den Wirkungszusammenhang zwischen beruflichen Kompetenzentwicklungen und Unternehmensentwicklungen aufzudecken. Auch bei der in Kapitel 7.1 aufgezeigten Organisationsentwicklung mit Hilfe des Hourglass^{TM}-Model war das Individuum Ausgangspunkt für einen Gestaltungsprozess, der dann alle Ebenen der Organisation umfasste. Durch seine partizipative Form ergab sich eine hohe Passgenauigkeit der Gestaltungsmaßnahmen für das Unternehmen und eine hohe Akzeptanz in der Belegschaft, d. h. eine Gestaltung mit nachhaltigen und unmittelbar praktischen Auswirkungen.

Um die Fähigkeit und Bereitschaft zur Selbstorganisation nicht nur von Individuen, sondern auch von Organisationen zu erhöhen, muss erst einmal ihre Kompetenz zur Selbstbeobachtung gefördert werden. PIZA erprobte dazu neben der Hourglass-Organisationsentwicklung mit ihren kollektiven professionellen und hierarchischen Phasen

- den betrieblichen Soll-Ist-Vergleich der elf Dimensionen des Kurzfragebogens zur Arbeitsanalyse (KFZA),
- die Möglichkeit einer Auswertung von Foren auf Organisations-/ Unternehmensebene (gemeinsamer Wissensraum – Lernen im System),
- spezifische Trainings zum „Selbst-Management für Gesundheit und Wohlbefinden bei der Arbeit",
- die Auswertung der Relevanzbeurteilung von Forschung und anderen Ergebnissen auf Organisationsebene (verbesserte Selbstwahrnehmung) und
- die Auswertung und Interpretation von betrieblichen Kommunikationsanalysen.

Die Kommunikationsanalyse und -gestaltung ist ein Beispiel für die Stärke einer ergebnisoffenen, partizipativen Vorgehensweise in unserem Betriebszugang und in der Verknüpfung von Forschungsfragestellungen mit betrieblicher Gestaltung. Für das in Kapitel 7.2 dargestellte Unternehmen, das mit seinem Konzept des „Virtuellen Betriebshofes" neue Formen der Arbeitsorganisation realisiert, war das ergebnisoffene Auftreten unseres Forschungsprojektes ungewohnt. Die Erwartungshaltung, als „Steinbruch" für Forschungsfragen zu dienen, die das Unternehmen selbst als wenig relevant einschätzt, wurde überrascht durch das Angebot, sich forschend und beratend mit den Fragestellungen des Unternehmens selbst auseinanderzusetzen. Sowohl die

Fragestellung als auch die Methodenwahl wurden mit dem Unternehmen in einem dialogischen Prozess abgestimmt. Die Ergebnisse wurden nicht nur rückgekoppelt, sondern das Unternehmen wurde auch in der an die Analyse anschließenden Gestaltungsphase weiter begleitet. Wieder wurde also weniger das Wissen in das Feld transferiert, als es vielmehr im und mit dem Feld entwickelt. Die stärkenorientierte Erhebung und Gestaltung hat dem Unternehmen nicht nur Probleme verdeutlicht und Lösungen entwickelt, sondern auch brachliegende „Kommunikationsschätze" sichtbar und systematischer nutzbar gemacht.

Nun ist im Gegensatz zum Individuum und zum System die Ebene des Unternehmens die gängigste Handlungsebene für Beratung – aber: Unternehmen und Organisationen sind einzigartig. Es gibt keine Patentrezepte. Die Konzeption des einzigartigen Unternehmens verlangt ein unternehmensspezifisches Wissen, also eine Kombination von bestmöglich genutztem, allgemein zugänglichem Wissen und „exklusivem" Wissen (s. Volkholz 2004). Unverzichtbare Leistung, um Einzigartigkeit zu erzeugen, um Veränderungen zu erleichtern, ist die Befähigung zur Selbstbeobachtung, Selbstorganisation und schließlich zur Selbstbefähigung der Organisation.

10.2   Gute Wissenschaft und gute Beratung: Ein Widerspruch?

Die bisherige Debatte über (wissenschaftliche) Betriebsberatung zu Aspekten der Arbeitsgestaltung ist eine Reflexion der Praxis der sozialwissenschaftlichen, vor allem der soziologischen Beratung aus der Sicht der Sozialwissenschaft (vgl. u. a. Forschen – lernen – beraten, 2003). Dabei waren die Untersuchungssubjekte („sozialwissenschaftliche Berater/-innen") im Sinne ihrer primären Tätigkeit praktisch eher Wissenschaftler/innen. Es dürfte also auch kein Zufall sein, dass die Produkte dieser Beratungs-Analysen weniger verkaufbare Beratungsprodukte ergaben, sondern Forschungsvorhaben – also durchaus passend zur Provenienz und zum Kerngeschäft der Untersuchenden und der untersuchten beratenden Wissenschaftler/-innen. Außerdem ist für die sozialwissenschaftliche Debatte auch charakteristisch, dass unter dem Stichwort „Angewandte Sozialwissenschaft" die Abgrenzung von Organisationsberatung und Forschung gesucht wird (vgl. Latniak/Wilkesmann 2005).

Ein weiteres Manko der sozialwissenschaftlichen Beratungsdebatte ist deshalb auch, dass es zwischen den Blöcken Theorie und Praxis primär um Übersetzung, Transfer und vergleichbare Fragestellungen geht, wissenschaftlich fundierte Beratung als eigenständige Dienstleistung aber letztlich keinen Platz hat. Rehfeld hat jüngst diese Einschätzung bestätigt: „Bisher fehlt es noch an einer systematischen Analyse, die den Beratungsvorgang als spezifischen Problemlösungsvorgang konzipiert. Dies setzt voraus, dass die Breite der an der Schnittstelle zwischen Wissenschaft und Praxis angesiedelten Aktivitäten berücksichtigt wird" (Rehfeld 2004, S. 18). Die sechs Dimensionen, die Rehfeld dann zur Systematisierung der Betrachtung der Schnittstelle vorschlägt, folgen jedoch wieder ausschließlich der Logik der Forschung und nicht der Logik einer wissenschaftlich fundierten Beratung als „eigenständige(r) Dienstleistung", wie er es selbst formuliert hat.

Unsere These ist, dass Transferforschung in Standpunkt und Perspektive immer der Logik der Forschung verbunden war und deshalb die spezifische Dienstleistung von Beratung und deren eigenständigen Leistungen, die über Übersetzung und Umsetzung hinausgehen, systematisch versäumt hat.

Mögliche Anregungen bieten die aktuellen Aktionsforschungs- und Partizipationsdebatten, wie sie vor allem in Concepts and Transformation (CAT)[49] seit Mitte der 90er-Jahre geführt und vor allem in Skandinavien nach wie vor praktiziert werden. Fricke konstatiert, „dass dort, wo die hierarchische Trennung von Theorie und Praxis zugunsten gleichberechtigter Zusammenarbeit mit Praxisakteuren aufgehoben ist, ein separates Umsetzungsproblem nicht mehr entsteht" (Fricke 2003, S. 165).

10.2.1 Überlegungen zur transdisziplinären Beratung

Das PIZA-Projekt war in seiner Zusammensetzung der Beteiligten im Unterschied zu den meisten universitären Projekten nicht disziplinär wissenschaftlich, sondern von wissenschaftlich unterschiedlich sozialisierten Beratern und Beraterinnen aus Medizin, Soziologie, Arbeitswissenschaft, Arbeits- und Sozialpsychologie, Betriebswirtschaft, Politologie, Literatur- und Sprachwissenschaft getragen. Deshalb haben wir uns folgende beratungsorientierte Fragen gestellt:

- Gibt es zwischen „Wissenschaft" und „Praxis" intermediäre Zonen, „mit echten Zwischengängern, die keinem der beiden ‚Systeme' – weder Wissenschaft noch Praxis, um in dem geläufigen Kürzel zu sprechen – angehören, aber doch in beiden zu Hause sind" (Joerges/Potthast 2002, S. 4)?

---

[49] Seit 2005 neu als International Journal of Action Research, München

- Wenn ja, wie könnten eigenständige (Dienst-)Leistungen wissenschaftlich sozialisierter Beratung beschrieben werden, die zwar weder zur „Wissenschaft" noch zur „Praxis" gehören, aber doch „in beiden zu Hause" sind (ob in einer Zweitwohnung oder einer Ferienwohnung, sei noch dahingestellt)?

- Wenn es sinnvolle Unterscheidungen für die und Unterschiede in den Leistungen von Wissenschaft und Beratung für die Praxis gibt, also nicht nur einen schnöden Kampf um Marktanteile, sondern tatsächlich unterschiedliche Märkte, wie sehen Kooperationsbeziehungen aus und worin liegen win-win-Chancen?

- Wenn es eigenständige Leistungen gibt, wie sieht dann unter dem Aspekt der Transdisziplinarität (siehe dazu vor allem das Kapitel 2.1) das Zusammenwirken von Wissenschaft, wissenschaftlich fundierter Beratung und Praxis aus?

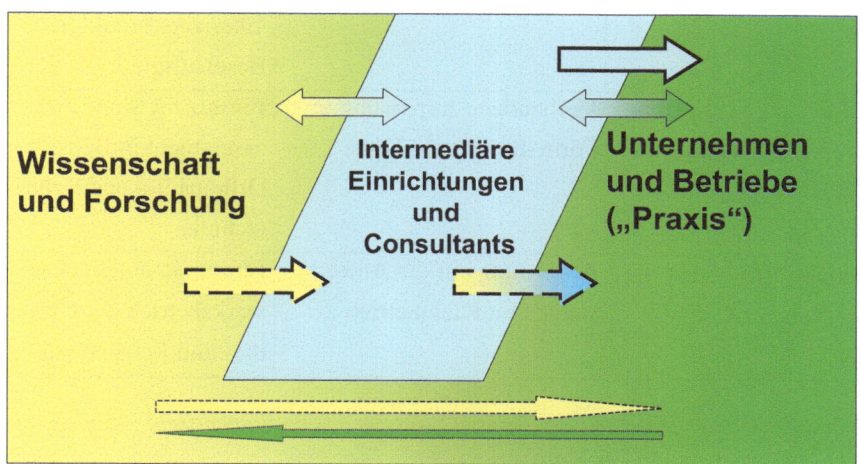

Abbildung 35: Wechselbeziehungen zwischen Forschung – Intermediären und Beratenden – betrieblicher Praxis

10.2.2 Die Beziehungen der Beratung zur Forschung und zur Praxis im PIZA-Projekt

Das Verhältnis zwischen Forschung, Betratung und betrieblicher Praxis ist durch verschiedene mögliche Aufgabenverteilungen charakterisiert. Wir haben vier Ausprägungen als mögliche Formen der Organisation zukunftsfähiger Arbeitsforschung erprobt:

- Anwendung vorhandener Forschungsergebnisse durch Rezeption und ggf. feldspezifische Anpassung (A)

- Forschungsbedarf wird durch Beratung artikuliert (B)

- Forschungsbedarf wird durch die betriebliche/organisatorische Praxis (ggf. vermittelt über Beratung) artikuliert (C)
- Gestaltungs-/Lösungsbedarf wird durch Beratung geleistet (D).

A) Vorhandene Forschungsergebnisse werden umgesetzt

Forschungsleistung vorhanden →	→ Rezeption & Bearbeitung	→ Einsatz
Arbeitsbewältigungs-Index – ABI (Tuomi, Ilmarinen et al. 2001)	Feldspezifische Erweiterung in Abstimmung mit J. Ilmarinen durch PIZA	Einsatz in der ambulanten Pflege
Analyse von Regulations-hindernissen in der Arbeit (Büssing / Glaser 1999)	Anpassung durch PIZA im Projekt	Einsatz in der ambulanten Pflege mit Überlegungen zur Erweiterung als self-assessment-tool für Beschäftigte
Kurzfragebogen zur sub-jektiven Arbeitsanalyse – KFZA (Prümper et al. 1995)	Vorhandene Anpassung in Form des Impuls-Test	Einsatz im Sinne eines self-assessment in Betrieben der Orthopädie- und Reha-technik
Hourglass™-Model (Johansson 2004)	Anpassung auf die Anforde-rungen im Kleinbetrieb	Einsatz in einem Hand-werksbetrieb der Orthopä-die- und Rehatechnik

Abbildung 36: Üblicher Verlauf des Transfers von Forschungsergebnissen; Beispiele aus dem PIZA-Projekt

In diesem aus Beratungssicht „klassischen" Kreislauf werden Forschungsergebnisse übertragen und angepasst (dabei aber möglicherweise aus Sicht der Wissenschaft „verwässert"). Zum Teil können sich dann eigene Beratungsleistungen, vor allem Trainings für self-assessments entwickeln. Gleichzeitig haben sich nach dem Einsatz des angepassten Hourglass™-Model durch die Kooperation mit dem Entwickler Ansätze für weitere Forschungsfragen ergeben (siehe C).

B) Beratung formuliert einen Forschungsbedarf

↓ Forschungsleistung ➔	← Forschungsbedarf ➔ Bearbeitung (ggf. praxisgerechte Anpassung)	*Ohne Praxis-Artikulation* ➔Einsatz
Forschungsfrage zum ABI über den Einsatz von unterschiedlichen Varianten und bzgl. nicht-medizinischer InterviewerInnen. Supervision durch den Modell-Entwickler		in Unternehmen der ambulanten Pflege
Stärken-Schwäche –Analyse vorhandener Internetplattformen, NutzerInnen-Partizipation führte (andere Projekte) zu neuen Forschungsfragen.		Atlas der Arbeitsforschung und –gestaltung
Anpassung des Hourglass™ Models (Johansson 2004) für Kleinst- Unternehmen. Erprobung führt zu neuen Forschungsfragen, die mit dem wissenschaftlichen Entwickler in der Supervision diskutiert wurden. Diese führten zur Weiterentwicklung des Instruments in Schweden (IT-gestützte Anwendung).		in Betrieben der Orthopädie- und Rehatechnik

Abbildung 37: Entwicklung von Forschungsaufgaben aus einer Beratungsleistung; Beispiele aus dem PIZA-Projekt

In allen drei Fällen ergaben sich Forschungsbedarfe aus Sicht der Beratenden, ohne dass „die Praxis" diese Bedarfe benannt hätte. Gleichwohl wurden die zu erwartenden Forschungsleistungen wieder bearbeitet und angepasst und dann im Feld eingesetzt, wenn es im bzw. dem Feld sinnvoll erscheint.

C) Forschungsbedarf der Praxis wird vermittelt durch Beratung

Die systemischen Interventionen des PIZA-Projektes führten u. a. zu der Erkenntnis, dass es untersuchenswert wäre, warum die niedergelassenen Ärzte sich häufig aus dem System der ambulanten Pflege ausklinken und offensichtlich keine Synergieeffekte in einer guten Kooperation mit den Pflegediensten sehen. Gleichzeitig gibt es sehr wenige kooperative Ärztinnen und Ärzte, deren Kooperationsmotivation im Sinne Modelle guter Praxis zu untersuchen wäre.

	Gestaltungslösung nicht vorhanden ← Forschungsbedarf durch Praxis → Bearbeitung	← Praxisbedarf → Einsatz
↓ Forschungsleistung →		
	Forschungsbedarf: Einstellungen und Chancen von Einstellungsänderungen und Models of Good Practice erheben	Pflege: Niedergelassene Ärzte beteiligen sich nicht / zuwenig aktiv im System der ambulanten Pflege
Qualitative Untersuchung bei niedergelassenen Ärzten (Antrag bei XY-Stiftung und bei einem Landesministerium)		Einsatz nicht realisiert; Projekt nicht bewilligt

Abbildung 38: Entwicklung von Forschungsaufgaben aus Anforderungen der betrieblichen Praxis; Beispiele aus dem PIZA-Projekt

D) Praxis-Bedarf wird ohne Forschung abgedeckt

Ohne neue Forschung	Beratungsleistung möglich (ggf. aufgrund vorhandener Forschungsergebnisse) Beratungsleistung →	← Praxisbedarf → Einsatz
	Kommunikationsanalyse im Öffentlichen Personennahverkehr	
	FORUM: Veränderung der bestehenden Form der Future Search Conference für kleinere Strukturen und kürzere Konferenzdauer	

Abbildung 39: Beratungsleistung aufgrund betrieblicher Anforderungen ohne neue Forschungsfragen, aber mit Hinweisen (Daten, Methoden) für die Forschung; Beispiele aus dem PIZA-Projekt

In beiden kleinen Kreisläufen kam die Äußerung von Veränderungsbedarf seitens der Praxis nach einer Intervention von PIZA. Voraussetzung dafür war

- ein offenes Angebot für Beratung allgemein und

- ein Kommunikationsraum für das System in einem neutralen, „geschützten" Raum.

Für die betriebliche Aufgabenstellung und die Beratungsleistung des PIZA-Projektes wäre in beiden Fällen keine Rückmeldung an die Forschung notwendig; für eine gemeinsame (Weiter-)Entwicklung zukunftsfähiger Arbeitsforschung wäre allerdings ein systematischer Austausch zwischen Betrieb – Intermediären / Beratung und Forschung wünschenswert.

10.2.3   Unterschiedliche Produkte von Forschung und Beratung

Ein wesentlicher Unterschied zwischen Forschung und Beratung liegt in den Produkten und der Vermarktung. Während die Produkte von Forschung neben anwendbaren Methoden und Instrumenten vor allem wieder neue Forschungsfragen und verallgemeinerbare Erkenntnisse sind, versucht Beratung möglichst verkaufbare und multiplizierbare Produkte (Methoden, Dienstleistungen) zu entwickeln. Diese sollen eine flexible Anpassung an unterschiedliche Bedürfnisse von Beratungsuchenden ermöglichen, ohne das Hauptziel der Verallgemeinerbarkeit der Interventionsergebnisse, wie das die Forschung üblicherweise postuliert (aber nicht immer angemessen realisieren kann), zu vernachlässigen.

Der Produktmarkt spielt bei den arrivierten, z. T. beamteten Forscherinnen und Forschern eine eher untergeordnete Rolle im Sinne der eigenen Existenzsicherung, wenn auch der Kampf um Drittmittel immer härter wird. Währenddessen ist für die Beratung der Markt im Sinne einer einigermaßen verlässlichen Vermarktungschance der Beratungsprodukte das entscheidende Kriterium für die Existenzfähigkeit.
Wir gehen deshalb davon aus, dass es aufgrund der unterschiedlichen Markt- und Produktstrategien auch unterschiedliche Kompetenzen gibt vor allem in

- der Akquisition von Kundinnen und Kunden,
- der Kooperation mit den Kundinnen und Kunden,
- der Ver- und Bearbeitung wissenschaftlicher Ergebnisse und
- den Vorgehensweisen im Feld.

Sehr wahrscheinlich bestehen zusätzlich innerhalb der „Beratung" in Entsprechung zur Wissenschaftsdebatte sensu Nowotny, Scott und Gibbons (2001) ebenfalls unterschiedliche Logiken, die in Analogie zur Modus 1- und Modus 2-Wissenschaft (vgl. Kapitel 3.1) wie folgt idealtypisch charakterisiert werden könnten:

Modus 1 - Beratung	*Modus 2 - Beratung*
• Fachberatung mit (engen) disziplinären Grenzen	• Prozessberatung mit Schnittstellen zu anderen Consultants (z. B. Fachberatung) und anderen Intermediären (z. B. Politik, Interessensvertretungen) und zur Forschung
• Thematisierung ihres Beratungs-Wissens („das machen wir Ihnen/für Sie")	• Thematisierung der Möglichkeiten
• Transfer des Beratungs-Wissens in den Anwendungskontext	• gemeinsame Erzeugung des Wissens
• Langlebig durch Globalisierung und Benchmarks (McKinsey, Berger usw.)	• Lokale Wirksamkeit mit spezifischer Nachhaltigkeit
• Umsetzung der Beratungs-schwerpunkte	• Erhöhung der Selbstbeobach-tungskompetenz aller Beteiligten
	• Anstoß zur Selbstorganisation
	• zumeist unsystematische Produktion von möglichen Forschungsfragen

Abbildung 40: Vergleich zwischen Modus-1- und Modus-2-Beratung

10.2.4 Erste Schlussfolgerungen für zu verändernde Organisationsformen der angewandten Arbeitsforschung

Zusammenfassend lassen sich die einleitenden Fragen ansatzweise beantworten

Gibt es intermediäre Zonen, „mit echten Zwischengängern, die keinem der beiden ‚Systeme' – weder Wissenschaft noch Praxis, um in dem geläufigen Kürzel zu sprechen – angehören, aber doch in beiden zu Hause sind"?

- Viele selbstständige Beratende, die primär von Beratung leben, aber einen engen Bezug zur Forschung haben
- Arbeitsforscherinnen und -forscher in Unternehmen, zumindest zu Beginn ihrer Tätigkeit (bevor sie möglicherweise Teil des Systems werden)
- Externe Präventivdienste (Arbeitsmedizin und Sicherheitstechnik)

- Expertinnen und Experten in Institutionen (Berufsgenossenschaften, Gewerbeaufsicht, Krankenkassen, Gewerkschaften und Unternehmerverbände, Fachverbände usw.)
- Mögliche neue Intermediäre: z. B. Banken, die an Organisation und Personalentwicklung in kreditfinanzierten Unternehmen interessiert sind
- Technologie-/Betriebs-/Innovationsberatung durch Kammern
- An-Institute von Hochschulen

Wie könnten die eigenständigen (Dienst-) Leistungen wissenschaftlich sozialisierter BeraterInnen beschrieben werden?
- Neukombination von vorhandenen Forschungsergebnissen
- Adaptionen (evtl. auch mit wissenschaftlichen Abstrichen), nicht Übersetzung/ Umsetzung
- Verstehen (der Anwendungsbedarfe und Interessenlagen) verstehen (lernen)
- Generierung neuer Forschungsfragen
- „Popularisierung" von Forschung im umfassenden Sinn

Wie sehen Kooperationsbeziehungen aus und worin liegen win-win-Chancen?
- Beratung braucht Forschung
- Forschung bekommt neue Fragestellungen durch Beratung
- Forschung braucht Beratung für die Optimierung der Kunden-Beziehungen
- Beratung multipliziert Forschung(sergebnisse)
- sinnvoll: Aufbau von stabilen Kooperationsnetzen von Forschung – Beratung – Praxis

Wie sieht unter dem Aspekt der Transdisziplinarität das Zusammenwirken von Wissenschaft, wissenschaftlich fundierter Beratung und Praxis aus?
- In den praktischen Erprobungen des PIZA-Projektes wurde Beratung nicht explizit ausgeschlossen (Kreisläufe A bis D). Forschung und Beratung sind aufgerufen, die zu Beratenden als kundig anzuerkennen und sich zu „marginalisieren", um die Selbstbeobachtungskompetenzen der Organisationen und/oder Systeme zu fördern.

Diese Zusammenschau und die aktuellen Debatten um sozialwissenschaftliche Beratung (s. o.) machen auf praktische und theoretische Potenziale und *Veränderungsbe-*

darfe aufmerksam, denen allesamt die Aufforderung zu einer Optimierung der Dialoge gemeinsam ist.

- Forschung braucht Beratung und Beratung braucht Forschung. Zu untersuchen wären schon länger bestehende, vertrauensbasierte Kooperationen von Forschung, eigenständig Beratenden und Beratenen im Hinblick auf die praktischen und theoretischen Beiträge und Erträge dieser interaktiven Kooperation.

- Aufbau von (regionalen) Netzwerken der Forschungs-Beratungs-Kooperation, die nach Möglichkeit kontinuierlich kooperieren und wissenschaftlich begleitet oder supervidiert werden.

- Entwicklung einer Theorie der wissenschaftlich fundierten Beratung als eigenständiger Leistung, also einer Theorie, „die den Beratungsvorgang als spezifischen Problemlösungsvorgang konzipiert" (Rehfeld 2004).

- Untersuchung der Beiträge von eigenständigen Beraterinnen und Beratern zur Theoriebildung analog zur Untersuchung der entsprechenden Beiträge der anwendungsorientierten Forschung.

- Untersuchung der spezifischen Produkte und Märkte von Forschung und wissenschaftlich fundierter Beratung und von Forschungs-Beratungs-Beratenen-Kooperationen, als speziellen transdisziplinären Formationen.

- Untersuchung der Nachhaltigkeit der Interventionen von transdisziplinären Forschungs-Beratungs-Beratenen-Kooperationen im Vergleich zu klassischen Forschungs-Feld-Mustern unter dem Aspekt der Veränderung von Selbstbeobachtungskompetenz und Handlungsfähigkeit von Individuen, Organisationen und Systemen.

11. Zur Zukunft der Arbeitsforschung
Partizipation und Empowerment im 21. Jahrhundert – ein Zukunftsmärchen[50]

Als Schlusskapitel verzichten wir auf eine eigene Wertung im Sinne einer Zusammenstellung von Kriterien einer zukunftsfähigen Arbeitsforschung. Deutlich wurde, dass eine (transdisziplinäre) Offenheit bei allen beteiligten Personen unabdingbar ist, um im Dialog gemeinsame Lösungen zu finden, zu entwickeln und zu realisieren.

In der gebotenen Ehrfurcht vor dem Thema ist relativ rasch deutlich, dass die Aufgabe, zukunftsfähige Organisationsformen der Arbeitsforschung zu beschreiben, nur bewältigt werden kann, indem aus der Zukunft erzählt wird. In unserem Zukunftsmärchen berichten wir von einer Tagung, die in etwa einhundert Jahren stattfindet.

Sollte sich jemand unmittelbar angesprochen fühlen, so kann nur auf das übliche Ende von solcherart Geschichten verwiesen werden: Und wenn sich nichts geändert hat, dann ist so wie vormals.

Zu berichten ist über den Erfolg Europas als wirtschaftlich stärkste Weltregion. Dieses Ergebnis ist zu einem beträchtlichen Anteil der hohen Werthaftigkeit von Beteiligung und Befähigung zu verdanken.

In der Vorbereitung auf diese vorausschauende Ergebnisanalyse war das Europäische Zukunftsarchiv eine wahre Fundgrube. Bei den Analysen fand ich u. a. einen Bericht der Generaldirektion „Lebens- und Arbeitsqualität, Innovation und Forschung (LAIF)", die 2098 in der Sektion „Ehemalige deutsche Gebiete" einen historischen Rückblick (Generaldirektion 2098) veröffentlicht hat.

Auftragsgemäß werden hier die wesentlichen Eckpunkte aus den ersten zwanzig Jahren des 21. Jahrhunderts kurz zusammengefasst.

Zu Beginn der Berichtsperiode wurde in Deutschland offensichtlich, dass die soziale Marktwirtschaft unter dem Eindruck der neoliberalen Globalisierung in die Sackgasse der Diskussion um den Wert des Humankapitals zu geraten drohte. Die Auseinandersetzungen wurden gespeist durch zwei Langzeittrends, die hier nur schlaglichtartig beleuchtet werden können.

---

[50] Überarbeitete Fassung des Tagungsbeitrages von Frevel 2006

1. Für die demographische Entwicklung wurde ein längerfristig nicht kompensier-
    barer Verlust von Bevölkerung und Erwerbspersonen prognostiziert. Dies würde
    einerseits – so die Trendabschätzung – zur Entwohnung von Städten und Dörfern,
    ja von ganzen Regionen führen. Die andere Folge wäre ein Verlust von Wissen
    und Kompetenzen, der auch mit Zuwanderung aus anderen Ländern nur bedingt
    aufgefangen werden könnte und unweigerlich zu einer Internationalisierung der
    Bevölkerung und einer weltweiten Entstaatlichung führen würde, da Immigration
    auf der einen auch Emigration auf der anderen Seite bedeutet.

2. In der Folge der wirtschaftlichen Internationalisierung mit ausgeprägten Wande-
    rungen von Produktions- und Dienstleistungsstätten in Länder mit niedrigeren
    Lohnkosten entstand in Deutschland eine Kampagne zur Förderung der „Geiz ist
    geil"-Mentalität. Erst Mitte des ersten Jahrzehnts wurde bewusst, dass durch den
    Verlust von Zulieferbetrieben, handwerklichen Dienstleistern und Handelsfirmen
    eine tief greifende Schädigung des Mittelstandes drohte. Lediglich bei den Alten-
    pflegediensten und in der Sozialbetreuung Jugendlicher wurde ein Aufgabenzu-
    wachs erwartet.

Die im Frühjahr 2006 diskutierten Aspekte unter dem Leitbild „Arbeitsforschung als
Innovationstreiber" beschäftigten sich mit der Fragestellung, wie die Forschung einen
aktiven Part in der Bewältigung dieser Herausforderungen übernehmen könne. In der
später als „Dortmunder Manifest der Arbeitsforschung" bekannt gewordenen Debatte
um „Partizipation und Empowerment als Leitbegriffe von Betriebs- und Forschungs-
kultur" wurde deutlich, dass dies nur gelingen könne, wenn die Forschung einen Teilbereich ihrer Aktivitäten unmittelbarer auf die Arbeit in und mit den Betrieben und
Organisationen ausrichten würde, statt die Betriebe als Objekte ihrer eigenen Fragestellungen heranzuziehen. Bedauert wurde, dass das hervorragende Potenzial von vielen einzelnen wissenschaftlichen Personen und Instituten nicht genutzt würde, um daraus ein starkes Netzwerk von Exzellenz zu formen. Die Arbeitsforschung sei vielmehr
eine heterogene Menge aus Hochschuleinrichtungen und Instituten von Verbänden und
privaten Trägern. Neben dem uneinheitlich ausgeprägten Verständnis des Gegen-
standsbereichs wurde insbesondere das Vorherrschen von Partikularinteressen und
eine wenig entwickelte interdisziplinäre Ausrichtung bemängelt. Auch seien die Bemühungen deshalb nur begrenzt erfolgreich gewesen, weil originäre Verwertungs-
möglichkeiten der wissenschaftlichen Ergebnisse in der betrieblichen Praxis nicht ausreichend aufgegriffen würden.

Die erbitterte Debatte führte zu der Erkenntnis, dass die Forschung dann erfolgreicher in der Umsetzung sei, wenn sie als partizipativer Prozess gestaltet und sich mehr Wissenschaftlerinnen und Wissenschaftler als kooperative Partnerinnen und Partner der Unternehmen verstehen und sich gemeinsam mit diesen in einen spannenden Lernprozess begeben würden.

Zunächst fand die Diskussion um produktive Arbeitsqualität keinen breiten Raum. Dies änderte sich mit den Ergebnissen einer Marktanalyse (CAuZ 2007) für neue Organisationsformen der Arbeitsforschung, die im Herbst 2007 als gemeinsame Initiative von Arbeitgeberverbänden, Gewerkschaften, Kammern, Berufsgenossenschaften und Krankenversicherungen vorgestellt wurde. Die drei wesentlichen Ergebnisse lauteten:

- „Es gibt eine Vielzahl von Ergebnissen und Erkenntnissen der Arbeitsforschung im Sinne betriebstauglicher Lösungsansätze,
  - ↻ aber es gibt zu wenige marktgerechte Anwendungs- und Übertragungs-Strategien.
- Es gibt eine Vielzahl von Methoden und Instrumenten für Analysen und Ergebnisbewertungen,
  - ↻ aber es gibt kein Konzept, welche Daten ein Betrieb für die präventive Arbeitsgestaltung und welche Daten die Wissenschaft für die Forschung benötigt und wie ein Austausch dazu stattfinden kann.
- Es gibt eine Vielzahl von in Disziplinen der Arbeitsforschung ausgebildeten Personen, die in Betrieben, Organisationen und Institutionen tätig sind,
  - ↻ aber es gibt lediglich eine unsystematische und teilweise zufällige Zusammenarbeit von Forschung und Beratung." (CAuZ 2007)

Im Frühjahr 2008 wurde ein Businesskonzept für ein virtuelles Verbundunternehmen der deutschen und internationalen Arbeitsforschung und Arbeitsgestaltung vorgestellt. Damit sollte die Arbeitsforschung fähiger werden, einen aktiven Beitrag zur Zukunft von Unternehmen und Erwerbspersonen zu leisten.

Mit den in den Folgejahren geförderten Projekten veränderte sich die Forschungspolitik. Gemeinsam lernten Wissenschaft, Sozialpartner, Wirtschaft und Politik, die Ergebnisse der Projekte weiterzuentwickeln und ein lernendes Forschungsprogramm zu gestalten. Neben den an grundlegenden Erkenntnissen ausgerichteten Forschungsansätzen wurde zentral die vorausschauende und partizipative Entwicklung von Produkten und Dienstleistungen für eine zukunftsfähige Arbeitsgestaltung zum Gegenstand. Dieser Paradigmenwechsel setzte die Interessenlagen der betrieblichen und organisatorischen Praxis zur Entwicklung gemeinsamer Wissensräume mit intermediären Einrichtungen und der Forschung in den Fokus der gemeinsamen Ansätze zur Verbesserung der Arbeits- und Lebensbedingungen.

Die als „salutogene Prävention" bekannt gewordene Ausrichtung der anwendungsnahen Arbeitsforschung beinhaltete die bekannten zukunftsfähigen Aspekte:

- Orientierung an den Stärken, Ressourcen und Kompetenzen der Kooperationspartner
- Ausbau der erfahrungsgemischten, alternsrobusten und mehr-ethnischen Belegschaften
- Schaffen persönlichkeitsförderlicher Arbeits- und Lernwelten auf der Grundlage hervorragender schulischer und beruflicher Bildung.

Wesentlich für die subjektbezogene Forschung als re-kultivierte und modernisierte Aktionsforschung war die Weiterentwicklung von prozessbegleitenden und -fördernden Interventionen.

Diese war vor allem deshalb erfolgreich, weil sie gezielt die Selbstbeobachtungskompetenz bei Individuen, in Betrieben und Organisationen und in der Forschung erhöht hat.

Garant für das Funktionieren des mehrschichtigen Abstimmungsprozesses darüber, welche Zukunft zu gestalten sei, waren die Ansätze der dialogischen Innovationen, die insbesondere in den Unternehmen als sozialer Dialog bekannt wurden.

Und nicht zuletzt wurde systematisch danach geforscht, welche Daten und Informationen Individuen und Betriebe benötigen, um erfolgreich Arbeitsgestaltungen zu realisieren, die den stetig gestiegenen Anforderungen an Demographie-, Gender-, Diversity- und Work-Life-Balance-tauglichen Lösungen entsprachen. Dazu gehörte auch die Klärung, welche Daten die Forschung benötigt, um ein zukunftsorientiertes Monitoring (Frühhinweise) aufbauen zu können.

So konnten schon nach wenigen Jahren die Früchte der Neuorientierung geerntet werden. Bedeutsam für den Erfolg der Deutschen Dienstleistungsgesellschaft für partizipative Arbeitsforschung und Arbeitsgestaltung e. G. (D^2pA^2) waren vier Aspekte (s. Reuter/Reuter 2019):

(1) Die Partizipation der Betriebe und Verbände, der Belegschaften und der künftigen Beschäftigten am wirtschaftlichen Erfolg ihrer Unternehmen und Organisationen war ein Weg, um zusätzliche Impulse für neue Produkte und Dienstleistungen zu setzen. Die mit ihrer Beteiligung geschaffenen Arbeitsbedingungen waren so gestaltet, dass eine hohe Produktivität erzielt werden konnte und damit der Qualitätswettbewerb gegen den vormals herrschenden Preiswettbewerb gewonnen werden konnte.

Basis dafür war eine schon in den allgemein bildenden Schulen beginnende Befähigung von Nachwuchskräften, die Chancen des Wettbewerbs zu erkennen und zu ergreifen und Kompetenzen für eine lustvolle Bewältigung von Herausforderungen in internationalen Teams zu erlangen.

Aus heutiger Sicht war es richtig, für die angewandte Arbeitsforschung einen adäquaten Ausbildungsgang als Bachelor/Master for Applied Work Design einzurichten. Durch die Investition in Menschen konnten zusätzliche Kreativitätspotenziale entwickelt werden. Bis Ende der 2. Dekade wurde die Erwerbslosigkeit halbiert.

(2) Mit der International Society for Participation and Empowerment (InSPE) wurde ein Institut für Wissensmanagement installiert, das in europäischen Projekten zur Kooperation von Forschung, Betrieben und Organisationen ein „soziales Biotop des anerkennenden Erfahrungsaustausches" schuf. Durch den Ansatz der dialogischen Innovation wurden Netzwerke für inter- und transdisziplinäres Empowerment gefördert (IJAR 2019).

(3) Der Vertrieb von Forschungsergebnissen in Form von Beratungsleistungen einerseits an intermediäre Instanzen als Multiplikatoren, andererseits direkt an Betriebe, wurde hervorragend vom Markt angenommen.

(4) Die Nachfrage nach Gesundheit erhaltenden Arbeitsgestaltungslösungen durch betriebliches Coaching stieg stetig, weil nachweislich die Steigerung der Arbeitsqualität mit einem nachhaltigen Markterfolg verbunden war.

Aus der Evaluation nach zehn Jahren Tätigkeit der D^2pA^2 (2019) ist zu entnehmen, dass es rasch gelungen war, Frühhinweise auf Forschungs- und Gestaltungsfragen so zeitnah in Modellprojekte zu integrieren, dass weit über 80 % aller betrieblichen Probleme innerhalb eines Jahres gelöst werden konnten. Dies gelang u. a. deshalb, weil die Vielzahl der in betrieblichen Gestaltungsprojekten anfallenden Daten immer öfter direkt in interaktive Datenbanken eingestellt wurden, die den interdisziplinären Forschungsclustern zur Verfügung standen.

Literaturverzeichnis

Antonovsky, A.: Salutogenese. Zur Entmystifizierung der Gesundheit. Dt. erweiterte Herausgabe von A. Franke, Tübingen (dgvt) 1997

Arbeit und Zukunft e. V.: Gesunde Beschäftigte und gute Servicequalität in der ambulanten Pflege, Hg.: Ministerium für Arbeit, Soziales, Familie und Gesundheit des Landes Rheinland-Pfalz, Berichte aus der Pflege Nr. 4, Mainz 2005

Bandura, A.: Self-efficacy: Toward a unifying theory of behavioral change. in: Psychological Review, 84 (1977), pp. 191 – 215

BAuA - Bundesanstalt für Arbeitsschutz und Arbeitsmedizin (Hg.): 30-40-50-plus: Gesund arbeiten bis ins Alter, Dortmund 2004

BAuA - Bundesanstalt für Arbeitsschutz und Arbeitsmedizin (Hg.): Mehr Ältere in Beschäftigung. Wie Finnland auf den demographischen Wandel reagiert. Aus dem Abschlussbericht des Finnischen Nationalprogramms „Älter werdende Arbeitnehmer", INQA-Heft 18, Dortmund/Dresden 2005

Behnke, K. / Demmler, G. & Unterhuber, H. (2001): Gesundheitsberatung als Antwort auf veränderte Gesundheitsbedürfnisse. in: Brinkmann-Göbel, R.: Handbuch für Gesundheitsberater, Bern-Göttingen-Toronto-Seattle, S. 50 – 62

BMBF: Bekanntmachung zum Ideenwettbewerb im Themenfeld „Zukunftsfähige Arbeitsforschung", Bundesanzeiger Nr. 164, Seite 17582 vom 31.08.2000

Bokelmann, K.: Erfolgreich kooperieren – Lösungen für kleine Dienstleistungsunternehmen, in: Kreibich, R., Oertel, B. (Hg.): Erfolg mit Dienstleistungen. Beiträge der 5. Dienstleistungstagung des BMBF, Stuttgart (Schäffer-Poeschel) 2004

Bohm, D.: Der Dialog. Das offene Gespräch am Ende der Diskussionen, Stuttgart (3. Aufl.) 2002

Brödner, P., Kötter W. (Hg.): Frischer Wind in der Fabrik, Berlin, 1999

Brödner, P.: Trendreport Flexibilität und nachhaltige Arbeitsgestaltung. in: Brödner, P.; Knuth, M.: Bilanzierung der Arbeitsgestaltung – Band 3: Nachhaltige Arbeitsgestaltung. Trendreports zur Entwicklung und Nutzung von Humanressourcen, Mering (Hampp) 2002

Bubb, H., Zöllner, R.: Ergonomische Gestaltung des Informationsflusses in komplexen Systemen, in: Luczak, H. (Hg.): Kooperation und Arbeit in vernetzten Welten, Tagungsband der GfA-Herbstkonferenz 2003, Stuttgart (Ergonomia) 2003

Büssing, A., Glaser, J. (1999 a): Interaktionsarbeit: Konzept und Methoden der Erfassung im Krankenhaus, in: Zeitschrift für Arbeitswissenschaft (Themenheft: Personenbezogene Dienstleistung - Arbeit der Zukunft), Heft 53

Büssing, A., Glaser, J. (1999 b): Methoden der Arbeits- und Tätigkeitsanalyse im Pflegebereich. In: Zimber, A. & Weyerer, S. (Hg.): Arbeitsbelastung in der Altenpflege. Göttingen, Verlag für Angewandte Psychologie, S. 113-124

Büssing, A., Giesenbauer, G., Glaser, J., Höge, T. (2000): Amubulante Pflege: Arbeitsorganisation Anforderungen und Belastungen. Eine Pilotstudie mit Erfahrungsbe-

© Springer Fachmedien Wiesbaden GmbH, ein Teil von Springer Nature 2006
Arbeit und Zukunft e. V. (Hrsg.), *Dialoge verändern*, Edition KWV,
https://doi.org/10.1007/978-3-658-24718-8

richten, Dortmund/Berlin (= Schriftenreihe der Bundesanstalt für Arbeitsschutz und Arbeitsmedizin – Fb 902)

Büssing, A. et al. (2001): Erfassung von Interaktionsarbeit in der Altenpflege: Ergebnisse der Ist- Analyse einer Längsschnittstudie in einem Altenheim, Berichte aus dem Lehrstuhl für Psychologie der TU München, Nr. 60

CAuZ – Consultingagentur für Arbeit und Zukunft: Marktanalyse für neue Organisationsformen der Arbeitsforschung, Hamburg/Bonn 2007

Davidow, W., Malone, M.: Das virtuelle Unternehmen. Der Kunde als Co-Produzent, Frankfurt/M., New York (Campus) 1993

Devereux, G.: Angst und Methode in den Verhaltenswissenschaften, München 1973

Dreher, C.: Herausforderungen für die Arbeitsgestaltung. Beitrag aus der Bilanzierung innovativer Lösungen. in: Tagungsdokumentation „Erfolgreiche Veränderungen in der Arbeitsgestaltung und Unternehmensorganisation – Strategien und Lösungen", 19./ 20.11.2001, Bad Honnef

Dreher, C.: Trendreport Arbeiten in der Kreislaufwirtschaft. in: Brödner, P.; Knuth, M.: Bilanzierung der Arbeitsgestaltung – Band 3: Nachhaltige Arbeitsgestaltung. Trendreports zur Entwicklung und Nutzung von Humanressourcen, Mering (Hampp) 2002

Dubrowsky, D.: 5 Jahre BT Berlin Transport GmbH, Berlin (Broschüre der BT) Dezember 2004

Eggers, T., Kirner, E.: Trendreport Arbeiten in einer vernetzten und virtualisierten Wirtschaft. in: Brödner, P.; Knuth, M.: Bilanzierung der Arbeitsgestaltung – Band 3: Nachhaltige Arbeitsgestaltung. Trendreports zur Entwicklung und Nutzung von Humanressourcen, Mering (Hampp) 2002

Ell, W.: Arbeitszeitverkürzung zur Belastungsreduzierung älterer Arbeitnehmer im öffentlichen Personennahverkehr – 10 Jahre Erfahrung aus den Interventionsmaßnahmen in den Verkehrsbetrieben in Nürnberg, in: Karazman, R., Geißler H., Kloimüller, I., Winker, N. (Hg.): Alt, erfahren und gesund. Gesundheitsförderung für ältere Arbeitnehmer, Gamburg (Conrad) 1995 (S. 160 – 170)

Erdheim, M.: Die gesellschaftliche Produktion von Unbewußtheit, Frankfurt/M. 1982

Eskelinen, L. et al.: Relationships between the self-assessment and clincal assessment status and work ability, in: Scandinavian Journal Work Environment Health, 17 Suppl. 1, 1991, S. 40 - 47

Foerster, H. von: Verstehen verstehen. in: Ders.: Wissen und Gewissen. Versuch einer Brücke, Frankfurt/M. 1993 (stw 876), S. 282-289

Forschen – lernen – beraten. Der Wandel von Wissensproduktion und -transfer in den Sozialwissenschaften, Hg.: Franz, H.-W., Howaldt, J., Jakobsen, H. und Kopp, R., Berlin 2003

Frankenhaeuser, M.: The Psychophysiology of Sex Differences as Related to Occupational Status. in: Frankenhaeuser, M., Lundberg, U., Chesney, M. (ed.): Women, Work and Health. Stress and Opportunities, New York (Plenum Press), The Plenum series on stress and coping, 1991, pp. 39-61

Frevel, A.: Partizipation und Empowerment im 21. Jahrhundert – ein Zukunftsmärchen, in: Tagungsdokumentation ‚Arbeitsforschung als Innovationstreiber', Hg.: Bundesanstalt für Arbeitsschutz und Arbeitsmedizin, Dortmund, 26. April 2006

Fricke, W.: Sozialwissenschaftliche Forschung in gesellschaftlichen Kontexten. in: Forschen – lernen – beraten. Der Wandel von Wissensproduktion und -transfer in den Sozialwissenschaften, Hg.: Franz, H.-W., Howaldt, J., Jakobsen, H., Kopp, R., Berlin 2003, S. 151-173

Friedmann, G.: Der Mensch in der mechanisierten Produktion, Köln, 1952

Fry, P.: Bäuerliche und naturwissenschaftliche Wahrnehmung von Bodenfruchtbarkeit im Vergleich – Kommunkationshilfen für den Vollzug im Bodenschutz, Dissertation 2000, ETH Nr. 13707, download

Fry, P.: Bedingungen für eine erfolgreiche Kooperation zwischen Wissenschaft und Praxis. in: Nachhaltige Regionalentwicklung durch Kooperation – Wissenschaft und Praxis im Dialog. Hg.: Gerber, A., Konold, W. Freiburg 2002 (Culterra 29), S. 193-197

Future Search Associates: http://www.futuresearch.net/network/workshops/descriptions.cfm?wsid=1 (Zugriff am 10.5.2005)

Geißler, H.: Der Arbeitsbewältigungs-Index – ein Instrument der Kooperation der präventiven Akteure. in: 12. Workshop Psychologie der Arbeitssicherheit und Gesundheit. 26. – 28. Mai 2003, Dresden, Abstract CD-ROM

Geißler, H., Bökenheide, T., Geißler-Gruber, B., Schlünkes, H., Rinninsland, G.: Der Anerkennende Erfahrungsaustausch – Das neue Instrument für die Führung. Von der Fehlzeitenverwaltung zum Produktivitätsmanagement, Frankfurt/Main (Campus) 2003

Geißler, H., Geißler-Gruber, B.: Large-group-conference – a dialogical method for participation and empowerment. in: Johansson, C.R.; Frevel, A.; Geißler-Gruber, B.; Strina, G. (ed.): Applied Participation and Empowerment at Work – Methods, Tools and Case Studies. Lund/Sweden (Studentlitteratur) 2004, p. 107-118

Geißler-Gruber, B., Geißler, H., Frevel, A.: Alternsgerechte Arbeitskarrieren. Beratungshandbuch für ein betriebliches Modell zur Erhaltung der Arbeitsbewältigungsfähigkeit, Gmunden 2005

Generaldirektion „Lebens- und Arbeitsqualität, Innovation und Forschung" (GD-LAIF; Hg.): Re-Kultivierung von Participation und Empowerment im 21. Jahrhundert – Teilbericht Deutschland, Brüssel 2098

Giesert, M., Tempel, J.: Arbeitsfähigkeit 2010 – Was können wir tun, damit Sie gesund bleiben? Fakten und Chancen des Alters und Alterns im Arbeitsleben, Düsseldorf (IQ-Consult) 2005

Gomez, P., Zimmermann, T.: Unternehmensorganisation, Frankfurt/M. 1992

Haiden, C., Molnar, M., Geißler-Gruber, B.: IMPULS – Betriebliche Analyse der Arbeitsbedingungen. Erkennen von Stressfaktoren und Optimieren von Ressourcen im Betrieb. Eine Broschüre gefördert von der EU im Rahmen der Europäischen Woche für Sicherheit und Gesundheitsschutz am Arbeitsplatz, Wien 2002

Hartmann, F.: Mobilisierung der Bilder; Internetversion unter: http://www.wissens-navigator.com/download, Zugriff Febr. 2005a

Hartmann, F.: Sprechende Zeiten. Internetversion unter: http://ezines.onb.ac.at:8080/ejournal/pub/ejour-97-II/neuemed/neurath.html, Zugriff Juni 2005b

Heck, A.: Strategische Allianzen. Erfolg durch professionelle Umsetzung, Berlin u. a. (Springer) 1999

Herrmann, D., Meier, C.: Teamarbeit auf Distanz. Neue Herausforderungen für die Team- und Organisationsentwicklung durch den Einsatz von Telekooperationstechnologien, in: Organisationsentwicklung, H. 2/2001

Hofmann, J.: Virtuelle Unternehmensnetzwerke. Wissenschaftliche Diskussion und Reflexion der OPTIMA-Ergebnisse, in: Hofmann et al.: Besser arbeiten in Netzwerken – Wie virtuelle Unternehmen Erfolg haben, Aachen (Shaker) 2002

Hofmann, J., Arnold, H., Benz, H. und weitere: Besser arbeiten in Netzwerken – Wie virtuelle Unternehmen Erfolg haben, Aachen (Shaker) 2002

IJAR – International Journal of Action Research: Proceedings of the 25th Annual Meeting of InSPE, Helsinki 2019

Ilmarinen, J.: Ageing Workers in the European Union – Status and promotion of work ability, employability and employment, Helsinki (Finnish Institute of Occupational Health; Ministry of Social Affairs and Health, Ministry of Labour) 1999

Ilmarinen, J., Tempel, J.: Arbeitsfähigkeit 2010 – Was können wir tun, damit Sie gesund bleiben?, Hamburg (VSA) 2002a

Ilmarinen, J., Tempel, J.: Erhaltung, Förderung und Entwicklung der Arbeitsfähigkeit – Konzepte und Forschungsergebnisse aus Finnland, in: Badura, B., Schellschmidt, H., Vetter, C. (Hg.): Fehlzeiten-Report 2002 – Demographischer Wandel, Berlin u. a. (Springer) 2002b (S. 84 – 99)

Ilmarinen, J., Tuomi, K.: Past, present and future of work ability. Proceedings of the 1st International Symposium on Work Ability, Helsinki 2004

Jantsch, E. (1972): Towards Interdisciplinarity and Transdisciplinarity in Education and Innovation. in: Apostel, L. et al. (eds.): Interdisciplinarity -Problems of Teaching and Research in Universities. Centre for Eductional Research and Innovation (CERI), Paris (=OECD Publications), S. 97-120 (zitiert nach: Nowotny, H.: Transdisziplinäre Wissensproduktion – eine Antwort auf die Wissensexplosion? in: Wissenschaft als Kultur, Österreichs Beitrag zur Moderne, Hg.: F. Stadler. 1997, Wien/New York, 177-195

Joerges, B., Potthast J.: Heterogene Felder, verteiltes Wissen. Zum Verhältnis von sozialwissenschaftlicher Expertise und Management-Consulting, WZB 31.05.02 (download)

Johansson, C. R.: The Hourglass™ Model: An approach for participation and empowerment in organisational development and change, in: Johansson, C. R., Frevel, A., Geißler-Gruber, B., Strina, G. (eds.): Applied Participation and Empowerment at Work – Methods, Tools and Case Studies, Lund/Schweden (Studentlitteratur) 2004, 93-106

Kern, H., Schumann, M.: Das Ende der Arbeitsteilung?, München, 1984

Kiel, U., Kirner, E.: Bilanzierung der Arbeitsgestaltung – Band 2: Innovative Arbeitsgestaltung in Unternehmen und öffentlichen Einrichtungen, Mering (Hampp) 2002

Klare, J., Swaaij, L. van: Atlas der Erlebniswelten, Frankfurt a. M. (Eichborn), 2000

Klinge, C., Godehardt, B.; Schwetje, U. (Hg.: DLR): Telearbeit im Mittelstand. Erfahrungen aus der Praxis, Abschlussbericht, Köln 1999

Klumpp, D., Kubicek, H., Roßnagel, A. (Hg.): next generation information society? Notwendigkeit einer Neuorientierung, Mössingen-Talheim (talheimer) 2003

Knuth, M.: Trendreport Abnehmende Mobilität der Arbeitskräfte. in: Brödner, P., Knuth, M.: Bilanzierung der Arbeitsgestaltung – Band 3: Nachhaltige Arbeitsgestaltung. Trendreports zur Entwicklung und Nutzung von Humanressourcen, Mering (Hampp) 2002

König, C. J., Kleinmann, M.: Selbstmanagement. in: Schuler, H. (Hg.): Lehrbuch der Personalpsychologie, 2. Auflage. Göttingen 2001

Kollmer, N., Vogel, M.: Das neue Arbeitsschutzgesetz. Darstellung der neuen Rechtslage für Arbeitgeber, Beschäftigte und Fachkräfte für Arbeitssicherheit, München (C.H. Beck) 1997

Kühl, S.: Sisyphos im Management, Weinheim, 2002

Landau, K.; Luczak, H. u. a.: „Innovative Konzepte – Bilanz erfolgreicher Veränderungen in der Arbeitsgestaltung und Unternehmensorganisation", Darmstadt, 2001 (zitiert nach der Off-Line-Version, pdf-Format, 2003)

Landau, K. (Hg.): Good Practice. Ergonomie und Arbeitsgestaltung, Stuttgart, 2003

Latniak, E., Wilkesmann, U., 2005: Anwendungsorientierte Sozialforschung: Ansatzpunkte zu ihrer Abgrenzung von Organisationsberatung und akademischer Forschung, in: Soziologie 34, S. 65-82

Latniak, E., Kinkel, S., Lay, G.: Dezentralisierung in der deutschen Investitionsgüterindustrie: Verbreitung und Effekte ausgewählter organisatorischer Elemente, in: Arbeit 11/2002, S. 143-160

Lay, G., Rainfurth, C.: Trendreport Produktionsarbeit erhält Dienstleistungscharakter, in: Brödner, P., Knuth, M.: Bilanzierung der Arbeitsgestaltung – Band 3: Nachhaltige Arbeitsgestaltung. Trendreports zur Entwicklung und Nutzung von Humanressourcen, Hampp-Verlag, 2002

Leuthold, H., Hermann, M.: Atlas der politischen Landschaften. Ein weltanschauliches Porträt der Schweiz, Zürich, 2003

Luczak, H., Volpert, W., Raeithel, A., Schwier, W.: Arbeitswissenschaft – Kerndefinition, Gegenstandskatalog, Forschungsgebiete, Eschborn (RKW), 1987

Methoden transdisziplinären Forschens. in: Nachhaltige Regionalentwicklung durch Kooperation – Wissenschaft und Praxis im Dialog, Hg.: Gerber, A., Konold, W. Freiburg 2002 (Culterra 29), S. 237-240

Mittelstraß, J.: Transdisziplinarität – wissenschaftliche Zukunft und institutionelle Wirklichkeit. Konstanz 2003 (= Konstanzer Universitätsreden 214)

Müller, T.: Strukturen arbeitswissenschaftlichen Wissens. Würzburg (Deutscher Wissenschafts-Verlag) 2001

Nefiodow, L. A.: Der Sechste Kondratieff. Wege zur Produktivität und Vollbeschäftigung im Zeitalter der Information, Sankt Augustin (Rhein-Sieg) 1996

Noack, R. H.: Salutogenese: Ein neues Paradigma in der Medizin?, in: Bartsch, H. H., Bengel, J. (Hg.): Salutogenese in der Onkologie (S. 88–105), Basel (Karger) 1997

Nowotny, H.: Der Paradigmenwechsel des Fortschritts: zur Dynamik der Wissenschaftsentwicklung heute, zitiert nach einem pdf-File der homepage von H. Nowotny 1999a, S. 9 f, Zugriff 10.7.2003

Nowotny, H.: Transdisziplinäre Wissensproduktion - eine Antwort auf die Wissensexplosion? in: Wissenschaft als Kultur, Österreichs Beitrag zur Moderne. Hg.: Stadler, F. 1997, Wien/New York, 177-195 (zitiert nach einem pdf-File der homepage von H. Nowotny, S. 13 f) = in leicht veränderter Form: Vom Baum der Erkenntnis zum Rhizom. in: Nowotny, H.: Es ist so. Es könnte auch anders sein, Frankfurt/M. 1999, S. 85-117

Nowotny, H.: Es ist so, es könnte auch anders sein. Über das veränderte Verhältnis von Wissenschaft und Gesellschaft, Frankfurt/M. (Suhrkamp) 1999

Nowotny, H., Scott, P., Gibbons, M.: Re-Thinking Science. Knowledge and the Public in an Age of Uncertainty, Malden 2001

Picot, A., Reichwald, R., Wigand, R. T.: Die grenzenlose Unternehmung: Information, Organisation und Management, Wiesbaden (Gabler) 1996

Picot, A., Neuburger R.: Neuartige Organisationsformen durch IuK. Grenzenlose Unternehmen, in: Klumpp, D., Kubicek, H., Roßnagel, A. (Hg.): next generation information society? Notwendigkeiten einer Neuorientierung, Mössingen-Talheim (talheimer) 2003

Prümper, J., Hartmannsgruber, K., Frese, M. (1995): KFZA – Kurz-Fragebogen zur Arbeitsanalyse. in: Zeitschrift für Arbeits- und Organisationspsychologie, Göttingen, 39. Jg. (1995), S. 125 – 132

Rabinbach, A.: Motor Mensch: Kraft, Ermüdung und die Ursprünge der Moderne, Wien, 2001 (Originalausgabe: The Human Factor: Energy, Fatigue, and the Origins of Modernitiy, Basic Books, 1990)

Rantanen, J.: Key-note adress on the 26th International Congress on Occupational Health, Signapore 2000

Rehfeld, D.: Wissenschaft und Praxis – Fragestellungen auf der Suche nach einer institutionellen Lösung, in: Rehfeld, D. (Hg.): Arbeiten an der Quadratur des Kreises: Erfahrungen an der Schnittstelle zwischen Wissenschaft und Praxis, München, Mering (Hampp) 2004, S. 10-33

Reuter, U., Reuter, W.: Die D^2pA^2 – Deutsche Dienstleistungsgesellschaft für partizipative Arbeitsforschung und Arbeitsgestaltung e.G. – Evaluation nach zehn Jahren Tätigkeit, Berlin 2019

Rifkin, J.: Das Ende der Arbeit und ihre Zukunft. Frankfurt/M. 2001

Rimann, M., Udris, I.: Belastungen und Gesundheitsressourcen im Berufs- und Privatbereich. Eine quantitative Studie (Forschungsprojekt „Salute": Personale und organisationale Ressourcen der Salutogenese, Bericht Nr. 3), Institut für Arbeitspsychologie, Eidgenössische Technische Hochschule, Zürich 1993

Rimann, M., Udris, I: „Kohärenzerleben" (Sense of Coherence): Zentraler Bestandteil von Gesundheit oder Gesundheitsressource?, in: Schüffel, W., Brucks, U., Johnen, R. (Hg.): Handbuch der Salutogenese: Konzept und Praxis, Wiesbaden (Ullstein Medical) 1998, S. 351 – 364

Ruesch, J., Bateson, G.: Kommunikation. Die soziale Matrix der Psychiatrie, Heidelberg, 1995

Schmidt, J.: Die sanfte Organisationsrevolution. Von der Hierarchie zu selbst steuernden Systemen, Frankfurt/New York 1993

Schmidt, S.: Unternehmenskultur. Die Grundlage für den wirtschaftlichen Erfolg von Unternehmen, Weilerswist 2004

Schwartz, F. W.: Gesundheitspolitik im 21.Jahrhundert, Gesellschaftspolitische Kommentare Nr. 1 (2000), 3 – 6.

Sennett, R.: Arbeit und soziale Inklusion, in: Geschichte und Zukunft der Arbeit, Hg.: Kocka, J., Offe, C., Frankfurt/New York 2000, S. 431 – 446

Sloterdijk, P.: Im Weltinnenraum des Kapitals, Frankfurt/Main, 2005

Stichweh, R.: Globalisierung von Wirtschaft und Wissenschaft: Produktion und Transfer wissenschaftlichen Wissens in zwei Funktionssystemen der modernen Gesellschaft, in: Soziale Systeme, Leverkusen, 1999 (H. 1), S. 27 ff.

Sydow, J., Winand, U.: Unternehmensvernetzung und -virtualisierung: Die Zukunft unternehmerischer Partnerschaften, in: Winand, U., Nathusius, K. (Hg.): Unternehmungsnetzwerke und virtuelle Organisationen, Stuttgart (Schäffer-Poeschel) 1998

Sydow, J.: Unternehmungsvernetzung – Implikationen für Organisation und Arbeit, in: Luczak, H. (Hg.): Kooperation und Arbeit in vernetzten Welten. Tagungsband der GfA-Herbstkonferenz 2003, Stuttgart (Ergonomia) 2003

Teichmann, K., Wolf, J., Albers, S.: Typen und Koordination virtueller Unternehmen, in: Zeitschrift für Führung und Organisation, H. 2/2004, S. 88-96

Tempel, J.: Die betriebsärztliche Routine mit dem Arbeitsbewältigungsindex, Diskussionsbeitrag bei der BAuA zur WAI-Diskussion am 18.02.2005, Berlin

Toulmin, S.: Kosmopolis. Die unerkannten Aufgaben der Moderne, Frankfurt/M. 1991

Tuomi, K., Ilmarinen, J., Jahkola, A., Katajarinne, L., Tulkki, A.: Work Ability Index. Arbeitsbewältigungsindex. Dortmund/Berlin (Schriftenreihe der Bundesanstalt für Arbeitsschutz und Arbeitsmedizin, Ü14) 2001

Tuomi, K. et. al: Aging, work, life-style and work ability among Finnish municipal workers in 1981 – 1992. Scand J Work Environ Health, 1997. 23 (Suppl 1): p. 58-65.

Ulich, E.: Arbeitspsychologie. Stuttgart 1994, 3. überarb. und erw. Auflage.

Volkholz, V.: Die „demographische Falle" – ihre Ursachen und ihre Wirkungen auf den Betrieb. Innovation in Leistung mit älter werdenden Belegschaften, Dortmund (GfAH und BAuA) 2000

Volkholz, V., Kiel, U.: Trendreport Strukturwandel des Arbeitskräfteangebotes. in: Brödner, P., Knuth, M.: Bilanzierung der Arbeitsgestaltung – Band 3: Nachhaltige Arbeitsgestaltung. Trendreports zur Entwicklung und Nutzung von Humanressourcen, Mering (Hampp) 2002

Volkholz, V., Köchling, A., Kiel, U.: Trendreport Arbeiten und Lernen. in: Brödner, P., Knuth, M.: Bilanzierung der Arbeitsgestaltung – Band 3: Nachhaltige Arbeitsgestaltung. Trendreports zur Entwicklung und Nutzung von Humanressourcen, Mering (Hampp) 2002

Volkholz, V.: Einzigartigkeit gestalten. Zu Vielfalt und Individualität von Unternehmen, Stuttgart (Log_X) 2004

Verbund „Zukunftsfähige Arbeitsforschung" (Hg.): Zukunftsfähige Arbeitsforschung. Arbeit neu denken, erforschen, gestalten, Dresden 2005

Weber, M.: Der Sinn der „Wertfreiheit" der Sozialwissenschaften, in: ders.: Soziologie. Universalgeschichtliche Analysen. Politik, hg.: Winckelmann, J., 5. überarb. Aufl., Stuttgart 1973

Weber, W.G.: Arbeitspsychologische Typisierung und Bewertung verschiedener Einsatzformen der CNC-Technologie unter Gesichtspunkten humaner Arbeit, in: Zeitschrift für Arbeitswissenschaft 2, 1992

Weisbord, M. et al.: Discovering Common Ground. How Future Search Conferences Bring People Together to Achieve Breakthrough Innovation, Empowerment, Shared Vision and Collaborative Action, Berrett-Koehler, 1992

Weisbord, M., Janoff, S.: Future Search – Die Zukunftskonferenz. Wie Organisationen zu Zielsetzungen und gemeinsamem Handeln finden, Stuttgart (Klett-Cotta) 2001

Wengel, J.: Verbreitung innovativer Lösungen der Arbeitsgestaltung (Diffusionsreport). in: Wengel, J., Lay, G., Pekruhl, U., Maloca, S.: Bilanzierung der Arbeitsgestaltung – Band 1: Verbreitung innovativer Arbeitsgestaltung. Stand und Dynamik des Einsatzes im internationalen Vergleich, Mering (Hampp) 2002

Womack, J.P., Jones, D.T., Roos, D.: Die zweite Revolution in der Autoindustrie. Konsequenzen aus der weltweiten Studie des Massachusetts Institute of Technology. Frankfurt, New York (Campus) 1991

Zühlke-Robinet, K.: „Kooperationsmanagement" – Ergebnisse geförderter Vorhaben in den Bereichen virtuelle Unternehmen und Mikrounternehmen. Eine Bilanz des Projektträgers, Bonn 2004

ProjektpartnerInnen

Wir bedanken uns bei den Unternehmen und Organisationen, mit denen wir in Erhebungen, Gesprächen, Foren usw. zusammen arbeiten konnten. Wir haben viel von und mit Ihnen, den Geschäftsführungen und Beschäftigten, gelernt.

Partnerunternehmen

Ambulante Pflegedienste

Ambulante Kranken- und Altenpflege Ilse Kirsch, Annweiler

Krankenpflege & Betreuung Kuttler & Kanzler GbR, Flörsheim-Dalsheim

Ökumenische Sozialstation Mainz

Ökumenische Sozialstation Westpfalz e. V., Landstuhl

Pflegedienst Hatzenbühl

Pflegedienst Lebensbaum, Frankenthal

Sozialstation Hachenburg

Orthopädie- und Reha-Technik; Sanitätshäuser

Sanitätshaus Lepnikow, Neuwied

Sanitätshaus Schmidt, Mainz-Laubenheim

Virtuelles Unternehmen / Öffentlicher Personen-Nahverkehr

Berlin-Transport GmbH

© Springer Fachmedien Wiesbaden GmbH, ein Teil von Springer Nature 2006
Arbeit und Zukunft e. V. (Hrsg.), *Dialoge verändern*, Edition KWV,
https://doi.org/10.1007/978-3-658-24718-8

Kooperationspartner

Amt für Arbeitsschutz Hamburg

Berufsgenossenschaft für Fahrzeughaltungen

Bildungs- und Beratungs-Gesellschaft mbH, ISH, Hamburg

Deutsches Handwerks-Institut für Technik der Betriebsführung, Karlsruhe

Heinz-Piest-Institut für Handwerkstechnik an der Universität Hannover

Initiative Neue Qualität der Arbeit (INQA)

InSPE – International Society for Participation and Empowerment

Kooperationsstelle Hochschule – Gewerkschaften, Hamburg

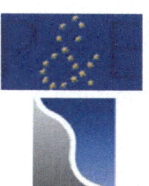

Koordinierungsstelle Weiterbildung und Beschäftigung e.V., Hamburg

Ministerium für Arbeit, Soziales, Familie und Gesundheit des Landes Rheinland-Pfalz

mit dem Programm „Menschen Pflegen"

Reha-Service-Ring

Reuters Holzappel, Pleisweiler-Oberhofen

TuTech – Technologie GmbH an der Technischen Universität Hamburg-Harburg

© Springer Fachmedien Wiesbaden GmbH, ein Teil von Springer Nature 2006
Arbeit und Zukunft e. V. (Hrsg.), *Dialoge verändern*, Edition KWV,
https://doi.org/10.1007/978-3-658-24718-8

Dienstleistungen für das Projekt

art of work, Vogel-Zak OEG, Wien

Finnish Institute of Occupational Health (FIOH),
Prof. Dr. Juhani Ilmarinen

Prof. Dr. Marianne Resch und Prof. Dr. Heiner
Dunckel
Syrius GmbH, Düsseldorf

Univa AB, Lund / Schweden

Das Projekt wurde gefördert durch

Bundesministerium für Bildung und Forschung
(BMBF)

Deutsches Zentrum für Luft- und Raumfahrt e.V.
(DLR)

Projektträger Arbeitsgestaltung und
Dienstleistungen

© Springer Fachmedien Wiesbaden GmbH, ein Teil von Springer Nature 2006
Arbeit und Zukunft e. V. (Hrsg.), *Dialoge verändern*, Edition KWV,
https://doi.org/10.1007/978-3-658-24718-8

Das PIZA-Team

Alexander Frevel, Dipl. Sozialökonom, Jg. 1954
Studium der Wirtschafts- und Sozialwissenschaften an der
Universität Dortmund. Tätig als Arbeitsforscher und in der
Beratung seit 1980, freiberuflich (Schwerpunkte: Koopera-
tion, Demographie) und teil-/zeitweise angestellt. Vorsitzen-
der von Arbeit und Zukunft e.V. und Vorstandsmitglied der
International Society for Participation and Empowerment.

Brigitta Geißler-Gruber, Dipl. Psychologin, Jg. 1963
Studium der Arbeitspsychologie in Salzburg; Zusatzausbil-
dung zur Fachkraft für Arbeitssicherheit. Seit 1999 ge-
schäftsführende Gesellschafterin der arbeitsleben KEG in
Gmunden, Hamburg und Zürich. Tätig als Beraterin für Betriebliche Gesundheitsförderung und Lehrbeauftragte in Österreich und Deutschland.

Heinrich Geißler, Dr. phil., Jg. 1952
Studium in Gemanistik, Pädagogik, Psychologie und Philo-
sophie in Salzburg und Halle. Seit 1999 Gesellschafter der
arbeitsleben Geißler-Gruber KEG. Berater für gesundheitsförderliche Führung, Lehrbeauftrager in Deutschland
und Österreich. Vice-President der Inter-national Society for
Participation and Empowerment und Vorstandsmitglied von
Arbeit und Zukunft.

Bianca Lißner, MA Germanistik, Jg. 1973
Studium der Literatur- und Sprachwissenschaft sowie Erzie-
hungswissenschaft in Düsseldorf. Im PIZA-Projekt mitver-
antwortlich für die Internetplattform Atlas der Arbeitsforschung und den Internetauftritt des Projektes. Mitglied bei
Arbeit und Zukunft e.V.

© Springer Fachmedien Wiesbaden GmbH, ein Teil von Springer Nature 2006
Arbeit und Zukunft e. V. (Hrsg.), *Dialoge verändern*, Edition KWV,
https://doi.org/10.1007/978-3-658-24718-8

Volker Röske, M.A., Dr. phil., Jg. 1947

Studium der Soziologie, Pädagogik und politischen Wissenschaften in Tübingen. Assistent an der FU Berlin und als Forscher in sozialwissenschaftlichen Projekten an der Gh Kassel und der TU Berlin. Seit 1984 freiberuflicher Berater von Betriebs- und Personalräten bei betrieblichen Restrukturierungen. Vorstandsmitglied von Arbeit und Zukunft e.V.

Jürgen Tempel, Dr. med., Jg. 1944

Facharzt für Anästhesie, bevor er sich als Allgemeinarzt in München niederließ. Seit 1996 beschäftigt er sich mit Arbeitsmedizin, im Schwerpunkt in der betrieblichen Anwendung des Arbeitsfähigkeitskonzepts. Er betreut heute Betriebe in Hamburg und Bremen, berät Unternehmen zum demografischen Wandel und beteiligt sich an arbeitswissenschaftlichen Projekten.

Kerstin Thönnessen, Dr.-Ing. habil., Dr.rer.pol., Jg. 1966

Studium der Arbeitsgestaltung an der TU Dresden. Promotion (Kassel, 1996) und Habilitation (Hamburg, 2002) in der Arbeitswissenschaft. Arbeitete in Projekten auf den Gebieten der Gruppenarbeit, Produktentwicklung, Demografie und Partizipation. Seit 2002 Mitglied von Arbeit und Zukunft e.V. in Hamburg.

Lukas Hegemann, Philosoph, Jg. 1964

Studium in Düsseldorf. Seitdem beschäftigt mit Medien und deren Einfluss auf das Verstehen in Theorie und Praxis. Seit 2006 geschäftsführender Gesellschafter der systags GmbH.

Paul Jüttner

Geschäftsführender Gesellschafter der Syrius GmbH in Düsseldorf.

Sylvia Christmann,

wurde 1960 geboren und ist Rechtsanwaltsfachangestellte und Bürokauffrau. Sie lebt seit 1996 in Hamburg und war als Projektassistentin bei Arbeit und Zukunft e. V. tätig.

Arbeit und Zukunft e.V. ist ein Verbund von forschenden und beratenden Menschen aus Deutschland und Österreich.

Im vorliegenden Bericht zu unserem gemeinsam durchgeführten Projekt haben wir hier unsere Denk- und Handlungsweisen beschrieben.

Für Anregungen und Anerkennungen, für kritische, sachliche Diskussionen stehen wir gerne zur Verfügung.

Hamburg, im Juni 2006

Arbeit und Zukunft e.V.
Rissener Landstraße 193
D-22559 Hamburg

Tel.: +49 –40 / 822 447-15
E-Mail: sekretariat@arbeitundzukunft.de
www.arbeitundzukunft.de

The manufacturer's authorised representative in the EU is Springer
Nature Customer Service Centre GmbH, Europaplatz 3, 69115 Heidelberg,
Germany. If you have any concerns regarding our products, please
contact ProductSafety@springernature.com

Printed and bound by CPI Group (UK) Ltd, Croydon, CR0 4YY
27/04/2026
02097560-0020